Die Mapleson Memoiren, 1848-1888,

(Band II)

James Henry Mapleson

Writat

Diese Ausgabe erschien im Jahr 2024

ISBN: 9789359949673

Herausgegeben von
Writat
E-Mail: info@writat.com

Inhalt

KAPITEL I

MEINE VERBINDUNG GETRENNT – MUSICAL PROTECTION UNION – AMERIKANISCHE ORCHESTER – RIVALIERENDE OPERNHÄUSER – OPERNPROZESS DURCH DIE SCHWURGERICHT – ST. CECILIAS TAG – DAS FEST DER VATERSCHMIECHELN.

KURZ nach meiner Rückkehr nach London hatte ich verschiedene Treffen mit den Direktoren der Royal Italian Opera Company, Limited, als sie mir zu meinem Erstaunen mitteilten, dass sie den Vertrag, den ich mit Mdme geschlossen hatte, nicht ratifizieren würden. Patti. Tatsächlich lehnten sie den Vertrag insgesamt ab, obwohl er von mir gemeinsam mit Herrn Ernest Gye , dem Generaldirektor des Unternehmens, geschlossen worden war. Somit blieben mir autorisierte Verträge im Wert von etwa 15.000 Pfund, die das Unternehmen neben Mdme auch mit anderen Künstlern abgeschlossen hatte. Pattis Vertrag über 250.000 Dollar (50.000 £).

Ich habe den Direktoren gegenüber erklärt, dass die einzige Möglichkeit, aus der Schwierigkeit herauszukommen, darin bestehe, mich völlig von jeglicher Verbindung mit der Gesellschaft zu befreien, da ich dann die Verträge ausführen könne , die ich in meinem eigenen Namen und im Namen ihres Vertreters mit Mdme abgeschlossen hatte. Patti und mit mehreren anderen Künstlern.

Die Angelegenheit endete jedoch damit, dass die Direktoren mir mein *Congé gaben* und sich gleichzeitig weigerten, mir das Geld zu zahlen, das ich damals noch schuldete.

Ich musste nun ernsthaft über meine Position nachdenken, die folgende war: Ich hatte mich von meinem Pachtvertrag für das Her Majesty's Theatre an die Royal Italian Opera Company, Ltd. getrennt, für den ich Lord Dudley 30.000 Pfund gezahlt hatte. Ich hatte mich von einer großen Menge an Dekorationen und Kleidern getrennt, von denen ein vollständiger Bestand meinem Vertrag beigefügt war und die einen Wert von mehreren Tausend Pfund hatten. Darüber hinaus wurde während meiner Abwesenheit in Amerika das Her Majesty's Theatre vollständig abgebaut und Eigentum im Wert von vielen tausend Pfund, das nicht im Inventar enthalten war, mitgenommen und nach Covent Garden gebracht. Der mir zustehende Gehaltsbetrag wurde strikt abgelehnt. Ich konnte meine Aktien im Wert von 10.000 £ (als Gegenleistung für den Kauf) nicht erhalten; und das Unternehmen teilte mir außerdem mit, dass ich ihnen etwa 10.000 £ für Verluste schulde, die mir während meines Aufenthalts in Amerika entstanden sind.

Tatsächlich blieb mir nur noch die Haftung für die an Mdme zu zahlenden 50.000 £. Patti und für über 15.000 £ für die autorisierten Verträge, die im Namen des Unternehmens mit anderen Künstlern geschlossen wurden; während ich auf der anderen Seite des Ozeans vor Abbeys neuem Metropolitan Opera House stehen müsste, für das alle Plätze verkauft worden waren und für das die folgenden Künstler engagiert waren – alle bis auf eine oder zwei Ausnahmen, die mir weggenommen wurden: – Mdme . Christine Nilsson, Mdlle. Valleria , Mdme. Sembrich, Mdme. Scalchi , Mdme. Trebelli , Signor Campanini usw. usw. Mein Bühnenmaler war manipuliert und weggebracht worden , zusammen mit vielen der führenden Orchesterkünstler und dem Chor – tatsächlich der gesamten Kompanie, sogar bis zum Callboy.

[AUS THE Times OF NEW YORK, 4. JULI 1883.]
„MR. MAPLESONS PARTNER." SEINE PROBLEME MIT DER
ROYAL ITALIAN OPERA COMPANY."

„Jede Post aus England bringt Papiere mit einer Diskussion über die Probleme im Opernlager; und es ist offensichtlich, dass zwischen der Royal Italian Opera Company (Limited) – hauptsächlich Mr. Gye – und Oberst Mapleson ein ernstes Missverständnis entstanden ist. Der Inhalt Der Grund für dieses Missverständnis scheint darin zu liegen, dass Herr Gye und seine Kompanie beschlossen haben, bestimmte von Oberst Mapleson als ihrem akkreditierten Vertreter abgeschlossene Verträge abzulehnen. Das Hauptproblem betrifft den Vertrag, durch den der Oberst sich bereit erklärt, Frau Patti 5.000 Dollar zu zahlen pro Nacht. Leser der Times werden sich noch gut daran erinnern , dass am Ende der letzten Saison ein großer Kampf zwischen Mr. Abbey und Col. Mapleson um den Besitz der Dienste des großen Sängers stattfand. Lange Zeit war dies unmöglich Sagen Sie, zu welchem Haus sie gehen würde, und die öffentliche Neugier wurde so sehr geweckt, dass jeder das Gefühl hatte, sie in der Sprache von Ancient Pistol anzureden: „Unter welchem König, Bezonian? Sprechen Sie oder sterben Sie!" Mr. Abbey bot ihr mehr Geld an, als jemals zuvor eine Sängerin erhalten hatte, woraufhin Mr. Mapleson, der wusste, dass er Patti brauchte, um der starken Anziehungskraft eines neuen Opernhauses entgegenzuwirken, Mr. Abbey aufsuchte und ihn um ein paar Hundert besser machte. Dann warf Herr Abbey seine Hand nieder und Herr Mapleson versammelte sich in der Primadonna. Man wird sich auch daran erinnern, dass sich anschließend die Aktionäre der Akademie in einem geheimen Konklave trafen und großzügig dafür stimmten, den Manager zu unterstützen, der die Italienische Oper in diesem Land etablierte Sie beschlossen, einen Zuschuss von 40.000 Dollar aufzubringen, um den Patti-Vertrag zu garantieren und die kommende Saison an der Akademie zu sichern. Mdme. Patti bestätigte anschließend den von Signor Franchi, ihrem Agenten, unterzeichneten Vertrag. mit Col. Mapleson, und der Colonel schrieb an die hier anwesenden Aktionäre, in denen er ihnen für ihre großzügige Unterstützung dankte und sagte, dass er ihre Freundlichkeit erwidern werde, indem er im nächsten Herbst ein Unternehmen von überlegener Stärke nach Amerika bringen werde. Ein früher Beweis für die Ernsthaftigkeit seines Vorhabens war die Verpflichtung von Mdme. Gerster , ein Künstler, der bei diesem Publikum absolut beliebt ist und dessen große Verdienste außer Frage stehen. Man wird sich auch erinnern, dass Herr Gye in der zweiten Hälfte der letzten Saison in dieser Stadt war und sich der Bewegung von Herrn Mapleson voll bewusst war. Deshalb haben die Aktionäre der Akademie mit Überraschung, um nicht zu sagen Abscheu, vom Vorgehen der Royal Italian Opera Company (Limited) erfahren. Es stellte sich heraus , dass der Hauptgrund für die Unzufriedenheit die Überzeugung war, dass eine Saison der American Opera mit Patti bei 5.000 Dollar pro Nacht kaum oder gar keinen Gewinn bringen würde. Die *Times* zeigte in einem Artikel, der kurz nach Ende der letzten Saison veröffentlicht wurde, dass Col. Mapleson Pech gehabt hatte. Während die guten Menschen des Westens, von denen allgemein angenommen wird, dass sie nur einen Zehntel der Kultur besitzen, die den Osten belebt, in die Oper strömten, als ob sie wirklich wüssten, dass sie dazu wahrscheinlich nicht in der Lage wären, wie der Bühnenschreiner des Boston Theatre es ausdrückte Obwohl man auf dieser Seite des Himmels keinen besseren Gesang hören konnte als den von Patti und Scalchi , haben die Menschen in New York und Philadelphia die Unterhaltung nicht im gleichen Licht gesehen. Das Ergebnis war für Oberst Mapleson ernst und er verließ dieses Land finanziell in Verlegenheit. Die Royal Italian Opera Company (Limited) war sich dessen bewusst und entschied, dass sie keine Lust hatte, eine weitere amerikanische Spielzeit zu beginnen, insbesondere angesichts erhöhter Gehälter und einer respektabel starken Opposition. Die Londoner *Welt* hat in einem langen Artikel über den Zustand dieser Opernangelegenheiten gesagt, dass ein weiterer Grund für die Unzufriedenheit Herrn Gyes ernsthafte Überzeugung sei, dass, wenn Mdme. Pattis Gehalt sollte erhöht werden, das Gehalt seiner Frau, Mdme. Albani sollte ebenfalls erzogen werden.

„ Wie auch immer all diese Dinge sein mögen, es ist sicher, dass die große Frage jetzt ist, ob Col. Mapleson in der nächsten Saison als Vertreter oder vielmehr als Teil der Royal Italian Opera Company (Limited) vorbeikommen wird.“

Trotz Hindernissen aller Art war ich froh, die Royal Italian Opera in Covent Garden losgeworden zu sein, und machte mich energisch an die Arbeit, um das Unternehmen im Hinblick auf den Opernkampf zu vervollständigen, der im folgenden Herbst in New York ausgetragen werden sollte.

Im Juni hatte ich das Glück, einen Vertrag mit Mdme abzuschließen. Etelka Gerster , auch mit Mdme. Pappenheim , der in Amerika ein großer Favorit war . Für meine Altstimmen engagierte ich Miss Josephine Yorke und auch Mdlle. Vianelli . Galassi , mein Hauptbariton der vergangenen Jahre, blieb bei mir, trotz der großen Angebote, die Abbey ihm gemacht hatte.

Vor Beginn meiner Saison fand ich beim Durchsehen der Liste von Herrn Abbey die Namen von Signor Del Puente von Mdme. Lablache , mein Bühnenmanager, Mr. Parry, und viele der Chorsänger, die alle offiziell mit mir verlobt waren.

Zwar waren mir die Dienste dieser Leute nicht besonders wichtig, aber ich konnte nicht zulassen, dass sie sich mir widersetzten, indem sie ihre Verträge brachen. Daraufhin beantragte ich gegen beide eine einstweilige Verfügung, die ordnungsgemäß bewilligt wurde und ihnen untersagte, ihre Dienste an einem anderen Ort als dem von mir schriftlich angeordneten Ort zu erbringen. Die Argumente wurden am folgenden Tag vor Richter O'Gorman verhandelt , auf meinen Antrag hin, die einstweilige Verfügung zu bestätigen, die ich gegen Signor Del Puente und Mdme erwirkt hatte. Lablache , die als Sängerin am Eröffnungsabend im neuen Metropolitan Opera House angekündigt wurden. Die einstweilige Verfügung wurde, wie alle einstweiligen Verfügungen im Opernbereich, schließlich vom Gericht aufgehoben, und ich stimmte zu, eine Zahlung von Del Puente in Höhe von 15.000 Francs anzunehmen, wobei Herr Parry und die Chorsänger gleichzeitig an mich übergeben wurden.

Kurz nach meiner Ankunft in New York wurde ich mit einem Ständchen geehrt , an dem nicht weniger als fünfhundert Musiker teilnahmen. Allein der Anblick war bemerkenswert. Ich war in meinem Hotel und wollte gerade zu Bett gehen, als ich plötzlich unter meinem Fenster eine laute Musik hörte. Das riesige Orchester hatte die Straße in Besitz genommen. Die Musiker waren alle in Abendkleidung; sie hatten ihre Notenständer mitgebracht, außerdem elektrische oder Kalziumlampen; und wie ich bereits sagte, besetzten sie die Straße vor dem Hotel.

Ich war äußerst erfreut, und als ich nach der Aufführung auf die Straße ging, um dem Dirigenten zu danken, bat ich ihn, mir eine Spende von 100 Pfund für den Fonds der Musical Protective Union zu ermöglichen. Aber er wollte davon nichts hören und nahm das Thema so ernst, dass es mir leid tat, dass ich mich in einem Moment des Impulses auf ein solches Angebot eingelassen hatte.

Die Musical Protective Union ist ein sich über die gesamten Vereinigten Staaten erstreckender Verein, dem alle fähigen Instrumentalisten des Landes angehören. Es mag und wahrscheinlich auch einige wenige geben, die außerhalb davon stehen; und ich erinnere mich, dass Mr. Abbey, der sich nicht an die Regeln binden wollte, beschloss, ganz darauf zu verzichten und seine Musiker aus dem Ausland zu importieren. Diese Entschlossenheit brachte ihn jedoch bald in eine äußerst schwierige Lage: Seine erste Oboe wurde krank und es war für einige Zeit unmöglich, ihn zu ersetzen.

Ich kann nur Gutes über die Musical Union sagen. Die ganz leichte Meinungsverschiedenheit, die ich einmal mit den Mitgliedern meines Orchesters hatte, wurde beigelegt, sobald wir Gelegenheit hatten, die Angelegenheit zu besprechen. Wenn ich allen Grund habe, mit der Musikalischen Union zufrieden zu sein, so kann ich auch sagen, dass sich dieser Verein sehr zufrieden mit mir gezeigt hat.

Was die amerikanischen Orchester angeht, möchte ich hinzufügen, dass ihre Exzellenz von englischen Amateuren kaum vermutet wird. In England haben wir sicherlich eine Fülle guter Orchestermusiker, aber wir haben nicht so viele Musikzentren ; und vor allem haben wir in London nicht das, was New York seit langem besitzt: ein ständiges Orchester von hoher Qualität unter einem erstklassigen Dirigenten. Bei unseren Orchestern in London handelt es sich fast immer um „Notfall"-Angelegenheiten. Die Spieler werden ohnehin zusammengeführt, und keine unserer Konzertgesellschaften gibt im Laufe des Jahres mehr als acht Konzerte. Da unsere Akkordmusiker für einen Auftritt so gut bezahlt werden, machen sie großen Aufwand, um den Proben beizuwohnen; und sie sind immer bereit, sich durch Ersatzleute ersetzen zu lassen, wenn sie damit ein paar Schilling verdienen können.

Alle wirklich guten Orchester müssen von Natur aus dauerhaft sein und aus Spielern bestehen, die ein regelmäßiges Gehalt erhalten. Die Teilnahme an den Proben ist dann eine Selbstverständlichkeit und eine Ersatzvertretung kann nicht in Betracht gezogen werden. Das einzige englische Orchester, in dem die Voraussetzungen für ein perfektes *Ensemble* gegeben sind, ist das Manchester Orchestra unter der Leitung von Sir Charles Hallé .

Ein größeres und besseres Orchester als das hervorragende von Sir Charles Hallé ist das von M. Lamoureux.

Noch besser als das Orchester von M. Lamoureux ist das von M. Colonne . Aber ich kann ohne zu zögern sagen, dass M. Colonnes Orchester an Feinheit und Klangfülle sowie an Kraft und Zartheit des Ausdrucks vom amerikanischen Orchester mit 150 Spielern unter der Leitung von Herrn Theodore Thomas übertroffen wird. Die Mitglieder dieses Orchesters sind größtenteils Deutsche, und der bedeutende Dirigent ist selbst, zumindest seiner Rasse nach, ein Deutscher. Abgesehen von allen Fragen der Nationalität möchte ich jedoch einfach sagen, dass das von Herrn Theodore Thomas geleitete Orchester das beste ist, das ich kenne; und sein hoher Wert ist zu einem großen Teil auf die Beständigkeit des Körpers zurückzuführen. Seine Mitglieder arbeiten regelmäßig und kontinuierlich zusammen; sie nehmen Proben als Teil ihrer regulären Arbeit wahr; und sie betrachten ihren Beruf als Spieler im Theodore-Thomas-Orchester als ihre einzige Einnahmequelle. Was Stellvertreter betrifft, so würde Herr Thomas ebenso wenig einen solchen akzeptieren, wie ein Militärbefehlshaber Stellvertreter unter seinen Offizieren akzeptieren würde.

Von Zeit zu Zeit war die Rede davon, dass das unvergleichliche Orchester von Herrn Theodore Thomas London einen Besuch abstatten würde, wo seine Anwesenheit, abgesehen von allen Fragen nach dem musikalischen Vergnügen, das es bieten würde, unserem und unserem Publikum zeigen würde, was ein gutes Orchester ist Musikvereine, wie ein gutes Orchester aufgebaut und unterhalten werden sollte.

Bevor ich mich von Herrn Theodore Thomas und den amerikanischen Orchestern im Allgemeinen verabschiede, möchte ich eine bemerkenswerte Besonderheit in ihrem Zusammenhang erwähnen. Sie sind so vom Geist der Gleichheit durchdrungen, dass kein Spieler in einem Orchester mehr erhalten darf als ein anderer; Die erste Violine und die große Trommel stehen in dieser Hinsicht auf einer völlig gleichen Stufe. In England geben wir einer ersten Klarinette so viel und einer zweiten Klarinette etwas weniger, und ein Dirigent erhält immer zusätzliche Bedingungen. In Amerika gilt ein Spieler aus finanzieller Sicht als genauso gut wie ein anderer.

Meine Saison an der Akademie begann am 22. Oktober – am selben Abend wie die meines Rivalen an der New Metropolitan Opera, deren Abonnements in äußerst großzügigem Umfang verlängert worden waren. Tatsächlich strömte ganz New York dorthin, sowohl um das neue Gebäude zu sehen als auch um der Aufführung zuzuhören .

An meinem Eröffnungsabend präsentierte ich *La Sonnambula* , als Mdme. Etelka Nach zweijähriger Abwesenheit erneuerte Gerster ihre Triumphe in Amerika. Das konkurrierende Haus präsentierte Gounods *Faust* mit Christine Nilsson als „Margherita", Scalchi als „Siebel", Novara als „Mephistopheles", Del Puente als „Valentine" und Campanini als „Faust". eine gute Besetzung und perfekt ausgebildet, da alle diese Künstler unter meiner Leitung gespielt hatten und nicht einmal einer Probe bedurften. Nach ein paar Nächten begann ich zu entdecken, dass die Gegenanziehungskraft des neuen Hauses sich erheblich nachteilig auf mich auswirkte, und ich teilte den Akademiedirektoren mit, dass ich nicht in der Lage sei, mit einigermaßen Erfolg gegen meinen Rivalen anzutreten, es sei denn, ich könnte einen kleinen Erfolg erzielen Rückendeckung.

Nach Rücksprache unterzeichneten mehrere Aktionäre ein Papier, jeder für einen unterschiedlichen Betrag, der sich auf etwa 4.500 Pfund belief, was meiner vorherigen Berechnung nach in etwa dem Betrag entsprach, der erforderlich wäre, um den Feind zu besiegen . Dies wurde der Bank of the

Metropolis von ihnen mit der Maßgabe garantiert, dass ich nie mehr als 600 Pfund pro Woche davon abheben sollte, und auch dann nur im Bedarfsfall.

Der Direktor des konkurrierenden Opernhauses hatte am ersten Abend alle seine Waffen abgefeuert; und nach einigen Abenden, sobald die Öffentlichkeit das Innere des neuen Gebäudes gesehen hatte, begannen die Einnahmen allmählich zu sinken. In der Zwischenzeit wartete ich gespannt auf die Nachricht von Adelina Pattis bevorstehender Ankunft. Ich arrangierte daher, sechzehn große, mit Flaggen bedeckte Schlepper zu chartern, um die *Diva zu treffen* ; Acht von ihnen dampften auf beiden Seiten des ankommenden Dampfers die Bucht entlang und ließen während der gesamten Fahrt, begleitet von Militärkapellen, ihre Dampfpfeifen erklingen. Alles war bereit und ich wartete nur auf eine telegrafische Benachrichtigung. Einige der Piloten in Sandy Hook hatten außerdem versprochen, einen Salutschuss aus einundzwanzig Kanonen zu improvisieren; und Arditi hatte für diesen Anlass eine Kantate geschrieben, die der Chor sofort nach Pattis Ankunft singen sollte.

Durch einen unglücklichen Fehler, entweder durch Nebel oder aus anderen Gründen, passierte der Dampfer Fire Island und landete *unbemerkt* am Dock, wo nicht einmal eine Kutsche für sie da war. Sie wurde von der Menge bedrängt und erreichte schließlich mühsam ihr Hotel mit einem Allradfahrzeug. Die Militärkapellen hatten die Nacht damit verbracht, auf das Signal zu warten, das ich ihnen geben sollte, an Bord der Schlepper zu gehen.

Beim Lernen von Mdme. Als Patti ankam, eilte ich zum Windsor Hotel, wo ich sofort empfangen wurde.

„Ist es nicht so schlimm?" rief sie mit einem komischen Ausdruck des Ärgers aus. „Es ist ein Wunder, dass ich bis jetzt nicht auf dem Dampfer zurückgelassen wurde. So kam zufällig einer meiner Freunde zum Dock und erblickte mich glücklicherweise, als ich umherwanderte und versuchte, meine Füße warm zu halten , und half mir, in ein Vierrad zu steigen. Doch hier bin ich. Jetzt ist alles vorbei, und ich fühle mich ganz wohl und bin so glücklich, als wären zwanzig Boote herabgekommen, um mich zu treffen."

drei Tage später in *La Gazza Ladra ihr Debüt* zu geben .

Am zweiten Abend der Oper hatten wir ein brillantes Publikum für *Rigoletto* , Mdme. Gerster übernahm die Rolle von „Gilda", die sie mit seltener Zartheit und Brillanz der Stimme sang, so dass „Brava's!" hallte durch das gesamte Publikum.

Mein neuer Tenor Bertini , der bei dieser Gelegenheit ebenfalls sein *Debüt gab* , zeigte weder stimmlich noch dramatisch seine Wirkung. In „La Donna è Mobile" knallte er bei jeder hohen Note, während seine Stimme im „Bella

Figlia "-Quartett beim Aufstieg zum B auf höchst beunruhigende Weise brach und lautes Gelächter im Publikum hervorrief.

Daher sah ich mich gezwungen, ihm am nächsten Morgen folgenden Brief zu schicken:

„AN SIGNOR BERTINI.

„Infolge des beklagenswerten Versäumnisses, das Sie am vergangenen Mittwochabend, dem 24., erlebt haben, ist es meine schmerzliche Pflicht, Ihnen mitzuteilen, dass ich aufgrund Ihrer Unfähigkeit, Ihren Vertrag zu erfüllen, diesen hiermit beende. Gleichzeitig." Gleichzeitig bitte ich Sie, mir den Restbetrag des von mir vorbezahlten Geldes in Höhe von 1.000 Dollar zurückzuerstatten.

„Mit freundlichen Grüßen
" (unterzeichnet) JH MAPLESON."

Natürlich gab er meine tausend Dollar nicht zurück, sondern geriet in die Hände einiger Anwälte, die sofort eine Klage gegen mich auf 50.000 Dollar Schadensersatz einreichten!

Während ich zugab, dass er zu der Zeit, als ich ihn engagierte, ein guter Sänger war, behauptete ich, dass seine Stimme aus irgendeinem Grund in letzter Zeit völlig verschwunden sei. Ich hatte ihn mit bestimmten Aufgaben beauftragt, die er nicht erfüllen konnte.

Seine Anwälte bestanden darauf, dass er eine weitere Chance bekam. Dem stimmte ich sofort zu; aber nicht vor der Öffentlichkeit, vor der ich zu viel Respekt hatte, um ihnen noch eine Dosis Bertini zu verpassen. Deshalb bot ich ihm das leere Haus, das volle Orchester und den Chor sowie eine Jury an, die zur Hälfte aus seiner eigenen und zur anderen Hälfte aus meiner Auswahl bestand, mit dem Richter eines der Obergerichte als Schiedsrichter; aber das lehnte er ab. Die Angelegenheit verlief daher wie üblich mit langwierigen Gerichtsverfahren und daraus resultierenden Belästigungen und Pfändungen. Gleich am nächsten Tag wurde mein gesamtes Bankkonto gepfändet, und es dauerte zwei Tage, bis ich Bürgschafter besorgen konnte, damit es freigegeben werden konnte, damit ich weiterhin meine Gehälter an die anderen Künstler zahlen konnte.

Am folgenden Abend führten wir *Norma* in Brooklyn mit Mdme auf. Pappenheim als Druidenpriesterin; Die Nacht danach war für das *Debüt* von Mdme reserviert . Patti in New York in *La Gazza Ladra* . Der Anlass lockte natürlich ein riesiges Publikum an, das große Begeisterung für die Sängerin zeigte. Das Vergnügen, Mdme zu hören. Patti wurde wiederum dadurch gestärkt, dass die Arbeit, in der sie auftreten sollte, nicht abgedroschen war.

Allerdings erzielte die Oper nicht die Wirkung, die ich erwartet hatte, da sie allgemein von der Presse und dem Publikum als zu antiquiert bezeichnet wurde. Der Altist, der die *Rolle* des „ Pippo " übernahm, war übermäßig nervös, da er keine Proben hatte und Patti noch nie zuvor getroffen hatte.

In einer Tageszeitung hieß es, dass die kleineren *Rollen* gut angenommen wurden, bis hin zur ausgestopften Elster, die herabflog, den Löffel ergriff und mit erstaunlichem Erfolg in die Fliegen davonsegelte, und fügte hinzu: „ *La Gazza Ladra* wird bald endgültig ins Regal gestellt. " . Es ist viele Jahre her, dass es hier jemals zuvor durchgeführt wurde, und nach einem Urteil vom letzten Abend wird es viele Jahre dauern, bis das Experiment wiederholt wird."

Einige Zeit zuvor besuchte mich ein Herr. Ich wollte ihn gerade abschrecken, indem ich sagte, ich sei zu beschäftigt; aber er schien einen Moment lang so ernst zu sein, dass ich mich umdrehte und als er seinen Hut hob und seinen Mantel lockerte, entdeckte ich, dass er ein Priester war. Als er mir gegenüber erwähnte, dass Mdlle. Da Titiens früher für eine Kirche in Irland gedient hatte, mit der er verbunden war, schenkte ich ihm sofort meine ganze Aufmerksamkeit. Er erklärte, dass die kleine Gemeinde, die damals unter seiner Leitung stand, in großer Not war, während die Kirche Schulden in Höhe von etwa 700 bis 800 Pfund hatte. Er bat lediglich um einen meiner Sänger, für den er die Summe bezahlen würde, die ich verlangen würde.

Ich sagte ihm sofort, dass ich seine Wohltätigkeitsorganisation nach besten Kräften unterstützen würde und dass ich am vereinbarten Tag, der zufällig der Tag der heiligen Cäcilia, dem 24. November, war, einige meiner führenden Sänger bei ihm unterbringen würde Ich würde für das Hochamt zur Verfügung stehen und würde darüber hinaus selbst den Teller an der Kirchentür halten, um etwaige Opfergaben entgegenzunehmen. Nachdem ich ihn ein- oder zweimal getroffen hatte, versprach ich, noch mehr Interesse daran zu zeigen, die Kirche von ihren Schwierigkeiten zu befreien, indem ich zusätzlich ein Abendkonzert in der Steinway Hall gebe und ihm meine besten Künstler zusammen mit meinem gesamten Chor zur Verfügung stelle volles Orchester unter der Leitung von Arditi , ebenso meine wundervolle Kinderpianistin, Mdlle. Jeanne Douste .

Zu gegebener Zeit wurde folgende Ankündigung bezüglich der von mir versprochenen Konzerte gemacht:

„ST. CECILIAS TAG.

„Der größte musikalische Leckerbissen, der den Menschen von Harlem jemals geboten wurde, wird am Sonntag (morgen) in der Kirche St. Cecilia, Ecke 105th Street und 2nd Avenue, gegeben. Es wird das Fest des Tages der ‚göttlichen Cecilia' sein." „—Patronin der Musik. Colonel Mapleson von der

Royal Opera Company in London hat ein persönliches Interesse an der Feier dieses Tages und hat freundlicherweise zugestimmt, eine Reihe seiner besten Künstler zu entsenden, um die Menschen zu erfreuen und der Schönheit Ehre zu erweisen." „Königin der Melodie." Unsere musikbegeisterten Menschen werden vor ihren eigenen Türen einen echten künstlerischen Leckerbissen haben – einen, der in Harlem noch nie zuvor gegeben wurde – und wir zweifeln nicht daran, dass sie es zu schätzen wissen und die St. Cecilia-Kirche bis zum Überfluss füllen werden. Der tapfere Colonel hat es versprochen den Teller an die Tür zu halten und die Opfergaben der Gemeinde entgegenzunehmen – die einzige Gebühr für einen rauschenden Strom köstlichster Musik. Zweifellos wird seine edle und schöne Anwesenheit seinem Freund, Pater Flattery, eine ziemlich große Sammlung bescheren – a ein sehr wesentliches Element bei solch ungewöhnlichen Ereignissen.

„Unsere Leser werden auf unsere Litfaßsäulen für das umfangreiche und abwechslungsreiche Programm des großen Cecilian- Konzerts in der Steinway Hall am selben Tag verwiesen. Die berühmte Mapleson Opera Company wird von ihrer besten Seite sein, unterstützt von einem hervorragenden Chor und einem vollen und kraftvollen Orchester." . Das wird in der Tat ein Cäcilien- Konzert im besten Sinne des Wortes."

Zu gegebener Zeit kam der Tag des Festes der heiligen Cäcilia, das am passendsten in der St.-Cäcilia-Kirche in Harlem gefeiert wurde, ziemlich weit oben in der Stadt. Für den Eintritt wurde kein Eintritt erhoben, aber ich hielt den Teller an die Tür, und jeder, der eintrat, spendete etwas, je nach seinen Mitteln oder Neigungen, und so kam eine höchst stattliche Summe zusammen. Pater Flattery tauchte gelegentlich neben meinem Teller auf und ermahnte die ankommende Gemeinde, großzügig zu spenden.

Der Gottesdienst wurde von Pater Peyten von der St. Agnes-Kirche geleitet. Pater Flattery hielt keine reguläre Predigt, sondern beschränkte seine Ausführungen auf das Leben und den Charakter der heiligen Cäcilia. „Indem wir diese Heilige verehren", sagte er, „vertiefen wir unsere Liebe zu Gott. Die heilige Cäcilia sticht im edlen Chor als eine der typischen Heiligen hervor. Wenn wir ihr Leben studieren, werden wir in die dunklen Tage der Cäsaren zurückversetzt." Diese edle Dame opferte mehr als der heilige Petrus selbst, als sie alles verließ und sich Gott hingab. Petrus war nur ein armer Fischer und hinterließ nur seine Netze und Boote; sie war eine edle Dame von auffälliger Vornehmheit. Sie hatte keine gemeinsame Herkunft, Ihr Name ist kein gewöhnlicher Name, aber sie hat all dieses gesellschaftliche *Prestige* für ihre Religion aufgegeben. Was für ein Wunder, dass sie bei Christen so beliebt ist, wenn sie doch überall als Patronin der schönsten aller Künste anerkannt wird, einer Kunst, die über die Grenzen der Zeit hinaus lebt kann niemals sterben! Wie die unsterblichen Seelen der Menschen ist auch an der Musik nichts Zerstörerisches. Es ist Musik, die die Beziehung zwischen Kunst und Religion veranschaulicht. Wie sehr trägt die Kunst der Musik zum tiefen Geheimnis der Religion bei! Wie in der Stunde der Erhabenheit Triumph singt es seine Lobgesänge ! Das Fest der Heiligen Cäcilia ist ein Musikfest ; und Musik wird noch schöner, wenn sie durch ein Leben wie das dieses Heiligen verkörpert wird. Beneidenswert ist die professionelle Kunst, die einen solchen Heiligen als Schutzpatron hat." Am Ende seiner Predigt drückte Pater Flattery seinen eigenen und den aufrichtigen Dank der Gemeinde gegenüber dem Manager und seinen Künstlern aus, die in ihrer Großzügigkeit so viel für die Sache getan hatten der Religion; und er äußerte die Hoffnung, dass „wenn Colonel Mapleson seine Tage beendet, die heilige Cäcilia herabsteigen und ihn in den Himmel tragen kann."

Zum Abschluss des Gottesdienstes wurde bei Pater Flattery ein reichhaltiges Frühstück serviert, zu dem rund 200 Gäste eingeladen waren. Anschließend wurden einige Reden gehalten und mir für das, was ich getan hatte, gedankt. Die anwesenden Damen überreichten mir außerdem ein Paar Nieten und Ärmelknöpfe.

Anschließend fuhren wir hinunter zur Steinway Hall, um dem Abendkonzert beizuwohnen (denn das Frühstück hatte einige Zeit gedauert), das bis vor den Türen überfüllt war. Die am Morgen in der Kirche entgegengenommenen Einnahmen und die Einnahmen aus dem Steinway-Konzert tilgten die Schulden, die so schwer auf der St. Cecilia-Kirche lasteten, vollständig.

Ungefähr ein Jahr später war ich in New York, und da ich eines Nachmittags (seltsamerweise) ein wenig Freizeit hatte, beschloss ich, meinem ausgezeichneten Freund, Pater Flattery, einen Besuch abzustatten. Es war ein Sonntagnachmittag, und als ich in seinem Haus ankam, etwas abseits der Innenstadt von New York, unterrichtete er eine Reihe von Schulkindern. Sobald er mich jedoch sah, legte er die Arbeit nieder und seine jungen Schüler wurden in ihre Häuser entlassen.

Ich erzählte Pater Flattery, dass ich gekommen sei, um ihm einen kurzen Besuch abzustatten.

„Nichts dergleichen", antwortete er in seiner offenen, freundlichen Art; „Sie sind gekommen, um mit mir zu speisen, und Sie kommen gerade noch rechtzeitig. Das Abendessen wird sehr bald fertig sein; und ich hoffe, Sie haben einen guten Appetit mitgebracht."

Mein gastfreundlicher Freund verließ mich für eine Minute, um einige Befehle zu erteilen. und während er weg war, flüsterte mir einer seiner Diener zu, dass das Abendessen gerade vorbei sei und dass nichts im Haus sei.

Ich war zu diskret, um von dieser Mitteilung Notiz zu nehmen, und als der gute Priester zurückkam , sah ich an seinem Verhalten, dass er sich keine Weigerung gefallen ließ und dass, egal ob etwas im Haus war oder nicht, ob er bereits gegessen hatte oder nicht, Ich sollte an diesem Nachmittag zum Abendessen bleiben.

Mit einer gewissen Verzögerung trafen die Gäste ein, darunter einige sehr charmante Damen; und zu gegebener Zeit wurde das Abendessen serviert. Es war ein recht homerisches Fest. Auf drei gebratene Truthähne folgten zwei Hammelkeulen und auf diese wiederum vier gebratene Enten. Die Weine waren von bester Qualität, unter den französischen Weinen befanden sich auch die Jahrgänge von *Heidsieck* und *Pommery Greno* wurde nicht vergessen.

Niemand außer Pater Flattery hätte ein solches Bankett im Handumdrehen improvisieren können; und ich stellte später fest, dass er, um mir gegenüber angenehm zu sein und seine Dankbarkeit für einen kleinen Dienst auszudrücken, den ich ihm so bereitwillig erwiesen hatte, Essen, Wein und Gäste aus den Häusern seiner Nachbarn requiriert hatte .

„Ich möchte diesen Truthahn, Pat; ich hätte gerne diese Hammelkeule, Mike; Murphy, schick mich zu den Enten, die du auf dem Tisch hast." Auf diese zusammenfassende Weise hatte mein liebenswürdiger und großzügiger Gastgeber das Fest vorbereitet; oder vielleicht empfahl er seinen Gästen, als er sie zusammenrief, ihr Abendessen mitzubringen. Über das Ergebnis kann ich nur mit absoluter Sicherheit sprechen und muss hinzufügen, dass das Bankett rundum gelungen war. Nachdem das Abendessen zu Ende war, gab es Whiskey und irische Lieder.

KAPITEL II.

PATTI UND IHRE SCHUHE – PATTI wegen Schulden beschlagnahmt – Flucht von Gerster – Konflikt in Chicago – Blumensträuße außerhalb der Saison – Überschwemmungen in Cincinnati – Einsturz der Abtei – beschließen, nach Westen zu gehen.

Trotz der erfolgreichen Aufführungen, die ich weiterhin gab, erreichten die Einnahmen nie die Höhe der Ausgaben – wie es immer der Fall ist, wenn zwei Opernhäuser in derselben Stadt konkurrieren.

Mr. Abbey war so sehr auf meine totale Vernichtung fixiert, dass ich in jeder Stadt, die ich während der Tour am Ende der Saison besuchen wollte, seine Firma angekündigt vorfand. Ich beschloss daher, ihm so weit wie möglich auszuweichen. Ich änderte die meisten meiner Arrangements, indem ich mein Engagement in Philadelphia um fünf Wochen vorwegnahm und am 18. Dezember eröffnete. Mdme. Patti erschien in *Ernani* in einem 10.000-Dollar-Haus, Mdme. Gerster spielte am darauffolgenden Abend „Linda" und erhielt fast ebenso hohe Einnahmen. *Semiramide* brachte ebenfalls ein sehr großes Haus. Von Philadelphia aus fuhren wir nach Boston, wo die Buchung leider überhaupt nicht gut war, da es nicht unsere übliche Zeit für einen Besuch dieser Stadt war. Außerdem musste ich ins Globe Theatre. Am zweiten Abend unserer Verlobung führten wir *La Traviata auf*. An diesem Nachmittag, gegen zwei Uhr, rief mich Pattis Agentin an, um die 5.000 Dollar für ihre Dienste an diesem Abend entgegenzunehmen. Ich hatte gerade Niedrigwasser, und als ich beim Buchungsbüro nachfragte, stellte ich fest, dass mir 200 Pfund fehlten. Alles, was ich Signor Franchi anbieten konnte, war die Kleinigkeit von 800 Pfund als Anzahlung.

Der Agent lehnte das Geld ab und teilte mir offiziell mit, dass mein Vertrag mit Mdme. Patti war am Ende. Ich akzeptierte das Unvermeidliche und tröstete mich mit dem Gedanken, dass ich neben anderen guten Künstlern in meiner Firma nun 800 Pfund hatte, mit denen ich weitermachen konnte.

Zwei Stunden später erschien Signor Franchi wieder.

„Ich kann nicht verstehen", sagte er, „wie es kommt, dass Sie mit Prime Donne und insbesondere mit Frau Patti so gut zurechtkommen. Sie sind ein wunderbarer Mann, und ich möchte hinzufügen, dass Sie auch ein glücklicher Mann sind. Frau Patti schon." Ich möchte ihre Verlobung mit Ihnen nicht auflösen, wie sie es unter den gegebenen Umständen sicherlich mit jedem anderen getan hätte. Geben Sie mir die 800 Pfund, und sie wird alle Vorbereitungen treffen, um auf die Bühne zu gehen. Sie ermächtigt mich,

Ihnen zu sagen, dass sie es tun wird Rechtzeitig zum Beginn der Oper im Theater eintreffen und dass sie bis auf die Schuhe das Kostüm von „Violetta" tragen wird. Sie können ihr den Restbetrag und das Geld überlassen, wenn sich die Türen öffnen kommt von außen; und sobald sie es erhält, wird sie ihre Schuhe anziehen und im richtigen Moment auf der Bühne erscheinen. Daraufhin überreichte ich ihm die 800 Pfund, die ich aufgrund von Vorababonnements bereits auf der Hand hatte. „Ich gratuliere Ihnen zu Ihrem Glück", sagte Signor Franchi, als er mit dem Geld in der Tasche ging.

Nach der Öffnung der Türen erhielt ich erneut Besuch von Signor Franchi. Zu diesem Zeitpunkt war ein zusätzlicher Betrag von 160 Pfund eingegangen. Ich reichte ihn meinem wohlwollenden Freund und bat ihn, ihn unverzüglich der zuvorkommenden Primadonna zu überbringen, die, nachdem sie 960 Pfund erhalten hatte, meiner Meinung nach dazu bewegt werden könnte Sie muss ihre Toilette fertigstellen, bis der Restbetrag von 40 £ eingetroffen ist.

Ich hatte mit meinen hoffnungsvollen Erwartungen auch nicht ganz unrecht. Mit strahlendem Gesicht kam Signor Franchi zurück und teilte mir die freudige Nachricht mit, dass Mdme. Patti hatte einen Schuh angezogen. „Schicken Sie ihr die 40 Pfund", fügte er hinzu, „und sie wird die anderen anlegen."

Schließlich wurde der andere Schuh angezogen; aber natürlich erst, nachdem die letzten 40 Pfund bezahlt waren. Dann Mdme. Patti, deren Gesicht von einem gütigen Lächeln strahlte, ging auf die Bühne; und die bereits begonnene Oper wurde bis zum Ende glänzend fortgesetzt.

Mdme. Adelina Patti ist zweifellos die erfolgreichste Sängerin aller Zeiten. Sängerinnen, so begabt, so versiert sie auch genannt werden mag, aber niemand kam jemals an sie heran in der Kunst, von einem Manager die größtmögliche Summe zu bekommen, die er auf irgendeine Weise bezahlen konnte. Mdlle. Titiens war in solchen Punkten vergleichsweise nachlässig; Signor Mario ebenso.

Ich sage sicherlich sehr wenig, wenn ich die These vertrete, dass Mdme. Patti hat oft das gefordert, was ich gerne als extreme Begriffe bezeichne. Sie ist in der Tat darüber hinausgegangen, denn ich finde aus meinen Ausgabentabellen für die New Yorker Saison 1883, dass nach Zahlung von Mdme. Patti ihre tausend Pfund und verteilte ein paar Hundert unter den anderen Mitgliedern der Firma, sodass mir im Durchschnitt nur noch 22 bis 23 Dollar pro Nacht für mich übrig blieben.

Mdme. Pattis Honorar – nur das Zwanzigfache dessen, was Signor Mario und Mdlle für ausreichend hielten. Titiens , als der in unserer Zeit kein größerer Künstler gelebt hat, war an Mdme zu zahlen. Patti um zwei Uhr am Tag der Vorstellung.

Von Boston aus fuhren wir nach Montreal und eröffneten dort am Heiligabend, dem operativ schlimmsten Tag des Jahres; wenn Mdme. Gersters Einnahmen für *La Sonnambula* waren sehr gering. Anschließend führten wir *Elisir auf d'Amore* und am Freitag, den 4. Januar, Mdme. Patti gab ihr *Debüt* vor einem so schlechten Haus wie dem von Gerster .

Bald darauf der gewinnbringendste Prime Donne wurde, ohne es zu diesem Zeitpunkt zu wissen, wegen Schulden beschlagnahmt. Es geschah auf diese Weise. Von Boston aus waren wir nach Montreal gereist, wo übrigens durch den Fehler eines Agenten für Galerieplätze fünf Dollar statt eines berechnet wurden. Als wir den Bahnhof von Montreal erreichten, wurden wir von der Eisenbahngesellschaft mit einer Forderung von 300 Dollar konfrontiert. Der Zug war bereits bezahlt; Dies war jedoch eine Sondergebühr für die Entsendung des Patti-Reisewagens entlang der Strecke. Ich wehrte mich natürlich gegen die Forderung, und zwar umso energischer, als ich nicht 300 Dollar in der Hand hatte. Ich konnte das Geld nur bekommen, indem ich ins Theater ging und es von den Kassenbons nahm.

Inzwischen waren die Sheriffs bei mir; und der Patti-Reisewagen, in dem Adelina schlief, wurde befestigt, beschlagnahmt und schließlich in einen Stall geschoben, dessen Eisentore fest verschlossen waren.

Es gab keinen Raum für Diskussionen oder Verzögerungen. Ich musste nur noch das Geld besorgen; und als ich zum Theater eilte, besorgte ich es mir sofort. Mdme ist sich ihrer Haftsituation nicht bewusst. Patti schlief noch, als ich die notwendigen Schritte unternahm, um das Auto, in dem sie festgehalten wurde, aus der Fesselung zu befreien.

Die Öffentlichkeit von Montreal, freundlicher als die Eisenbahnbehörden, empfing uns mit Begeisterung. Direkt gegenüber dem Hotel, in dem wir wohnten, wurde ein riesiger Eispalast errichtet; und die Architektur des Gebäudes und insbesondere die Art und Weise, wie die Eisblöcke übereinander gelegt und dann zusammengelötet wurden, interessierten mich sehr. Die Eisblöcke wurden durch Hitzeeinwirkung verfestigt. Die Kontaktstellen wurden mit heißem Wasser beaufschlagt und das so verflüssigte Eis erstarren gelassen.

Danach kehrten wir nach New York zurück und traten dort in den ersten drei Januarwochen auf, wobei das Geschäft noch immer sehr schwach war; und erst an meinem Benefizabend am 18. konnte ein schönes Haus gesichert werden, als über 11.000 Dollar eingenommen wurden. Nachdem wir am Sonntag ein Konzert gegeben hatten, reisten wir nach Philadelphia, wo ich drei besondere Aufführungen arrangierte, und zwar drei Tage vor Mr.

Abbeys Ankunft dort mit seiner Operntruppe. Die drei Auftritte waren äußerst erfolgreich. Anschließend fuhren wir nach Baltimore.

Als ich dort ankam, sagte Mdme. Gerster sah zufällig einen Theaterzettel, in dem Mdme. Pattis Name war größer als ihrer; Außerdem verlangten sie für ihren Auftritt nur fünf Dollar, während sie für die Patti-Abende sieben Dollar verlangten. Ohne Vorwarnung und ohne dass selbst ihr Mann es wusste, ging die Dame zum Bahnhof und stieg in den Zug nach New York. Als die Zeit zum Abendessen kam, war Dr. Gardini in bester Verfassung, da seine Frau nirgends zu finden war, und nur durch Zufall erzählte mir einer aus dem Chor , er habe sie in Richtung Bahnhof gehen sehen.

Daraufhin telegrafierte ich nach Wilmington – dem ersten Bahnhof, an dem ihr Zug halten würde – und forderte sie auf, zurückzukehren, da alles geregelt sei. Es gab keinen Zug, mit dem sie zurückkommen konnte. Aber dank der Freundlichkeit des Leiters der Straße, der sich zufällig in Baltimore aufhielt, wurde eine telegrafische Depesche nach Wilmington geschickt, um den Schnellzug – in dem unglücklicherweise Patti saß – bis zur Ankunft von Gersters Zug festzuhalten, damit sie es konnte pünktlich zur Aufführung unverzüglich zurückkommen. Später erfuhr ich, dass Mdme. Als Patti sich nach der Ursache der Verzögerung erkundigte, war sie übermäßig verärgert darüber, dass sie wegen Mdme mehr als eine Dreiviertelstunde lang festgehalten wurde. Gerster . Nicolini war aus einem anderen Grund wütend. Er hatte ein üppiges Abendessen in unserem Hotel bestellt, wo es einen neuen *Koch gab* ; und er wusste das, er musste auf Mdme warten. Patti, seine Sumpfschildkröte und seine Ente mit Segeltuchrücken wären verwöhnt.

Alle Bemühungen , Mdme zu bewegen. Gerster soll in einen Zug einsteigen, dessen Kabine von Mdme besetzt war. Patti war nutzlos, und ich erhielt später ein Telegramm, dass sie nach New York weitergereist sei.

Daraufhin machte ich bei der Türöffnung folgende Ankündigung, da ich keinen Skandal erregen wollte: „Aufgrund des Nichterscheinens von Mdme. Gerster aus New York wird sie heute Abend nicht auftreten können. Die Oper von *Ernani* wird es tun. “ ersetzt werden. Das Geld wird denjenigen zurückgegeben, die es wünschen.“

In kurzer Zeit war die gesamte Oper dicht gedrängt mit Damen in voller Abendgarderobe. Alle waren in höchster Aufregung und schienen sich nicht entscheiden zu können, was sie tun sollten: ob sie ins Theater gehen oder ihre Kutschen nehmen und nach Hause zurückkehren sollten. Die Damen zuckten mit den Schultern, und die Herren gestikulierten empört und sahen mich an, als wollten sie etwas Gewaltiges, aber Unhöfliches sagen. "Empörung!" " Schande !" „ beschämend !“ und andere aufgeregte Äußerungen, die aus höflichem Zorn entstanden waren, waren von allen Seiten zu hören. Ungefähr ein Drittel der Empörten verließen das Theater, während der Rest übrig blieb, um *Ernani zu hören* , das außerordentlich gut gespielt wurde. Zwei Minuten nachdem sich der Vorhang für *Ernani öffnete* , eilte ich zum Bahnhof und bestieg den Zug nach New York, um nach der flüchtigen Primadonna zu suchen. Da ich seit dem frühen Morgen nichts mehr gegessen hatte, befand ich mich in einer sehr unangenehmen Lage. Erst gegen sechs oder sieben Uhr am nächsten Morgen bekam ich ein Glas Wasser oder ein Stück Brot.

Als ich New York erreichte, machte ich mich auf die Suche nach Mdme. Gerster suchte an allen möglichen Orten auf und entdeckte sie schließlich bei ihrem Bruder. Es dauerte den ganzen Tag, bis die Dinge in Ordnung kamen, und gegen Abend gelang es mir, die Schulschwänzerin zurückzuholen und sie dazu zu bewegen, am nächsten Tag bei einer *Matinée* im *L'Elisir zu erscheinen d'Amore* , als sie ein riesiges Publikum anzog.

Ich geriet in große Schwierigkeiten gegenüber der Öffentlichkeit und der Presse, da ich wusste, dass die Berichte stark übertrieben sein würden und dem Geschäft in allen anderen Städten, in die wir reisten, schaden würden. Daraufhin verbreitete ich die Nachricht, dass Mdme. Gersters Baby in New York hatte sich eine Erkältung im Magen zugezogen und man hatte es eilig geholt. Dies wiederholte sich in den nächsten vier bis fünf Wochen in den Zeitungen aller Städte, die wir besuchten, und verschwand danach allmählich.

Bevor ich Baltimore verließ, wurde mir infolge der Gerster- Enttäuschung eine Rechnung über die Rückerstattung des Geldes vorgelegt, die wie folgt lautete:

Zwei Opernkarten für fünf Dollar	10,00 $
Wagen	5.00
Handschuhe	2,50
Krawatte	0,25
Einen Anzug übersehen und bügeln	3,00
Blumen für *ihre* Ansteckblume	3,00
Zwei Rückfahrkarten	14.00
Gesamt	37,75 $

Es wurde ein Gerichtsverfahren eingeleitet, aber ich habe die Angelegenheit letztendlich geklärt, indem ich für unseren nächsten Besuch eine private Loge zur Verfügung gestellt habe.

Chicago ankamen, befanden wir uns nicht nur in derselben Stadt wie unsere Rivalen, sondern auch im selben Hotel.

Noch nie zuvor war eine solche Galaxie an Talenten unter einem Dach versammelt. Die Damen bestanden aus Adelina Patti und Etelka Gerster , Christine Nilsson, Fursch -Madi, Sembrich, Trebelli und Scalchi , dessen Zimmer alle am selben Korridor lagen.

Hier begann unsere große Schlacht; und es bereitet mir große Genugtuung, den folgenden Bericht über den Konflikt aus einer führenden Zeitschrift zu zitieren:

„Die Mapleson-Saison wurde am Montagabend mit einem brillanten Haus eröffnet. Die Oper und die Besetzung waren für einen Eröffnungsabend nicht sehr stark, aber Pattis Name erwies sich bei allen Gelegenheiten als Anziehungspunkt, und ihr wurde ein schmeichelhafter Empfang bereitet, als sie sich erneut präsentierte." nach Chicago. *Crispino* ist keine starke Oper, die Musik ist von der leichtesten Art. Sie wurde von den anderen Künstlern hervorragend unterstützt. Mdme. Etelka Gerster als „Adina" war sehr charmant; sie erschien am folgenden Abend in *Elisir d'Amore* . Im Konkurrenzhaus Ponchiellis *La Gioconda* lockte am Eröffnungsabend ein großes, aber nicht überfülltes Publikum an. Beide Opernkompanien machten die ganze Woche über energisch weiter und lieferten eine Reihe erstklassiger Aufführungen. Die Palme muss ohne weiteres an Herrn Maplesons fähiges Management verliehen werden, da Herr Abbey die wahrscheinlich am schlechtesten geführte Opernsaison abschloss, die Chicago jemals erlebt hatte. Es wurde unter einem Trompetenklang eröffnet, der große Eroberungen ankündigte, aber die Ergebnisse rechtfertigten die Berichte nicht."

Ich muss jetzt erwähnen, dass ich bei der Organisation des ersten Cincinnati Festivals mit den Direktoren vereinbart habe, dass im Falle von Wiederholungen die gleichen Bedingungen gelten sollten und dass ich die alleinige Kontrolle haben sollte. Die drei vorangegangenen Festivals wurden unter meiner Leitung mit hervorragendem Erfolg und großem Gewinn abgehalten. Doch nun stellte ich fest, dass auch hier Mr. Abbey eingeschritten war und sich das große Festival gesichert hatte. Es war sinnlos, mit einer Gruppe von Direktoren vor Gericht zu gehen. Ich habe daher darauf vertraut, dass Ungerechtigkeit auf ihre eigene Belohnung stößt, was unweigerlich der Fall ist. Ich könnte dies an vielen hundert Fällen veranschaulichen.

Ich beeilte mich nun, Termine für ein weiteres Opernfestival in Mr. Fennessys elegantem Theater — einem der schönsten in Cincinnati — abzuschließen, damit Mr. Abbey die ganze Angelegenheit nicht für sich allein hatte.

Der Verkauf von Sitzplätzen für meine geplanten Auftritte in Cincinnati in der darauffolgenden Woche wurde feierlich eröffnet, nicht weniger als 235 Sitzplätze für die gesamte Serie wurden recht früh am Tag verkauft. Die Zahl war vor der Schließung des Büros auf 653 gestiegen, der Gesamtverkaufspreis belief sich auf 6.000 £ (30.000 Dollar). Es wurden ordnungsgemäß Plakate ausgehängt, die die Premiere von „Meyerbeer's *Hugenotten"ankündigten*, mit Nicolini als „Raoul", Galassi als „St. Bris", Sivori als „Nevers", Cherubini als „Marcel", Josephine Yorke als „The Page" und Etelka Gerster als „The Queen" und Patti als „Valentine". Es schien mir, dass dies eine kühne Front gegen alles war, was Mr. Abbey hervorbringen könnte.

Ungefähr zu dieser Zeit kamen ernste Gerüchte über die Verluste von Herrn Abbey in Umlauf. Es stellte sich heraus, dass er vor dem Eintritt seiner Firma in Cincinnati unterwegs etwa 53.000 Dollar verloren hatte.

Die Abbey Company eröffnete ihre Saison in Chicago mit *Gioconda*. Aber der Tenor war schlecht und die weibliche Hauptpartie für Mdme völlig ungeeignet. Christine Nilsson, so dass kaum oder gar keine Wirkung erzielt wurde. Ich begann mit *Crispino*, Adelina Patti spielte die *Hauptrolle*; gefolgt von *L'Elisir d'Amore*, mit Gerster. Am dritten Abend wurde *Les Huguenots* mit Mdme aufgeführt. Patti als „Valentine" und Mdme. Gerster als „Königin", als sich folgende Szene ereignete:

Vor Beginn der Oper wurden, wie es für Mdme üblich war, zahlreiche sehr kostbare Blumensträuße und prächtige Versatzstücke in das Vestibül geschickt. Patti, während nur ein kleiner Blumenkorb zur Übergabe an Mdme erhalten worden war. Gerster. Unter normalen Umständen ist es die Pflicht des Agenten der Primadonna, den Standbesitzern oder Platzanweisern, wie sie in Amerika genannt werden, den richtigen Zeitpunkt für die Übergabe der Blumensträuße auf die Bühne mitzuteilen. An diesem Abend, Mdme. Pattis Agent war abwesend, und am Ende des ersten Akts, in dem „Valentine" kaum eine Note zu singen hat, während die „Queen" viel brillante Musik zu spielen hat, war er nirgendwo zu finden. Am Ende des Auftritts gab es einen allgemeinen Aufruf für die sieben Hauptkünstler. In diesem Moment stürmten die Standdiener, die niemanden hatten, der ihnen Anweisungen geben konnte, hektisch mit ihren unzähligen Blumensträußen und Dekorationen durch die Hauptgänge und reichten sie Arditi, der sie manchmal kaum hochheben konnte. Er las die Adresse auf der Karte, die jeder Spende beigefügt war, und reichte die Blumen weiter an Mdme. Patti. Dies dauerte mehrere Minuten, während das Publikum langsam ungeduldig wurde.

Endlich, als diese ausführlichen Präsentationen vor Mdme. Patti war zu Ende gebracht worden, ein bescheidener kleiner Korb, adressiert an Mdme.

Gerster wurde übergangen, woraufhin das ganze Haus in schallenden Jubel ausbrach, der einige Minuten anhielt. Dieser *Konflikt* hatte zur Folge, dass Mdme ernsthaft verärgert wurde. Patti, die am Ende der Oper gelobte, nie wieder in demselben Werk mit Mdme aufzutreten. Gerster .

Mdme. Patti hatte sich ausreichend vorbereitet, um die Aufführung sehr dramatisch zu erleben. Aber nachdem der Vorhang gefallen war und sie Zeit hatte, über die lächerliche Lage nachzudenken, in die sie gebracht worden war, wurde sie hysterisch.

Hotel zurückkehrte, warf sie sich auf den Boden und trat und kämpfte so sehr, dass sie nur mit größter Mühe ins Bett gebracht werden konnte. Die Dummheit der „Platzanweiser" kam ihr so empörend vor, dass sie sie kaum als ausreichende Erklärung für die Torheit akzeptieren konnte, die sie begangen hatte, als sie ihre Blumensträuße, Körbe und Blumenschmuck aller Art im falschen Moment hochschickte. Einmal, als sie sich für Comedy interessierte, rief sie aus: „Das ist alles dieser Mapleson." und sie erwies mir tatsächlich die Ehre zu sagen, dass ich die Szene arrangiert hatte, um ihren Wert in den Augen der Öffentlichkeit zu senken und sie für zukünftige Auftritte zu reduzierten Preisen zu sichern.

Dann würde sie die Sache ernst, um nicht zu sagen tragisch sehen und das Missgeschick auf den bösartigen Einfluss Gersters zurückführen . Die liebenswürdige Etelka besaß laut ihrer brillanten, aber abergläubischen Rivalin den bösen Blick; und nach der Angelegenheit mit den Blumensträußen ereignete sich kein großes oder kleines Unglück, das aber von Frau Mdme zugeschrieben worden wäre. Patti an den bösartigen Geist, der Mdme belebt. Gerster . Wenn etwas schief ging, von einem falschen Ton im Orchester bis hin zu einem Erdbeben, lag es, so die göttliche Adelina, immer an Gerster und ihrem „bösen Blick". „ Gerster !" war ihr erster Ausruf, als sie merkte, dass in San Francisco die Erde unter ihr bebte.

Weit davon entfernt , sie von ihrem kindischen Aberglauben zu heilen, ermutigte Nicolini sie und nahm aller Wahrscheinlichkeit nach selbst an ihren seltsamen Wahnvorstellungen teil.

Wann immer Gersters Name erwähnt wurde, wann immer ihre Anwesenheit in irgendeiner Weise angedeutet wurde, Mdme. Patti fertigte mit ihren Fingern das Horn an, das der Wirkung des bösen Blicks entgegenwirken oder ihn abwenden soll; und einmal, als die beiden Rivalen im selben Hotel wohnten, Mdme. Patti ging im Dunkeln an dem Zimmer vorbei, in dem sich Mdme befand. Gerster streckte ihren Zeige- und vierten Finger in Richtung der vermeintlichen Zauberin aus; als sie sich beinahe dabei ertappte, dass sie Frau an die Stirn klopfte. Gersters Ehemann, Dr. Gardini , der gerade seine Stiefel auszog, bevor er zu Bett ging.

Zwei Tage vor dem Ende der Verlobung in Chicago erreichten mich schwerwiegende Gerüchte aus Cincinnati, wo wir am folgenden Montag erwartet wurden. Es hatten große Überschwemmungen eingesetzt, und das Wasser stieg immer noch täglich, ja sogar stündlich.

Ich erhielt häufig telegrafische Berichte über die traurigen Auswirkungen der Überschwemmung und hielt es schließlich für notwendig, unsere Abreise auf den nächsten Tag zu verschieben, in der Hoffnung, dass das Wasser dann zurückgehen würde.

Über den Stand der Dinge Mdme. Patti weigerte sich strikt, jetzt bereit in den Zug einzusteigen, und mehrere der anderen Künstler folgten ihrem Beispiel. Das Wasser stieg immer weiter und erreichte schließlich die außergewöhnliche Höhe von 64 Fuß.

Ich erfuhr, dass Cincinnati durch das Überfluten des Gaswerks in völlige Dunkelheit geriet. Die Einwohner waren gezwungen, Kerzen und Öllampen anzuzünden, um Licht zu bekommen, während die Stadt von allen anderen Teilen Amerikas isoliert war. Darüber hinaus wurde mir von der Bahnbehörde mitgeteilt, dass große Unsicherheit darüber bestehe, ob der Zug jemals die Stadt erreichen könne. Wo solch völlige Trostlosigkeit herrschte, konnte unmöglich ein Fest veranstaltet werden. wo das Publikum so weit von allem Festlichen entfernt war.

Deshalb telegrafierte ich Manager Fennessy , meinen einwöchigen Besuch auf den 31. des folgenden Monats zu verschieben, und sah nun keine andere Wahl, als in Chicago zu bleiben, obwohl ich überhaupt keine Verpflichtungen hatte und alle Leute auf meiner Seite hatte. Im Gespräch mit Mdme. Patti und Mdme. Gerster fand ich heraus, dass beide Mitgefühl mit den Leidenden dieser traurigen Katastrophe hatten. Deshalb entschied ich, dass es unsere Pflicht sei, Geld zu sammeln und es so schnell wie möglich an die Leidenden weiterzuleiten, anstatt zu versuchen, Geld aus der unglückseligen Stadt herauszuholen. Mit dieser Absicht organisierte ich in aller Eile eine Morgenvorstellung in Chicago, bei der beide Mdme. Patti und Mdme. Gerster nahm teil. Die Öffentlichkeit gewährte großzügigste Unterstützung. Henry Irving, der in unserem Hotel übernachtete, gab mit seiner üblichen Großzügigkeit 20 Pfund für eine Kiste; und ich hatte das Vergnügen, gleich am nächsten Tag mehr als 1.200 Pfund an den Bürgermeister von Cincinnati zu überweisen.

Um die Band und den Chor beschäftigt zu halten, arrangierte ich einen Auftritt für drei Nächte in Minneapolis, das ich, obwohl ziemlich weit entfernt, zu versuchen beschloss. Ich befahl daher, meinen Sonderzug für unsere Abreise bereitzuhalten.

Wir haben in der zweiten Hälfte der Woche in Minneapolis eröffnet und die drei Vorstellungen waren ein hervorragendes Geschäft. Während ich dort war, hörte ich neue Berichte über Abbeys Verluste, sowohl im Metropolitan Opera-House als auch auf seiner Tournee.

Als ich die Zeitung durchsuchte, fand ich heraus, dass darin stand, dass Herr Abbey fast 239.000 Dollar verloren hatte und dass er tatsächlich gezwungen war, sich aus seiner Geschäftsführung zurückzuziehen.

Obwohl Mr. Abbey mich alles andere als gut behandelt hatte, verspürte ich ein gewisses Bedauern, als ich vom Untergang dieses nicht sehr klugen Schaustellers hörte. Es war ein Kampf zwischen Geld und Fähigkeiten, sein Ziel war es, mich aus dem Weg zu räumen, damit sein neues Unternehmen keinen Widerstand mehr zu erwarten hatte. Meine Sänger, Musiker und *Angestellten* waren von mir für doppelte, dreifache und vierfache Gehälter abgeworben worden. Von Nilsson bis zum Callboy waren alle in Versuchung geraten, und viele ließen sich davonmachen. Als meine Leute zu mir kamen und sagten: „Was soll ich tun? Er bietet mir das Vierfache meines Gehalts", antwortete ich: „Meine lieben Leute, gehen Sie auf jeden Fall, Sie werden sicher in der nächsten Saison zu mir zurückkommen." "

Ich ließ mich während dieser ganzen Angelegenheit sehr nah am Wind laufen, und ohne große Sorgfalt und ein wenig Urteilsvermögen wäre ich ruiniert worden.

Nach der Morgenvorstellung, mit der unser Engagement in Minneapolis endete, musste unser Sonderzug 36 Stunden lang fahren, um St. Louis zu erreichen, wo wir am darauffolgenden Montag eröffneten.

In St. Louis herrschte große Aufregung über die für den darauffolgenden Donnerstag angekündigte Aufführung von „*Les Huguenots*", in der Patti und Gerster gemeinsam in ihren jeweiligen Rollen auftreten sollten. Aber infolge von Mdme. Als Patti erklärte, dass sie nie wieder in einer Oper mit Gerster singen würde , musste ich die Rechnung ändern, sehr zum Ärger des Publikums und zu meinem eigenen Schaden.

Ich möchte nun etwas erwähnen, das sich im letzten Teil meines Besuchs in St. Louis zugetragen hat.

Ich stellte fest, dass das Geschäft nicht so florierte, wie es ohne diese irritierende Rivalität von Abbey und auch dieser Frau gewesen wäre. Da Pattis Verlobung in den fünf Monaten, über die sich die Verlobung erstreckte, nur fünfzig garantierte Nächte umfasste, beschloss ich, ihr eine Pause von etwa drei oder vier Wochen zu gönnen, da sie bereits fast zwei Drittel der garantierten Anzahl von Malen gesungen hatte, und ich hatte genügend Zeit, den Rest zu klären. Ich beschloss auch, das Unternehmen weit außerhalb der Reichweite von Mr. Abbey, im wohlhabenden San

Francisco, zu gründen. Unsere Staatskasse musste dringend aufgefüllt werden. Mdme. Gerster willigte ein, bei mir zu bleiben, aber nur unter der Bedingung, dass Mdme. Patti hielt sich fern. Da ich feststellte, dass dies meinem Zweck entsprach, stimmte ich dem zu.

KAPITEL III.

GERSTER VERWEIGERT – PATTI FREIWILLIGE – ANKUNFT IN CHEYENNE – PATTI speist den Propheten – Drohungen eines Interviewers – ANKUNFT IN SAN FRANCISCO.

Am Ende der morgendlichen Abschiedsvorstellung von *Martha* , an der Gerster in St. Louis teilnahm, ging sie nach Hause, um sich auf die Reise nach San Francisco vorzubereiten. An diesem Abend führte ich *La Favorite auf* und gab der Kompanie den Befehl, um 2 Uhr morgens nach Far West zu starten. Gegen Viertel vor eins rief mich mein Agent an und teilte mir mit, dass Mdme. Gerster war zu Bett gegangen und weigerte sich, ihre Kisten das Hotel verlassen zu lassen. Da sie nun das Gefühl hatte, von Patti befreit zu sein, dachte sie, sie könne tun und lassen, was sie wollte. Alle Argumente waren nutzlos, und anstatt die Kartons zu packen, gab sie ihren Zofen ruhig die Anweisung, ihre Kleider aufzuhängen. Während dieser Zeit wartete der Sonderzug im Bahnhof bereit zur Abfahrt. Mitten in meinen Schwierigkeiten wurde mir in einem Umschlag eine kleine Karte mitgebracht, auf der stand, dass Mdme. Patti würde mich gerne sehen. Auch sie war kurz davor gewesen, zu Bett zu gehen. Doch als sie erfuhr, in welche Notlage ich geraten war, klingelte sie sofort, rief ihre Dienerinnen zusammen, forderte sie auf, all ihre weltlichen Habseligkeiten einzupacken, und versicherte mir nun, dass sie Tag und Nacht für mich singen würde, anstatt mich allein zu lassen Opfer von Gersters Launen.

Während ich mich bei Mdme bedankte. Patti wurde mir aus dem Nebenzimmer eine weitere kleine Karte in die Hand gedrückt, in der sie um ein Gespräch mit mir gebeten wurde. Beim Betreten von Mdme. In Gersters Gemächern fand ich sie angezogen vor, und sie erklärte sich nun bereit, mich in den Fernen Westen zu begleiten.

Kurz und knapp: Ich befand mich mit meinen beiden besten Damen im Zug . Daraufhin telegrafierte ich im Voraus an meinen Agenten, um ihn in Denver anzurufen und eine Aufführung von Mdme zu vereinbaren. Patti in *La Traviata* am darauffolgenden Samstagmorgen auf der Durchreise. Wir kamen pünktlich in Denver an, als wir das Hotel Mdme erreichten. Gerster sah zufällig, dass Patti für einen der Auftritte angekündigt war.

Ohne Vorwarnung verließ sie das Hotel, erschien am Bahnhof und bestellte einen Sonderzug, der sie auf dem Weg nach Europa zurück in den Osten bringen sollte. Es war in der Tat eine schwere Prüfung, die Sache zu einem gütlichen Abschluss zu bringen; aber das gelang mir schließlich. Ich versicherte Mdme. Gerster , dass Mdme. Patti würde für einige Zeit nichts mehr zu tun haben. Wenn Patti noch einmal singen würde, Mdme. Gerster erklärte, sie werde das Unternehmen verlassen.

Am Ende meines Engagements in Denver reisten wir nach Cheyenne. Der Opernzug bestand aus elf eleganten Waggons; und vor unserer Ankunft in Cheyenne wurden wir auf der Straße von zwei Sonderwagen abgeholt, an Bord hatten die Stadträte Holliday, Dater, Babbitt, Warren, Irvine und Homer sowie der Hon. Jones, Ford und Miller sowie etwa vierzig weitere Vertreter des Ober- und Unterhauses des großen Territoriums des Westens. Wir waren angenehm überrascht, als der Zug vorfuhr. Zu meinem großen Erstaunen hatten sich beide Häuser zu Ehren unseres Besuchs vertagt. Tatsächlich gab es einen allgemeinen Feiertag. Ein Waggon enthielt trockenen Pommery- und Mumm-Champagner, durchzogen von Eisblöcken, während ein anderes Abteil voller Zigarren war. Beide Züge hielten in der Ebene an, wo ein Austausch von Höflichkeiten stattfand und mehrere Reden gehalten wurden.

Kurz darauf bestiegen wir den Zug wieder in Richtung Cheyenne, wo die Bande des 9. Regiments, die aus beträchtlicher Entfernung von einer der Militärstationen hergebracht worden war, auf uns wartete. Mdme. Patti, die in ihrem eigenen Wagen saß, bestand darauf, ihn vom Zug abzunehmen, um die Begrüßung, die ihrer Meinung nach Mdme zu verdanken war, nicht zu beeinträchtigen. Gerster , der an diesem Abend in *La Sonnambula* auftreten sollte , der einzigen Oper, die während unseres Besuchs aufgeführt wurde. Am Ende des Empfangs wurde Gerster zum Hotel begleitet. Zwei Stunden später sollte es ein Ständchen für Mdme geben. Patti, die zu einem bestimmten Zeitpunkt in den Bahnhof gezogen wurde. Die Blaskapelle, die mit dem Kapellmeister in der Mitte im Kreis aufgestellt war , begann, Musik zu spielen, die eher gemischt war. Mdme. Patti bat mich, den Kapellmeister zu fragen, was sie spielten; Als ich jedoch versuchte, in den Kreis einzudringen, stürzte sich der Kapellmeister auf mich und sagte mir mit ausdrucksvollen Gesten, dass der ganze Kreis zusammenbrechen würde, wenn ich einen seiner Musiker berührte. Sie waren in den letzten sechsunddreißig Stunden im Dienst und warteten auf unsere Ankunft, und da sie „erhebliche Erfrischungen" zu sich genommen hatten, hatte er große Schwierigkeiten gehabt, sie auf die Beine zu stellen. Wir verzichteten auf alle Zeremonien, die Nachtserenade wurde aus dem Programm gestrichen und die Männer nach Hause geschickt.

die Oper „*Sonnambula*" aufgeführt, und obwohl pro Sitzplatz zehn Dollar verlangt wurden, war das Haus überfüllt. Obwohl Cheyenne nur eine kleine Stadt ist, die aus etwa zwei Straßen besteht, ist sie zu meinem großen Erstaunen eine äußerst vornehme Gesellschaft, die zwar aus Cowboys besteht; Dennoch hätte man sich vorstellen können, in der Londoner Oper zu sein, als sich der Vorhang öffnete – die Damen in prächtigen Toiletten und mit Diamanten bedeckt; die Herren alle im Abendkleid.

Die gesamte kleine Stadt wurde mit Strom beleuchtet. Das Clubhaus ist eines der angenehmsten, die ich je besucht habe. und die Menschen sind äußerst gastfreundlich.

Als die Vorstellung zu Ende war , kehrten wir alle zum Zug zurück und machten uns auf den Weg nach Salt Lake City.

Bei unserer Ankunft dort Mdme. Gerster fuhr zum Theater. Mdme. Patti und Nicolini vergnügten sich mit dem Besuch des großen Tabernakels, wobei ich sie begleitete. Als ich dieses prächtige Gebäude betrat, das in akustischer Hinsicht hervorragend ist und Platz für 12.000 Personen bietet, kam mir sofort die Idee, dort nach unserer Rückkehr aus San Francisco ein Konzert zu geben, wenn möglich; aber es gelang mir nicht, davon Gebrauch zu machen. Daraufhin habe ich dieses Mdme gelöst. Patti sollte den mormonischen Propheten selbst zusammen mit so vielen der zwölf Apostel, wie wir finden konnten, einladen, ihr Privatauto vor dem Bahnhof zu besuchen; und die Köche bereiteten ein herrliches *Déjeuner zu.*

Am nächsten Morgen kam der Prophet Taylor, begleitet von mehreren seiner Apostel. Mdme. Patti legte großen Wert darauf, das prächtige Gebäude zu loben, das sie am Tag zuvor besucht hatte, und äußerte den starken Wunsch, dass sie dort ihre Stimme ausprobieren dürfe, was mich zu der Feststellung führte, dass ein regelmäßiges Konzert wünschenswerter wäre. Dagegen erhoben mehrere Apostel heftige Einwände, die erklärten, dass das Gebäude nicht für einen solchen Zweck gedacht sei, sondern lediglich ein Ort der Anbetung sei.

Mdme. Patti begann jedoch, die Lehren der Mormonen begeistert zu loben und äußerte tatsächlich den starken Wunsch, der Mormonenkirche beizutreten. Nachdem er sie zwei oder drei ihrer süßen kleinen Lieder singen hörte, war der Prophet so beeindruckt, dass er tatsächlich einem Konzert im Tabernakel im folgenden Monat zustimmte. Als ich drei Dollar für die besten Plätze vorschlug, erhob einer der Apostel sofort Einspruch, der, da er fünf Frauen hatte, der Meinung war, dass dies eine ziemliche Belastung für seinen Geldbeutel wäre. Letztendlich wurde vereinbart, dass die Preise nur zwei Dollar und ein Dollar betragen sollten.

führten wir die Oper „ *Lucia* " im Salt Lake Theatre in Anwesenheit aller prominenten Einwohner der schönen Stadt auf und erzielten einen Erlös von etwa 750 £. Der Prophet war anwesend.

Unmittelbar nach der Oper machten wir uns auf den Weg in den Westen und erreichten etwa dreißig Stunden später Reno, wo wir anhielten, um den Motor zu waschen. und obwohl der Zug noch etwa 250 Meilen von San

Francisco entfernt war, bestiegen ihn viele Reporter, die schon seit ein paar
Tagen darauf warteten, die Gruppe zu treffen, entschlossen, sich nach
Möglichkeit ein Interview mit der *Diva* zu sichern . In der Zwischenzeit waren
sie damit beschäftigt, eine Beschreibung der prächtigen Reihe von Boudoir-
Prunkräumen zu schreiben, bis wir Truckee erreichten, wo ein beträchtlicher
Teil der Reihe weggespült worden war. Darüber hinaus hatte es von einigen
großen Bergen her einen Schneerutsch gegeben, der zu einer Unterbrechung
von fast zwölf Stunden führte.

Plötzlich, wie durch Zauberei, kamen etwa 1.500 Chinesen und begannen
mit der Reparatur der Straße. Während dieser Zeit hatten die Reporter
genügend Zeit, alle zu interviewen, da die Eisenbahnwaggons einzeln über
eine provisorische Straße transportiert werden mussten, die die Chinesen
gebaut hatten.

Die gesamte Bevölkerung von Truckee kam uns entgegen, bestehend aus
Cowboys, Bergleuten und Indianern. Patti war sehr entzückt von einem
kleinen Papoose, den eine der Indianerinnen auf dem Rücken trug. Sie setzte
sich ans Klavier und begann, Kinderreime zu singen. Sie pfiff ebenfalls sehr
geschickt eine Polka zu ihrer eigenen Begleitung; was den Papoose zum
Lachen brachte. Sie äußerte daraufhin den starken Wunsch, es zu kaufen und
zu adoptieren, da sie keine eigenen Kinder hatte. Nur im Einklang mit
Nicolinis Überzeugungskraft gab sie schließlich auf.

Als wir Truckee verließen, erklang ein wildes Geschrei der Indianer, das
einer Art Kriegsgeschrei ähnelte, in das sich die gesamte Bevölkerung von
Truckee einschloss.

Letztendlich erreichten wir Sacramento. Wieder kamen alle Einwohner
heraus, viele riefen: „Gott segne ihre Majestät!" „Gott segne Colonel
Mapleson!" Die Menge bestand wie üblich größtenteils aus Indern und
Chinesen. Es wurde versucht, Pattis Auto zu umzingeln, um sie zum
Aussteigen und Singen zu bewegen.

Bevor sie Sacramento verließen, stiegen andere Reporter ein und
bestanden darauf, Patti zu interviewen. Ich antwortete-

„Glauben Sie, ich zahle Patti 1.000 Pfund pro Nacht und gebe meinen
ganzen Gewinn dafür aus, diese großartigen Autos für sie und Nicolini zu
kaufen , damit sie von Zeitungsreportern interviewt werden ? Nein, Sir, Sie
können Patti nicht interviewen. Wir haben viele wunderschön geschriebene
Interviews." bereits in meinem Vorraum, und Sie können sich die aussuchen,
die Ihnen am besten gefallen. Sie können außerdem den Wagen mit Graf
Zacharoff sehen . Im hinteren Wagen finden Sie Apollinaris und
Roggenwhisky, und es gibt eine Kiste von Zigarren in der Ecke.

„Sehen Sie, Colonel", antwortete einer der Reporter sehr bestimmt und steckte die rechte Hand in die Gesäßtasche. „Ich bin kein Londoner Reporter, der sich auf diese Art abschrecken lässt. Ich bin mehrere Hundert Kilometer weit gekommen, um ein Interview zu führen." Patti, und ich muss sie sehen. Weigere mich, und ich werde einfach zwei Zeilen nach San Francisco telegrafieren, dass Patti sich in den Bergen eine schwere Erkältung zugezogen hat und dass Gersters alte Halsbeschwerden wieder auftreten. Verstehen Sie?"

Ich antwortete: „Können Sie nicht stattdessen mich interviewen?" war entsetzt über seine Drohung.

„Nein, Sir", antwortete er; „Patti oder Verderben!"

Ich sah nun Nicolini , die letztendlich zustimmte, dass der Reporter die *Diva sah* . Er rief einen dunkelhäutigen Diener herbei und befahl ihm, den Journalisten zu Mdme zu führen. Pattis Wohnungen, Nicolini folgt ihm.

Ein paar Sekunden später stand die Reporterin Patti in ihrem wunderschönen Palastauto gegenüber. Nicolini führte die Vorstellungszeremonie durch, während der Papagei ein paar „Flüche" auf Französisch murmelte. Patti bedeutete dem Reporter lächelnd, Platz zu nehmen, und das lang erwartete Interview sollte gerade stattfinden, als Nicolini plötzlich zurückkam und anfing, die elektrischen Klingeln zu läuten. Im Nu herrschte Verwirrung. Die Kammerdiener eilten hin und her, und Nicolini erklärte im erlesensten Italienisch, er habe einen kleinen Luftzug entdeckt, der durch einen Ventilator kam; und erst als dieser geschlossen war und seine verehrte Madame in Schals gehüllt war, konnte das Interview fortgesetzt werden.

Patti war offenbar schon einmal interviewt worden, denn sie übernahm von Anfang an die Führung des Gesprächs. Ihre erste Anfrage betraf das Wetter in Kalifornien, von dem sie gehört hatte. Sie fragte, ob es warm und sonnig sei wie in ihrer Heimat Spanien. Sie sagte, sie habe genug von Eis und Schnee, von Colorado und Montana und sei sehr froh, San Francisco erreichen zu können. Am Ende des Interviews verließ der Reporter den Raum, ging zum Ende des Zuges und ließ beim Passieren eines Stellwerks ein kleines Paket über Bord fallen. Später erfuhr ich, dass es eine Seite mit einem Text enthielt, den wir bei unserer Ankunft in San Francisco in gedruckter Form vorfanden. Er hatte einen detaillierten Bericht über alles gegeben, was im Zug passiert war.

Zu gegebener Zeit erreichten wir San Francisco, wo mir mein Agent mitteilte, dass die Verlobung ein großer Erfolg werden würde, da zwei Drittel der Karten für die gesamte Saison verkauft worden seien.

Als wir in Oakland, gegenüber von San Francisco, ankamen, wurden die Morgenzeitungen eifrig gekauft und die Ankündigungen von Signor Nicolini und Patti gescannt, die beide ihr Erstaunen darüber zum Ausdruck brachten, dass sie etwa 3.000 Meilen zurückgelegt hatten, um nichts zu tun. Tatsächlich war ich selbst im Moment eher ratlos. Dennoch ging ich sofort auf die Angelegenheit ein und flüsterte Nicolini zu , ruhig zu sein und es Frau zu sagen. Patti sollte ruhig sein, da ich einen Plan vorbereitet hatte, von dem ich dachte, dass er ihr gefallen würde.

Dann machte ich mich an die Arbeit und überlegte, was getan werden könnte. Als ich mein Hotel erreichte, da es Sonntag war, konnte natürlich kein Druckversuch unternommen werden. Deshalb habe ich in der Zeitung für den nächsten Morgen eine Anzeige aufgegeben, in der ich dies mitteilte und dabei von Mdme profitierte. Durch die Anwesenheit von Patti und Signor Nicolini auf einer Vergnügungsreise in den Fernen Westen hatte ich sie zu einer Aufführung überredet. Ich hatte den folgenden Donnerstag ausgewählt – die einzige leere Nacht, die ich hatte. Gleichzeitig teilte ich, um denjenigen gerecht zu werden, die die Saison so großzügig abonniert hatten, mit, dass die ursprünglichen Abonnenten die erste Wahl der Patti-Tickets vorrangig für die breite Öffentlichkeit haben sollten, mit einem Rabatt von 10 Prozent. außerdem. Dies befriedigte sie und erhöhte das Abonnement für die gesamte Saison sogar noch weiter, da viele nur deshalb mitmachten, weil sie die Chance hatten, eine Eintrittskarte für Patti zu ergattern.

getroffen war, traf ich die Herren Sherman und Clay, die bekannten Musikverkäufer, und bat sie, die wenigen verbliebenen Karten am darauffolgenden Dienstag in ihrem Geschäft zu entsorgen, um keine Verwirrung zu stiften meine regulären Vorverkaufsstellen im Theater.

KAPITEL IV.

**DIE PATTI-EPIDEMIE – GERSTER FURORE – KARTEN 400 %
PREMIUM – MEINE VERHAFTUNG – GEFANGEN VON
„SCALPERS" – OPER-KARTENAUKTION – TOD MEINES
ERSTEN „BASSO".**

Eines der außergewöhnlichsten Spektakel, das jemals in San Francisco erlebt
wurde, war das, was sich am Abend unserer Ankunft abspielte, als sich
herumgesprochen hatte, dass einige Patti-Tickets am darauffolgenden
Dienstag bei Sherman and Clay's verkauft werden sollten.

Kurz nach zehn Uhr abends nahm der erste junge Mann seine Position
ein, und bald gesellten sich immer wieder weitere hinzu. Dann kamen die
Damen, bis kurz nach Mitternacht die Leitung bis zum Kreistelegrafenamt
reichte. Einige brachten Stühle mit und setzten sich mit einer Pfeife oder
einer Zigarre, vorbereitet auf eine längere Belagerung. Andere hatten sowohl
festen als auch flüssigen Trost in der Tasche, um sich die Stunden zu
vertreiben. Telegraphenjungen waren zahlreich. Das galt auch für viele
andere kluge junge Männer, die am nächsten Morgen bereit waren, ihre Plätze
an den Meistbietenden zu verkaufen; Eine Position in der Warteschlange, die
bis zu 2 £ kostete, wenn man sich innerhalb von dreißig Jahren vor der Tür
des Büros befand, in dem die Tickets abgegeben werden sollten.

Die Adelina-Patti-Epidemie breitete sich vom Moment ihrer Ankunft an
allmählich aus und begann am frühen Morgen des nächsten Morgens in der
ganzen Stadt zu wüten.

Viele Damen schlossen sich in der Nacht der Schlange an und mussten
das gleiche Risiko eingehen wie die Männer. Gegen Morgen erreichten die
Schnäppchen für gute Positionen in der Schlange bis zu 4 Pfund, eine
Summe, die tatsächlich von einer Person für die Erlaubnis gezahlt wurde, den
Platz einer anderen Person einzunehmen. Viele der Teilnehmer der
Prozession waren ausschließlich zum Zweck des Verkaufs ihrer Positionen
dort.

Am nächsten Morgen stand ich früh auf und machte einen Spaziergang,
um die Stadt zu bewundern. Ich beobachtete eine riesige Menschenmenge in
der Montgomery Street. Tatsächlich war die Passage im Umkreis von
Hunderten von Metern unpassierbar, da Fahrzeuge, Omnibusse usw. alle
stillstanden. Als ich mich nach dem Grund dieser Aufregung erkundigte ,
teilte mir ein Polizist mit, dass sie versuchten, Patti-Tickets zu kaufen, über
die die Herren Sherman und Clay verfügten.

Als ich mich langsam die Straße entlang bahnte und mich Shermans und
Clays Lokal näherte, sah ich zu meinem großen Erstaunen, dass es in keinem

der Fenster eine einzige Glasscheibe gab, während die Decken der besten Klaviere und Harmoniums damit besetzt waren Dutzende Menschen standen in ihren genagelten Stiefeln darauf und verlangten nach Patti-Tickets. Die Herren Sherman und Clay baten mich eindringlich, entweder Patti aus der Stadt zu entfernen oder ihnen zumindest nicht den Verkauf weiterer Eintrittskarten anzuvertrauen, da die Menge ihrem Bestand über 600 Pfund Schaden zugefügt hatte.

Ich hatte im Moment keine weiteren Schwierigkeiten mit Gerster , der glaubte, Patti würde nur eines Abends singen. Außerdem war der Verkauf von Eintrittskarten für sie sehr gut verlaufen, bevor Pattis Anwesenheit in der Stadt bekannt wurde.

Gegen acht Uhr abends wurde Patti von einem großen Orchester unter Professor Wetterman ein Ständchen vorgetragen ; Der Innenhof des Palace Hotels, in dem sie wohnte, war strahlend beleuchtet. Die sechs Ebenen prächtiger Galerien, die es umgaben, waren voller Besucher und beleuchteten *einen Tag* . Sobald die ersten Klänge der Musik zu hören waren, Mdme. Patti kam mit einem Freundeskreis aus ihrem Zimmer und war eine aufmerksame Zuhörerin. Nachdem sie einige Zeit geblieben war , beauftragte sie Signor Arditi , dem Orchester zu seiner brillanten Leistung zu gratulieren, wobei der Lieblingsdirigent bei der Überbringung der Botschaft ziemliche Ovationen erhielt.

Die Vorbereitungen in der Großen Oper waren äußerst aufwendig, insbesondere die Dekorationen. Das Theater und die Gänge waren neu tapeziert, mit Fahnen geschmückt, und in der Mitte gegenüber dem Haupteingang befand sich ein riesiger Kristallbrunnen mit zehn kleineren Düsen, die Ströme von Eau de Cologne in Glasbecken warfen, die mit Kristallanhängern behängt waren. Überall im Vorraum standen die seltensten Baumorchideen, blühende Veilchen und Rosen in voller Blüte; während die Ecke des Vestibüls mit den Flaggen aller Nationen geschmückt war, wobei England, Amerika, Italien und Ungarn vorherrschten.

Am Eröffnungsabend präsentierte das Große Opernhaus ein Spektakel der Großartigkeit, das, wie ich ohne Übertreibung sagen kann, in keiner Stadt jemals übertroffen werden konnte. Der Zuschauerraum war mit einer verwirrenden Masse an Spitzen, Juwelen und hellen Gesichtern ziemlich umwerfend. Jeder verfügbare Platz wurde belegt. Draußen auf der Straße müssen Tausende von Menschen lautstark nach Eintrittskarten gedrängt haben , während die breiten Stufen der Kirche gegenüber von Leuten besetzt waren, die unbedingt einen Blick auf die Toiletten der Damen erhaschen wollten, als diese aus ihren Kutschen in den Vorraum sprangen.

Die Saison wurde mit *Lucia di Lammermoor eröffnet* , in der Mdme. Etelka Gerster erschien als unglückselige Heldin. Ich werde nicht näher auf die

Aufführung eingehen, sondern nur sagen, dass die Bühne nach jedem Akt mit den schönsten Blumensträußen beladen war, von denen einige so sperrig waren, dass sie an den Seiten der Bühne in Sichtweite bleiben mussten das Publikum während der restlichen Oper. Der nächste Abend war der Erholung nach der langen und anstrengenden Reise gewidmet, die wir alle hinter uns hatten, Mdme. Gerster blieb in ihren Wohnungen, um sich auf ihren zweiten Auftritt am folgenden Abend vorzubereiten.

Der nächste Abend war einer Aufführung von *L'Elisir gewidmet d'Amore* , als Mdme. Gerster zeichnete ein weiteres 10.000-Dollar- Haus – die florale Bildhaftigkeit des Auditoriums vom vergangenen Montag wiederholte sich.

Mdme. Patti sollte nun als „La Traviata" auftreten. Am Tag der Aufführung brauchte es die gesamte Polizei, um das Theater vor der überwältigenden Menschenmenge zu schützen, die nach Karten drängte, obwohl angekündigt war, dass es keine weiteren mehr geben würde. Lange vor Tagesanbruch hatten sich die potenziellen Käufer von Patti-Tickets versammelt und bildeten eine Schlange, die eine Länge von etwa drei oder vier Straßen erreichte; und von diesem Zeitpunkt an bis zum Ende der Verlobung, etwa vier Wochen später, wurde diese Linie zu keiner Tages- und Nachtzeit unterbrochen. Ein reger Handel wurde mit der Anmietung von Campinghockern betrieben, für die die bescheidene Summe von 4 Schilling bezahlt wurde. wurde aufgeladen. Für eine Tasse Kaffee oder eine Scheibe Butterbrot wurde ein ähnlicher Betrag erhoben. Als die Schlange hungrig wurde, wurden Abendessen serviert, auch Abendessen. Es wurden hohe Preise gezahlt, um einen Platz in der Schlange zu erhalten, als sich der Leiter der Schlange der Kasse näherte; Dies führte nur zu einer Enttäuschung für den beabsichtigten Käufer, der natürlich nicht in der Lage war, ein Ticket zu beschaffen. Große Polizeitrupps waren die ganze Zeit über im Einsatz und waren eifrig damit beschäftigt, die Linie an ihrem Platz zu halten und Außenstehende bei ihren Versuchen, eine Lücke zu schaffen, zu besiegen. Später wurde bekannt gegeben, dass eine begrenzte Anzahl von Eintrittskarten für die Galerie verkauft werden würde, als ein Ansturm erfolgte und alle Fenster, Glas, Statuen, Pflanzen usw. weggeschafft wurden.

Ticketspekulanten boten jetzt Sitzplätze für jeweils 4 bis 10 Pfund an, wobei Plätze in der fünften Reihe des Kleiderkreises bis zu 4 Pfund einbrachten, was 400 Prozent entspricht. über dem Kassenpreis. Sie fanden Käufer zu Preisen, die Shylock beschämt hätten. Später am Tag wurden Sprengsätze auf meinen Kopf abgefeuert und ich wurde beschuldigt, an der Plünderung beteiligt gewesen zu sein. Deshalb habe ich beschlossen, dies so weit wie möglich zu korrigieren.

Endlich war es Abend und Hunderte von Eintrittskarten waren nur für Stehplätze verkauft.

In der Zwischenzeit erwirkten Polizeichef Crowley und Hauptmann Short einen Haftbefehl, als sie sahen, dass die Gänge, die zu den Orchesterständen und dem Garderobenbereich führten, von der großen Menge blockiert waren, von denen viele auf Campinghockern saßen, die sie heimlich mitgebracht hatten meine Verhaftung am nächsten Morgen. Zu dieser Zeit kam es im Hauptvorraum zu mehreren hitzigen Auseinandersetzungen, da zahlreiche Fahrscheinduplikate ausgestellt worden waren. und mehrere Sitzinhaber konnten ihre Plätze nicht erreichen. Ein Herr forderte einen anderen auf, zu kommen und auf dem Bürgersteig mit Revolvern zu kämpfen.

Das Aussehen des Hauses zu beschreiben wäre unmöglich. Die Toiletten der Damen waren bezaubernd. Viele waren in Weiß gehalten und fast alle funkelten mit Diamanten. Auf der obersten Galerie standen sich die Leute buchstäblich auf den Kopf, und als der Inspektor nach oben schickte, um die Ursache zu ermitteln, stellte er fest, dass Bretter von der Spitze eines angrenzenden Hauses auf das Dach eines angrenzenden Hauses gelegt worden waren, da die Zahl immer noch zunahm das Opernhaus, von dem die Schiefertafeln entfernt worden waren; und eine nach der anderen fielen Zahlen durch die Decke auf die Köpfe derer, die auf der Galerie saßen.

Patti war natürlich mit Blumensträußen überhäuft, und die italienischen Einwohner der Stadt schickten eine riesige Veilchenkugel, die auf zwei Leitern stand und über deren beiden Seiten die italienische und die amerikanische Flagge hingen. Am Ende jedes Aktes wurden riesige Ständer und Blumenformen über die Rampenlichter gehoben und auf der Bühne platziert. Um die modischen Leute im Publikum zu nennen, würde man die Einladungslisten der Bälle durchgehen, die in den allerbesten Häusern der Stadt stattfinden. Es wäre sinnlos, eine Aufführung von *La Diva zu beschreiben* , die jeder bereits kennt. Galassi , der Bariton, hatte großen Erfolg; und in der Glücksspielszene wurde ein elegantes Ballett unter der Leitung der kleinen Mademoiselle eingeführt. Bettina de Sortis . Chief Crowley berichtete, dass am nächsten Tag 200 zusätzliche Polizisten erforderlich seien, um die Ordnung aufrechtzuerhalten. Als wir die Tickets in der Schatzkammer durchsuchten, entdeckten wir mehr als 200 gefälschte Tickets, die an der Tür mitgenommen wurden. Diese Fälschungen waren bis auf den Farbton so gut, dass es fast unmöglich war, den Unterschied zu den echten zu erkennen; Das Publikum stürzte wie aus Haubitzen erschossen in die Oper. Mehrere Damen erklärten, dass ihre Füße seit dem Aussteigen aus ihren Kutschen noch nie den Boden berührt hätten; und nur mit Mühe wurden ihnen die Fahrkarten im Vorbeigehen entrissen. Viele, die für Stehplätze bezahlt hatten, brachten unter ihrer Kleidung versteckte kleine Campinghocker mit, öffneten sie anschließend und stellten sie in die Hauptgänge. Wäre es zu einer Panik oder zu einem Feueralarm gekommen, hätten viele Leben geopfert werden müssen.

Natürlich wurde mir die Schuld an all dem gegeben. Am nächsten Tag gab es in der ganzen Stadt leises Gemurmel der Unzufriedenheit gegen mein Management, während die Zeitungen einstimmig mich angriffen und einige ihrer Artikel mit der Überschrift „Der Opernschwindel" überschrieben hatten.

Am folgenden Tag wurde ich um halb zwei Uhr von Detective Bowen mit einem eidesstattlichen Haftbefehl von Captain Short wegen Verstoßes gegen Abschnitt 49 der Brandschutzverordnung der Stadt und des Landkreises verhaftet, indem ich die Blockierung der Durchgänge zugelassen habe die Verwendung von Campinghockern und Überbelegung; die Strafe für einen solchen Verstoß ist eine Geldstrafe von mindestens 500 Dollar und eine Freiheitsstrafe von mindestens sechs Monaten.

Dem erlassenen Haftbefehl folgend, betrat ich am nächsten Tag das Polizeigericht, begleitet von General WHL Barnes, dem angesehenen Anwalt, der für den berühmten Sharon-Fall zuständig war, und Richter Oliver P. Evans. Als Barnes nach dem Haftbefehl fragte, stellte er fest, dass ich als „John Doe Mapleson" beschrieben wurde, mit der Erklärung, dass mein Vorname unbekannt sei. Mir wurde ein Verstoß gegen die Verordnung der Feuerwehr vorgeworfen , die es für rechtswidrig erklärt, die Durchgänge oder Gänge von Theatern während einer Aufführung zu versperren. Nach einigen Beratungen wurde eine Bürgschaft in ordnungsgemäßer Rechtsform erstellt, wobei General Barnes und Richter Evans meine Bürgschaften waren.

Anschließend fand eine Sitzung vor Gericht statt, bei der der Lizenzeintreiber vorschlug, zum Schutz der Öffentlichkeit Fahrkartenverkäufer auf dem Bürgersteig dazu zu bringen, gegen eine zusätzliche Gebühr von 100 Dollar pro Person eine Lizenz auszustellen .

Trotz dieser enormen Steuer wurden an diesem Nachmittag weitere Lizenzen zum erhöhten Satz ausgestellt.

Bei der nächsten *Matinée* Mdme. Gerster erschien in *La Sonnambula* , als das Haus wieder überfüllt war.

Ich habe jetzt einen zweiten Auftritt von Mdme angekündigt. Patti gab für den darauffolgenden Dienstag in *Il Trovatore* bekannt, dass die Abendkasse am darauffolgenden Montag um 10 Uhr für den Verkauf aller überschüssigen Karten öffnen würde. Am frühen Morgen des Verkaufs bildete sich zwischen vier und fünf Uhr eine Schlange 'Uhr am Morgen, wurde nach und nach von Neuankömmlingen erhöht, die alle darauf bedacht waren, sich Tickets zu sichern; und um 10 Uhr war es ohne Übertreibung auf Tausende angewachsen.

Ich zitiere hiermit die folgende lebhafte und charakteristische Beschreibung der Szene aus dem *Morgenruf* vom 15. März 1884:

„Für jemanden, der gestern Vormittag in der Mission Street gegenüber dem Grand Opera House gestanden und, wie man sagen könnte, ‚die Schlacht aus der Ferne beobachtet‘, schien es, als ob eine große Anzahl von Menschen über diesen Wunsch völlig verrückt geworden wäre." Patti singen zu hören. Eine solch aufgeregte, turbulente und tatsächlich verzweifelte Menschenmenge versammelte sich noch nie vor einem Theater, um Karten zu kaufen. Sie kämpfte regelrecht um Karten, und es ist fraglich, ob, wenn es eine echte gewesen wäre Nach dem Aufruhr einer wilden und entschlossenen Menschenmenge hätte die Szene aufregender oder die Zerstörung des Theatereingangs vollständiger sein können. Nachdem sich die Menschenmenge aufgelöst hatte, sahen die Zugänge zur Kasse aus, als wären sie von einer Premiere heimgesucht worden Kansas-Zyklon der Klasse 1 in einer seiner schlimmsten Stimmungen. Die Tatsache, dass für mehrere Vorstellungen Karten im Verkauf waren, hatte viel damit zu tun. Es war eine Art Aufräumen für den letzten Abend und die heutige *Matinée* , vor allem aber für die Patti-Nacht am Dienstag. Bereits um fünf Uhr morgens begann sich eine Schlange zu bilden, die wuchs und sich vervielfachte, bis sie um zehn Uhr um die Ecke in die Third Street bog, während der Haupteingang dicht mit Menschen gefüllt war sich windende und windende Menschenmasse, die sich dicht an die Glastüren drängte, die die erste Barriere bildeten und von einem einsamen Polizisten bewacht wurden. Er tat sein Bestes, um den Druck auf sich selbst und auf die Türen zu verringern, aber als die Zeit verging und die Abendkasse nicht öffnete, wurde die Menge immer lauter und unkontrollierbarer , und schließlich stürmte es unwiderstehlich auf die Türen zu. Sie leisteten keinen Augenblick Widerstand und gaben nach, als wären sie aus Papier. In dem heftigen Tumult, der darauf folgte, wurde das Glas vollständig herausgebrochen, und ein Junge wurde mit dem Körper durch eine der Scheiben geschleudert, was für ihn äußerst schmerzhafte Folgen hatte, denn er fiel innerlich verletzt und verletzt zu Boden. Es gab keinen Zentimeter freien Raums zwischen der Straße und dem Haupteingang, der nicht von Männern, Frauen oder Kindern besetzt war, die wahllos zusammengedrängt waren. Die Topfpflanzen wurden umgeworfen und unter den Füßen der Menge vernichtet; Das Glas der großen Bilder, die die Wände schmückten, war zerbrochen, und die Bilder selbst wurden zu Boden geschleift. Die Kasse wurde von einem dicht gedrängten und heulenden Mob belagert, die reguläre Linie war völlig überwältigt, und es entbrannte ein großer Kampf, so nahe wie möglich an die Kasse zu gelangen, die noch nicht geöffnet war. Dann versuchte die Menge selbst, irgendwie Ordnung zu schaffen.

„Die Mächtigeren drängten sich nach vorne und begannen eine neue Linie, ohne Rücksicht auf diejenigen zu nehmen, die vor dem Sturz der Barrieren als Erste in Position gewesen waren. Sie drehte sich um die Lobby und bildete Kurven und Winkel, die die typische Schlange zum Rückzug gebracht hätten." Diese Linie wurde von allen Seiten von Unglücklichen bedrängt, die von der ursprünglichen Formation ausgeschlossen worden waren. Die Luft war dick und schwül, die Menge schwitzte und lästerte, und der Sturm auf die Kinokassen wurde Unmittelbar bevorstehend. Gerade zu diesem Zeitpunkt traf Captain Short mit einer großen Polizeieinheit ein, und unter dem Einfluss einer üppigen Zurschaustellung suggestiv aussehender Heuschrecken [die Schlagstöcke der amerikanischen Polizei bestehen aus Heuschreckenholz] wich die Menge mürrisch zurück und formierte sich Etwas geordnete Schlange. Es wurde auch eine Reihe von Dauerkarteninhabern gebildet, um Karten für den nächsten Patti-Abend zu kaufen, und diese wurden durch die Innentür eingelassen und vom Büro des Managers aus bedient. Außerdem wurde der Menge mitgeteilt, dass keine Patti-Karten erhältlich seien an der Abendkasse verkauft, aber das alles muss rein. Dies löste einen Wutschrei aus und löste erneut Chaos aus, da die Schlange unterbrochen wurde. Doch die Polizei erhob einen gewaltigen Angriff und zwang Hunderte nach draußen, gegen den empörten Protest vieler, die behaupteten, sie hätten den ganzen Vormittag in der regulären Schlange gestanden, nur um dann von der Polizei ihrer Rechte beraubt zu werden. Der darauffolgende Verkauf schien für die erste Patti-Nacht eine größere Befriedigung gegeben zu haben.

Vor der Eröffnung des Verkaufs stellte ich fest, dass etwa dreißig Spekulanten irgendwie vor der *echten* Öffentlichkeit, die so lange draußen gewartet hatte, an die Innenschranke in der Nähe *des Büros gelangt waren.* Ich stellte fest, dass sie ein Fenster auf der Bühne zerbrochen hatten; Anschließend kletterte er hinauf und gelangte durch die Lobby des Theaters zur inneren Barriere, bevor die Außentüren geöffnet wurden. Ich sah dann, dass sie sich die gesamten zum Verkauf angebotenen Tickets sichern wollte. Deshalb stieß ich im Vorbeigehen ein zweites Mal leise einen von ihnen an, zwinkerte anzüglich und zeigte auf die Kasse im oberen Kreis; Er führte die willigen Betrüger, die mir folgten, durch eine Tür in der Hauptwand in ein inneres Büro. Kaum war der letzte durchgegangen, hatte ich die Tür verschlossen. Auf diese Weise habe ich zwischen 25 und 30 dieser spekulativen Adligen „eingesperrt" und sie über zwei Stunden lang aufbewahrt, während dieser Zeit wurden die Tickets entsorgt. Dadurch wurde mein Charakter gegenüber der allgemeinen Öffentlichkeit geklärt, die sofort erkannte, dass ich überhaupt nicht mit den Spekulanten verbündet war, sonst hätten sie Kings Aussage verfälscht, nachdem ich sie behandelt hatte.

Manöver durchführte , wurde der Andrang im Hauptvorraum so groß, dass die Polizisten gezwungen waren, ihre Knüppel zu ziehen, um die Ordnung aufrechtzuerhalten.

An diesem Abend führten wir die Oper *Puritani auf* , in der Mdme. Zur Freude des zahlreichen Publikums sang Gerster erneut . Ungefähr zu dieser Zeit entdeckte ich, dass der Oberdiener die Angewohnheit hatte, viele Stühle zu verstecken und sie gegen einen Aufpreis von 12 Sekunden an diejenigen zu vermieten, die noch standen. ein Stück. Ich ließ sofort Kapitän Short, den geschätzten Polizeichef, rufen, der zum Platzanweiser sagte:

„Haben Sie die Freundlichkeit, diese Dame zu bitten, aufzustehen und den Stuhl wegzunehmen."

„In Ordnung", sagte der Platzanweiser. „Bitte geben Sie mir diesen Hocker, Madam."

Die Dame antwortete:

„Aber du hast mir 12 Schilling dafür zahlen lassen; gib mir auf jeden Fall mein Geld zurück."

Der Kapitän sagte :

„Gib der Dame ihre 12er zurück."

Die Antwort war:

„Wir erstatten niemals Gebühren."

Der Kapitän gab dann einem seiner Offiziere die Anweisung, den Platzanweiser zum Südbahnhof zu bringen und ihn wegen einer Straftat einzusperren .

Am nächsten Morgen wurde ich erneut aufgefordert, zum Polizeigericht zu gehen. Mein Anwalt, General Barnes, plädierte für eine Verschiebung um eine Woche mit der Begründung, dass er sich intensiv mit dem Sharon-Fall beschäftigte. Dagegen erhob der Staatsanwalt Einspruch mit der Begründung, dass die empörte Öffentlichkeit eine rasche Einigung mit Mapleson verlange und der Fall daher für den nächsten Morgen angesetzt sei.

Als der Fall angerufen wurde , war ich nicht anwesend und wurde zwangsläufig am Bett eines meiner Basssänger festgehalten, der plötzlich an einem Lungenschlag gestorben war. Der Verstorbene, Signor Lombardelli , war ein großer Favorit der Kompanie.

General Barnes erschien jedoch, forderte eine Verschiebung des Falles und deutete an, dass ein Schwurgerichtsverfahren gefordert werde.

„Sollte dies zugegeben werden, wird der Fall bis nächsten Mai oder Juni andauern", antwortete der Gerichtsschreiber, „bis dahin wird der Angeklagte in Europa sein."

Er protestierte daher gegen die Verschiebung. Der Richter sagte streng, dass dem Antrag nicht stattgegeben werde und der Fall daher für morgen angesetzt werde.

Am nächsten Morgen kam ich zum Polizeigericht, das überfüllt war. Polizeikapitän Short wurde zuerst zur Anklage gerufen und sagte aus, dass das Opernhaus ein Ort der Vergnügung sei, dass es sich jedoch seit meinem Aufenthalt jeden Abend in einen Ort der Gefahr verwandelt habe. In den Hauptgängen befanden sich Hocker und stehende Zuschauer, und im Falle einer Panik wären die Folgen höchst verheerend gewesen. Officer O'Connell sagte aus, dass in der betreffenden Nacht 57 Personen in einem kleinen Durchgang standen, zwischen denen sich etwa ein Dutzend kleiner Klapphocker befanden. Dann wurde ich in den Zeugenstand gestellt, als ich erklärte, ich sei der Manager der Operngesellschaft, nicht aber des Theaters. Ich hatte lediglich die Kontrolle über die Bühne, während der Manager für den Zuschauerraum verantwortlich war und mir die säumigen Platzanweiser zur Verfügung gestellt hatte. Anschließend wurde der Kassenbuchhalter in den Zeugenstand gestellt, der schwor, ich hätte ihm befohlen, ein Fünftel weniger Eintrittskarten zu verkaufen, als der Geschäftsführer angegeben hatte, dass das Haus Platz bieten würde. Die Verteidigung wollte lediglich klarstellen, dass ich nicht der verantwortliche Manager sei. Der Richter entschied jedoch anders und befand mich für schuldig.

Ich sollte am nächsten Morgen erscheinen, um das Urteil anzuhören. Es wurde eine hohe Geldstrafe verhängt. Letztendlich wurde der Betrag jedoch auf 75 Dollar reduziert, die der Richter, offensichtlich ein Musikliebhaber, in Opernkarten auszahlen ließ.

An diesem Abend trat Patti als „Leonora" in *Il Trovatore auf* . Stehplätze auf den Treppenstufen der Kirche gegenüber dem Haupteingang des Theaters waren erneut sehr knapp, und eine Polizeitruppe unter Kapitän Short war gleich zu Beginn im Einsatz, um den Vorraum von Herumlungerern fernzuhalten und nur denjenigen Zutritt zu gewähren, die der Oper beiwohnen wollten anwesend sein.

Ich werde nicht näher auf die Auftritte von Signor Nicolini als „ Manrico " oder Patti als „Leonora" eingehen. Die Aufführung war ein ununterbrochener Triumph, und wie üblich war die Bühne voller Bühnenbilder und Blumen.

Ungefähr zu dieser Zeit wurde mir ein Bericht über die von mir veranlasste Untersuchung der gefälschten Tickets vorgelegt, die erst nach Einweichen in

Wasser erkannt werden konnten, als sich herausstellte, dass die echten aus drei Lagen Pappe bestanden gefälschte nur von zwei.

Aber selbst nach all diesen Erklärungen waren diejenigen, die die gefälschten Tickets besaßen, so enttäuscht und empört, dass sie nicht nur auf der Rückerstattung ihres Geldes bestanden, von dem ich nie einen Penny erhalten hatte, sondern auch auf der Rückerstattung ihrer Reise- und Hotelkosten . Viele waren Hunderte von Kilometern angereist, um die Oper zu besuchen.

Nachdem ich vereinbart hatte, am folgenden Donnerstag ein Konzert im Pavillon zu geben, einem großen Gebäude, das etwa 8.000 oder 9.000 Menschen fassen könnte, und um eine Wiederholung der Szenen, die ich gerade erlebt hatte, und der täglichen Schwierigkeiten, die ich während dieses Engagements erlebte, zu verhindern, habe ich beschlossen, die Sitzplätze zur Versteigerung anzubieten.

Die Auktion fand im Großen Opernhaus statt und wurde von über 500 Personen besucht, die sich zunächst Eintrittskarten besorgen mussten, um an der Versteigerung teilnehmen zu können. Auf dem Vorhang war ein riesiges Diagramm angebracht, das die zu verkaufenden Sitze in Blöcke unterteilt zeigte. Der Auktionator, der am Pult des Dirigenten saß, erklärte, dass alle Sitzplätze der Öffentlichkeit zum Verkauf angeboten würden und keiner davon zurückbehalten würde, und dass die Bieter lediglich die Prämien nennen würden, die sie für das Privileg des Erwerbs der Eintrittskarten geben wollten. Der erste Bieter gab 12 Sekunden. Prämie pro Sitzplatz für die erste Wahl von sechs Sitzplätzen für das Konzert, andere Beträge schwankten zwischen 10 und 10 Cent. bis auf 2s. 6d., allein die Prämien beliefen sich auf rund 1.000 £, zusätzlich zum Verkauf von Eintrittskarten.

Dieser Plan bereitete der Öffentlichkeit große Freude, da der von ihnen dann auf das Ticket gezahlte Vorschuss in die Tasche des Managers und nicht in die der Spekulanten floss .

Als das große Konzert stattfand, war das riesige Gebäude fast voll. Neuntausend Personen hatten jeweils einen bis fünf Dollar gezahlt. Mittlerweile regnete es in Strömen, und einige Spekulanten, die sich Tickets in großer Zahl besorgt hatten, blieben nun mit ihren Einkäufen in der Kälte – und im Regen – stehen. Drinnen, im hinteren Teil der Galerie, wurde fleißig mit Teleskopen gearbeitet, denn hier war die Entfernung zu Patti so groß, dass ihre Stimme zwar deutlich zu hören, ihre Gesichtszüge jedoch nicht zu sehen waren.

Nun wurde ein Abonnement zugunsten der Witwe des verstorbenen Bassos, Signor Lombardelli , begonnen . Patti hatte 150 Dollar beigesteuert, als Gerster , um zu zeigen, dass sie eine größere Künstlerin war, 1.000 Dollar spendete. Ich habe 600 gespendet; Galassi , Arditi und die anderen jeweils 100 Dollar.

Am nächsten Morgen fand die Beerdigung Lombardellis statt, die in der Stadt großes Aufsehen erregte. Es gab einen kompletten Chorgottesdienst; das Orchester und das gesamte daran beteiligte Opernensemble, einschließlich der Hauptkünstler. Bei dieser außergewöhnlichen Beerdigung herrschte in San Francisco nicht nur ein großes *Fest* , sondern auch zahlreiche Chinesen kamen aus ihrer Stadt (genannt „Chinatown"), um dabei zu sein.

An diesem Abend gab der San Francisco Verein zu Ehren von Mdme einen großen Empfang. Gerster . Die Gäste kamen früh an und die Unterhaltung dauerte bis Mitternacht. Es ist anzumerken, dass der Abend, an dem Gerster das Kompliment gemacht wurde, der Abend des Patti-Konzerts im Pavillon war.

Am folgenden Abend trat Gerster als „Margherita" in *Faust auf* , wobei das Haus erneut vom Boden bis zur Decke überfüllt war. Am selben Abend gaben Pattis Bewunderer ihr zu Ehren einen großen Ball im Margherita Club, zu dem 500 Einladungen verschickt wurden. Für diesen Anlass war eine riesige Blumenlaube errichtet worden, deren Seitenwände mit erlesenen Blumen und Rosen in voller Blüte bepflanzt waren, während vier riesige Hufeisen, alle voller Blumen, jede Ecke des Raumes schmückten. Vom Dach hing ein großer Stern mit der Aufschrift „Patti" in elektrischen Glühlampen.

Der italienische Konsul, der russische Konsul und mehrere Offiziere des russischen Flaggschiffs, das sich damals in der Bucht von San Francisco befand, waren anwesend. Die Königin des Gesangs wurde von Graf Brichanteau in den Ballsaal begleitet , während die Band „Patti Valse" spielte, die Arditi eigens für diesen Anlass komponiert hatte . Anschließend gab es einen feierlichen Empfang für die Mitglieder des Clubs. und später wurde ein prächtiges Abendessen im eigens errichteten Pavillon serviert, der mit großen italienischen und Unionsflaggen geschmückt war. Der Tanz wurde bis in die frühen Morgenstunden fortgesetzt.

Während die Rivalität zwischen Patti und Gerster ihren Höhepunkt erreichte, wurde bekannt, dass General Crittenden, Gouverneur von Missouri, Patti einen Kuss gegeben hatte. Daraufhin Mdme. Patti wurde interviewt, als sie wie folgt sprach :

„Ich hatte letzten Donnerstagabend gerade ‚Home, Sweet Home' gesungen, als ein gut aussehender alter Herr, der sich als Gouverneur Crittenden vorstellte, anfing, mir zu gratulieren. Plötzlich beugte er sich vor, legte seine Arme um mich und zeichnete Ich ging zu ihm und küsste mich. Er sagte: „Madame Patti, ich werde Sie vielleicht nie wieder sehen, aber ich kann nicht anders." Und bevor ich mich versah , küsste er mich. Wenn ein

Herr, und noch dazu ein so netter alter Herr und ein Gouverneur eines großen Staates, einen so schnell küsst, dass man keine Zeit hat, es zu sehen und keine Zeit zu haben, Einspruch zu erheben, was kann das schon? man tut es?"

Der folgende Dialog zum Thema zwischen Mdme. Gerster und ein Reporter, der sie interviewt hatte, wurde später veröffentlicht:

„Dieser Patti-Kuss."

MODEST REPORTER: „Ich nehme an, Frau Gerster , Sie haben von der Kussaffäre zwischen Gouverneur Crittenden und Patti gehört?"

Mdme. GERSTER: „Ich habe gehört, dass Gouverneurin Crittenden Patti geküsst hat, bevor sie Zeit hatte, sich zu wehren; aber ich sehe darin nichts, was so viel Aufsehen erregen könnte."

REPORTER (fragend): „Sie nicht?"

GERSTER: „Bestimmt nicht! Es ist nichts Falsches daran, dass ein Mann eine Frau küsst, die alt genug ist, um seine Mutter zu sein."

KAPITEL V.

MITTAGESSEN AUF HMS „TRIUMPH" – OPERAUKTION – KONZERT IM MORMON TABERNACLE – RÜCKKEHR NACH NEW YORK – RÜCKKEHR NACH EUROPA – SHERIFFS IN DER AKADEMIE – ICH REISE IN FRIEDEN.

Ich erhielt JETZT eine Einladung vom Admiral, der das Pazifikgeschwader Ihrer britischen Majestät befehligte, dessen Flaggschiff, die *Triumph* , in die Bucht eingelaufen war. Mehrere meiner führenden Künstler wurden ebenfalls eingeladen. Die Dampfpinasse wurde an Land geschickt, um uns an Bord zu nehmen. Nachdem wir das Schiff besichtigt und alle möglichen Höflichkeiten von den Offizieren erhalten hatten, betraten wir den großen Salon, in dem ein elegantes *Déjeuner* vorbereitet worden war, das alle Köstlichkeiten der Saison umfasste. Wir hatten kaum mit unserer Mahlzeit begonnen, als einer der Offiziere dem Kapitän des Schiffes ein bedrohliches Flüstern zuflüsterte, in dem er mitteilte, dass der größte Teil der Band weggegangen sei, um für Mapleson zu spielen, der ihnen jeweils 12 Pfund pro Woche geboten hatte. und es war daher unmöglich, dass während des Mittagessens Musik gegeben werden konnte . Nicht einmal „God Save the Queen" konnte gespielt werden. Anstatt dies dem Admiral mitzuteilen, informierte mich der Kapitän privat darüber. Ich äußerte daraufhin meine Verwunderung, da ich nichts davon gehört hatte, und gab außerdem mein Wort, dass ich niemals einem der desertierten Musiker erlauben würde, an einer Aufführung in meinem Theater teilzunehmen.

Damit war der Kapitän zufrieden. Es war ziemlich hart, die Männer an Land zu sehen, die das Schiff verlassen hatten, und dennoch nicht in der Lage zu sein, eine Bootsbesatzung zu schicken, um sie zurückzubringen, nach den vielen Monaten der Arbeit , die man in ihre Unterweisung investiert hatte.

Da das Operngeschäft weiter zunahm, beschloss ich, eine zusätzliche Woche in San Francisco einzuplanen und das Privileg, Plätze zu erwerben, zur Versteigerung zu bringen. Es gab jedoch erhebliche Zweifel am wahrscheinlichen Ergebnis dieses Unterfangens, und viele erklärten, dass ihr Geldbeutel und ihre Geduld durch die enormen Belastungen der letzten zwei Wochen so völlig erschöpft seien, dass ich nur eine geringe Chance auf eine weitere Schirmherrschaft für so viel Geld gehabt habe -Preislich eine Unterhaltung.

Ich werde jedoch den Verkauf beschreiben. Um zwölf Uhr morgens öffnete ich die Türen des Theaters, wobei für den Zutritt der Käufer Eintrittskarten erforderlich waren, um sowohl das rauere Element als auch die „Scalper" fernzuhalten. Der Auktionator teilte mit, dass die Wahl jedes einzelnen Sitzplatzes im Haus zum Verkauf angeboten werde. Auf dem Vorhang waren kolossale Diagramme der verschiedenen Teile des Hauses zu sehen, und sobald jeder Platz verkauft war, wurden sie vom Assistenten des Auktionators gelöscht, der mit einer Angelrute und schwarzer Farbe im Orchester stand, womit er abstrich Das Diagramm jedes Sitzes, wie er verkauft wurde.

Die abgegebenen Gebote galten für die Sitzplatzwahl und galten zusätzlich zum regulären Ticketpreis.

Die Arrangements waren äußerst zufriedenstellend. Ich hatte keinen Vertreter, der meine Interessen wahrnahm, sondern überließ alles dem Auktionator und der Öffentlichkeit. Die Proszeniumslogen kosteten für die fünf Abende einen Aufschlag von 240 Dollar, wobei ich an drei Abenden garantierte, dass Gerster singen würde, während Patti an den anderen beiden Abenden singen würde.

Rund um das Haus wurden Logen zu einem durchschnittlichen Aufpreis von 120 Dollar verkauft, wobei jeder Käufer im Zuschauerraum den von ihm bevorzugten Sitzplatz anrief, der entsprechend gekennzeichnet war, und ihm ein Ticket ausgehändigt wurde, mit dem er gegen Bezahlung den ausgewählten Sitzplatz erhalten konnte an der Abendkasse. Zahlreiche Spekulanten gerieten auf die eine oder andere Weise in Kontakt mit der Öffentlichkeit und gelangten so an diverse Tickets. Die Prämien für die fünf Nächte beliefen sich auf 3.000 £.

Nur Stehplätze und die Galerie blieben dem zahlenden Publikum überlassen. Dessen ungeachtet existierte die Zeile, von der ich dem Leser bereits erzählt habe, immer noch und war so lang wie eh und je. Das konnte ich mir nicht erklären, und als ich nachfragte, stellte ich fest, dass die Leute, die sich in die Schlange gestellt hatten, nie die Absicht hatten, Karten zu kaufen, sondern dort nur warteten, um ihre Plätze zu verkaufen. Daraufhin erließ die Polizei einen Befehl und forderte die dem Büro am nächsten stehenden Personen auf, ihr Geld vorzulegen, um zu beweisen, dass sie *seriöse* Käufer *seien* . Wer dazu nicht in der Lage war, wurde sofort entfernt. Dieser Schwierigkeit begegneten jedoch einige unternehmungslustige Juden, die Geld für einen Tag verliehen, nur damit es der Polizei gezeigt werden konnte.

Der Freitag wurde für den Benefiz- und Abschiedsabend von Gerster in *L'Elisir ausgewählt d'Amore* . Patti hatte sich für *La Traviata* entschieden ; Dies wurde jedoch auf Wunsch von etwa 500 Personen geändert, die eine Petition unterzeichneten, in der sie mich aufforderten, *Crispino zu ersetzen* .

Als ich eines Morgens in meinem Zimmer im vierten Stock des Palace Hotels saß und zusammen mit meinen Schatzmeistern mehrere tausend Pfund zählte, wurde die Atmosphäre plötzlich düster. Eine Art Wind wehte durch die Wohnung und meine Sinne schienen mich zu verlassen. Ich konnte nicht erkennen, was es war. Das Hotel schwankte zehn Zentimeter in die eine Richtung und dann drei Zentimeter in die andere; Die Teller, Messer und Gabeln sprangen auf den Boden, während mein Geld in allen Teilen des Raumes herumrollte. Ich rannte zur Tür und dann auf die Straße, als mir klar wurde, dass es ein Erdbeben gab. Obwohl es nur zehn Sekunden dauerte, schien es mindestens eine halbe Stunde zu sein. Beim Verlassen des Hotels traf ich den Vermieter.

„Hab keine Angst", sagte er.

„Na ja, aber ich bin es."

„Unsinn! Mein Hotel ist sowohl erdbebensicher als auch feuerfest", sagte er und reichte mir eine Karte, auf der ich die Aufschrift „ *Das Palace Hotel. Feuerfest und erdbebensicher* " fand.

Anschließend erklärte er mir, dass alles, was beim Bau des Gebäudes verwendet wurde, entweder aus Holz oder Eisen bestand und weder Gips noch Stein verwendet wurden. Obwohl dieses Hotel sechs Stockwerke hoch ist und über die gesamte Länge des Gebäudes offene Korridore mit Blick auf den Haupthof hat, ist es von außen mit nicht weniger als sechs Kilometern formbaren Eisenbändern umwickelt. Der Eigentümer, Herr Sharon, sagte, es könne in eine andere Straße verlegt werden, dürfe aber nicht einstürzen.

Pattis abergläubische Gefühle gegenüber Gerster waren so weit entwickelt, dass sie das Erdbeben sofort auf Gersters bösen Einfluss zurückführte. Es war nicht nur eine böswillige Idee von ihr, sondern eine ernsthafte Überzeugung.

In der Zwischenzeit spielte Geld für die Amateure, die es hatten, keine Rolle. Tickets waren Gold. Abgesehen von der Frage nach dem Preis wurden sie von Gier ergriffen. Hunderte begnügten sich damit, die ganze Nacht mit Geld in der Hand zu warten, um sich einen Stehplatz zu sichern, während Tausende in ihrer Mittellosigkeit nicht hoffen konnten, die Schwelle des Musicals Walhalla zu überschreiten, wo Patti und Gerster auftraten Gottheiten, die den Vorsitz führten, drängten sich auf den Gehwegen und blickten sehnsüchtig auf die stummen Wände des Theaters und die Menge der Götzendiener, die zum Gottesdienst hereinströmten.

Mitte der Straße zur Großen Oper zu besetzen , obwohl die Türen erst sechs Stunden später geöffnet werden sollten. Entlang der Mission Street und der Third Street bildete sich eine Linie, die fast bis zur Market Street reichte. Ticketspekulanten gingen an der Linie auf und ab und machten ein reges Geschäft, wobei die Tickets in einigen Fällen 20 £ pro Stück erreichten.

Kapitän Short traf erneut mit 60 zusätzlichen Polizisten ein, wurde jedoch mit all seinen Männern vertrieben, da die Menge sie völlig überwältigte. Die Aufführungen an 17 Abenden brachten 40.000 Pfund ein. Die Einnahmen des ersten Patti-Abends lagen nicht weit unter 5.000 Pfund.

Am Morgen unserer Abreise aus San Francisco wurden vier junge Männer verhaftet und wegen Massenfälschung von Opernkarten angeklagt. Allein für den Eröffnungsabend hatten sie 60 gefälschte Karten ausgegeben, was für große Verwirrung und Streit sorgte. Es wurde nachgewiesen, dass sie Druckertinte gekauft und ein Patti-Ticket als Modell gekauft hatten, von dem sie den Rest kopiert hatten. Sie wurden ordnungsgemäß verurteilt.

Am späten Abend verließen wir San Francisco in Begleitung von Mr. de Young, dem Inhaber der führenden Zeitung, und seiner bezaubernden Frau, und kamen zu gegebener Zeit am Dienstagabend in Salt Lake City an, wo Mdme. Patti zog sich ihren eigenen Eisenbahnwaggon an , der sie anschließend zum Konzert brachte. Am Ende des Konzerts kehrte sie zum Waggon zurück, wo ein herrliches Abendessen für sie zubereitet worden war, und der Zug fuhr dann in den Osten.

In der Zwischenzeit waren die Mormonen von der Idee ihres prächtigen Tabernakels begeistert und hallten im Klang von Adelina Patti wider. Präsident Taylor, der Prophet der Mormonenkirche, half bei den Vorbereitungen für den Empfang der großen Sängerin. Von der regulären Hauptstrecke von Salt Lake City bis zum Tabernakel war eine besondere Eisenbahnstrecke angelegt worden, auf der der Sonderzug problemlos bis zum Eingang des Gebäudes fuhr. Mehr als 14.000 Menschen waren anwesend, wobei das Ereignis im gesamten Gebiet Utahs als ein Ereignis von außerordentlicher Bedeutung gilt. und der Erlös belief sich auf fast 5.000 £.

Wir verließen Salt Lake City nach dem Konzert gegen 1 Uhr morgens und erreichten Omaha am folgenden Freitag, als Mdme. Gerster trat als „Lucia di Lammermoor" auf. Der Zug bestand wie üblich aus vier Gepäckwagen, vier Waggons für die Schulleiter, vier Waggons für Chor und Orchester, vier Schlafwagen, darunter die zusätzlichen Boudoirwagen *La Traviata* , *La Sonnambula* und *Semiramide* , außerdem der *Lycoming* , mein eigener Privatwagen Auto, gefolgt vom Auto von Adelina Patti. Die Bewohner waren vom eleganten Stil und der Verarbeitung unserer Ausrüstung beeindruckt, und als der Zug in den Bahnhof einfuhr, kamen neugierige Menschenmengen, um sich das Ganze anzusehen und auch einen Blick auf die beiden Hauptdarsteller Adelina Patti und Etelka zu erhaschen Gerster .

Mehrere Künstler, die an diesem Abend auftreten mussten, reisten in die Stadt. Mdme. Patti machte eine Autofahrt mit Nicolini . Während ihrer Abwesenheit durfte eine begrenzte Anzahl von Persönlichkeiten ihr Auto inspizieren, das 12.000 Pfund gekostet hatte. Es war zweifellos der großartigste und geschmackvollste Reisebus auf Rädern der Welt. Die Vorhänge waren aus schwerem Seidendamast, die Wände und Decken waren mit vergoldeten Gobelins bedeckt, die Lampen waren aus gewalztem Gold, die Möbel waren durchgehend mit Seidendamast aus dem schönsten Material gepolstert. Der Salon war in Weiß und Gold gehalten und an der Decke waren mehrere Figuren zu sehen, die von angesehenen Pariser Künstlern gemalt worden waren. Die Holzarbeiten bestanden aus Sandelholz, aus dem auch das Gehäuse eines prächtigen Steinway-Klaviers bestand, das allein 2.000 Dollar gekostet hatte. Im Salon befanden sich mehrere Tafelölgemälde, Werke italienischer Künstler. Das Bad, das für Warm- und Kaltwasser geeignet war, bestand aus massivem Silber. Der Schlüssel der Außentür war aus 18-karätigem Gold.

Als Patti interviewt wurde, erzählte sie mit grenzenloser Begeisterung von ihrer Reise nach Kalifornien und äußerte gleichzeitig den Wunsch, im folgenden Jahr in Omaha zu singen. Einer der beständigsten Begleiter der *Diva* ist der berühmte, weltberühmte Papagei, der mehrere Wörter und Sätze auf Französisch und Englisch beherrscht. Wenn Patti eine bestimmte Melodie pfeift, imitiert der Vogel sie genau. Der Reporter wünschte sich seine Biografie und fragte, ob es wahr sei, dass der Vogel jedes Mal, wenn Mapleson ins Auto stieg, schrie: „Cash, Cash!" Der Papagei hatte sich wirklich diese unangenehme Angewohnheit angeeignet.

An diesem Abend, Mdme. Patti besuchte die Oper und erhielt vollkommene Ovationen. Am Ende der Aufführung machte sich die ganze Truppe auf den Weg nach Chicago, das wir am darauffolgenden Sonntag erreichten, als ich telegrafisch die Nachricht über den traurigen Zustand Cincinnatis erhielt. Die Unruhen hatten schreckliche Ausmaße angenommen, die Straßen waren voller Barrikaden, das Gefängnis war voller Barrikaden durch Erdöl niedergebrannt und die Gefangenen daraus befreit; Während auf den Straßen heftige Kämpfe stattfanden und zahlreiche Menschen getötet oder verwundet wurden.

Den Bildern zufolge, die mir in einer illustrierten Zeitung zugesandt wurden, feuerte die Miliz auf die Bevölkerung; das Gerichtsgebäude und das Gefängnis waren durch einen Brand zerstört worden ; und der Kampf dauerte bereits über drei Tage. Deshalb telegrafierte ich sofort an Fennessy in Cincinnati und teilte ihm mit, dass ich nicht dorthin kommen könne, da alle Sänger Einwände gegen einen Umzug erhoben hätten.

Zu meinem großen Bedauern musste ich mein Engagement in Cincinnati absagen und wir machten uns auf den Weg in Richtung New York. Am darauffolgenden Montag eröffneten wir die Saison, in der wir mit Patti und Nicolini *Romeo und Julia aufführten* und *Elisir* aufführten *d'Amore* , gefolgt von *Semiramide* , *in dem ich froh war,* Scalchi als „ Arsace " wieder einsetzen zu können . Nachdem sie durch den Zusammenbruch von Mr. Abbey aus ihrer Verlobung geworfen worden war, engagierte ich sie bereitwillig wieder, nicht nur für dieses Jahr, sondern auch für das folgende Jahr.

Mdme. Anschließend segelte Patti mit der *Oregon nach Europa* , die am frühen Samstagmorgen starten sollte. Sie beschloss, am Vortag an Bord zu gehen, aber da es Freitag war, fuhr sie durch die Stadt, bis es zwölf Uhr schlug, bevor sie einschiffen konnte. Am nächsten Tag verschiffte ich den Rest meiner Firma.

Ich selbst war gezwungen, zurück zu bleiben, als Folge einer Reihe von Schwierigkeiten, die sich zu diesem Zeitpunkt abzeichneten und die mit der Pfändung der gesamten Patti-Vergünstigungsbelege auf Antrag der Bank of the Metropolis begannen. Diese Bank hatte einen gemeinsamen Garantieschein, den mir die Aktionäre der Musikakademie zu Beginn der Saison gegeben hatten, diskontiert, um es mir zu ermöglichen, das Konkurrenzhaus zu besiegen, was mir auch gelang.

Da meine Verluste während der New Yorker Saison 1.200 Pfund pro Woche überstiegen, war ich gezwungen, den zulässigen Höchstbetrag abzuheben. Damals wurde nichts darüber gesagt, dass ich einen Teil des Geldes zurückzahlen würde, obwohl ich mich im Erfolgsfall moralisch verpflichtet fühlte, dies zu tun. Die Aktionäre hatten wirklich für die Erhaltung ihres eigenen Eigentums gehandelt, da meine eigenen Mittel durch das Unternehmen bereits verschwendet worden waren. Ich arbeitete so sparsam wie möglich, um den Zweck zu erreichen, für den ihre Unterstützung gewährt worden war. und tatsächlich zog ich etwa 800 Pfund weniger ein, als mir zusteht. Seien Sie daher überrascht, als ich von ihrer harten Vorgehensweise erfuhr, die scheinbar mit der Ablehnung ihrer eigenen Unterschriften begann.

Nachdem der Sekretär um meine Anwesenheit vor den Direktoren gebeten hatte, wurde mir von Freunden mitgeteilt, dass ich zu einem Bankett bei Delmonico eingeladen werden sollte, als Anerkennung für die Energie und Geschicklichkeit, mit der ich trotz beispielloser Schwierigkeiten schließlich geleitet hatte meine Saison zu einer erfolgreichen Ausgabe. Alles, was mir der Sekretär jedoch zu sagen hatte, war, dass mein gesamtes weltliches Eigentum beschlagnahmt werden würde, wenn ich nicht sofort die gemeinsame Schuldverschreibung meiner Bürgen in Anspruch nehmen würde.

Gerade zu dieser Zeit wurden mir die vorteilhaftesten Angebote vom konkurrierenden Opernhaus gemacht, damals noch ohne Manager. Da ich jedoch immer noch eine Vereinbarung mit der Akademie hatte, bin ich nicht auf die Verhandlungen eingegangen, weil ich dazu nicht in der Lage sei und mich gleichzeitig voll und ganz auf die Gerechtigkeit und Liberalität meiner eigenen Direktoren und Aktionäre verlassen habe.

Ich fühlte mich zutiefst gekränkt, als sie den Sheriff noch am Abend von Pattis Benefizfeier hereinschickten, um alle meine Quittungen in die Hand zu nehmen, um das Garantiegeld aus mir herauszupressen.

Am nächsten Tag übernahmen Sheriff Aaron und seine Begleiter die gesamte Leitung der Akademie. Sie begannen damit, meine gesamte Landschaft abzuhängen, und nur mit Mühe bekam ich die Erlaubnis, einen kleinen Schreibtisch mit ein paar Blättern Papier und einem halben Dutzend Briefmarken abzunehmen. Vergeblich protestierte ich bei den Direktoren und drängte darauf, dass sie mich, wenn sie mit meiner Verwaltung unzufrieden wären , problemlos von meinem Mietvertrag für das nächste Jahr befreien könnten, was eine große Ersparnis für sie wäre, da sie nach den Bedingungen dafür sorgen müssten Für mich ist das Theater kostenlos und ich bezahle den gesamten Benzin-, Service- und sonstigen Aufwand. Alle meine Anfragen wurden mit Schweigen beantwortet, und ich war erneut gezwungen, das verlockende Angebot des Konkurrenztheaters abzulehnen, bei dem ich das prächtige Haus und obendrein eine sehr hohe Subvention hätte nutzen sollen.

Da die Direktoren der Metropolitan Opera nicht länger warten konnten, nahmen sie nun Verhandlungen mit Herrn Gye auf .

In der Zwischenzeit machten sich die Myrmidonen des Gesetzes, unterstützt von meinen regelmäßigen Szenenschiebern und Tischlern, daran, alles in die Nilsson-Halle neben der Akademie zu räumen, deren Pächter ich war, während andere Assistenten eine Bestandsaufnahme erstellten. Da es Hunderte von Szenen und Tausende von Kleidern gab, dauerte die Arbeit viele Tage.

Kurz darauf traf ich einen der prominentesten Männer des Akademievorstands, der mir mitteilte, dass die Bank weder bei ihm noch bei einem seiner Freunde einen Antrag gestellt hatte, der die Zahlung des geleisteten Vorschusses garantiert hatte ihre gemeinsame Bindung; und er forderte mich dringend auf, darauf zu bestehen, dass die Bank den Unterzeichnern der Dokumente direkt einen Antrag stellt, bevor sie zu solchen Extremen übergeht.

Schließlich habe ich die Bank dazu gebracht, den vorgeschlagenen Antrag zu stellen, und ich muss sagen, dass alle Herren pünktlich gezahlt haben. Später stellte ich fest, dass der Ärger von zwei Personen verursacht worden war, die nicht bereit waren, ihre eigenen Unterschriften zu erfüllen . All dieser Aufruhr und diese Aufregung hatten jedoch den rivalisierenden Direktoren neuen Mut gemacht, und als sie von all dem Ärger erfuhren und feststellten, dass ich meine Entlassung aus der Akademie nicht erreichen konnte, führten sie ihre Verhandlungen mit Herrn Gye über die Leitung ihrer Oper fort. Haus.

Erst in der dritten Maiwoche konnte ich New York verlassen. Als ich abreiste, trafen mich etwa drei- bis vierhundert Menschen am Kai. Auf dem Tisch in den Salons des Dampfers standen die prächtigsten Blumengestecke, die mir meine Freunde aus New York, Philadelphia und Boston geschickt hatten. Ein Stück war fünf Fuß hoch; Ein anderer bestand aus einer großen Rosenkrone, die auf vier abgerundeten Metallarmen ruhte, die mit Ranken und Blüten bedeckt waren und in deren Mitte die Inschrift „ JHM, der Unbesiegbare" trug, eingearbeitet in Vergissmeinnicht auf einem Hintergrund aus roten und weißen Nelken . Tatsächlich waren selbst meiner besten Frau kaum je solch großartige Ehrungen zuteil geworden .

Ein Schlepper folgte dem Dampfer mit einer Musikkapelle an Bord die Bucht hinauf; und um die Wahrheit zu sagen, ich war sehr froh, den Ort verlassen zu können, um mich ein wenig zu entspannen.

KAPITEL VI.

ROYAL ITALIAN OPERA LIQUIDATES – PATTI VOM SCHIFF holen – HENRY WARD BEECHER'S CIDER – PATTIS SILBERNE HOCHZEIT – EIN PATTI-PROGRAMM VON 1855 – EIN SCHWARZES KONZERT.

Nach meiner Abreise unternahmen die Direktoren des Metropolitan Opera-House, überzeugt davon, dass sie aufgrund meines Engagements mit den Direktoren der Akademie, das noch ein Jahr dauerte, keine Vereinbarung mit mir treffen konnten, weitere Schritte, um Herrn Gye als zu gewinnen Manager; und es wurde vorgeschlagen, dass er seine Spielzeit im neuen Theater am 10. November eröffnen und dreizehn Wochen dauern sollte. Die Verhandlungen wurden in seinem Namen von seinem Agenten, Herrn Lavine, geführt. Da die Anteilseigner der Metropolitan Opera siebzig der besten Logen für sich reservierten, sollte Herr Gye das Haus mietfrei erhalten, zusammen mit einer Garantie gegen Verlust und 200 Pfund für jede Aufführung. Diese Summe wurde letztendlich auf 300 £ für jede Aufführung erhöht.

Als ich in der Ferne eine weitere Oper auf mich zukommen sah, machte ich mich sofort an die Arbeit, indem ich Mdme erneut engagierte. Adelina Patti zu ihren eigenen Bedingungen: 1.000 Pfund pro Nacht; ebenso Mdme. Scalchi , Galassi und Arditi bilden somit zunächst einen sehr starken Kern. Später erfuhr ich, dass Gye Mdme Annäherungsversuche gemacht hatte. Patti, Galassi und andere; aber glücklicherweise hatten sie bereits Verträge mit mir unterzeichnet.

Als nächstes entsandten die Metropolitan Directors ihren fähigen Anwalt, George L. Rives, nach Europa, um die Vereinbarungen mit Gye abzuschließen .

Kurz nach meiner Rückkehr nach London erfuhr ich, dass die Royal Italian Opera, Limited in Liquidation gegangen war. Dadurch wurde natürlich sofort Gyes Vertrag mit den Direktoren der Metropolitan Opera zunichte gemacht, die nun, da sie keinen Impresario mehr hatten, darüber nachdachten, das prächtige Gebäude für andere Zwecke zu nutzen. Letztendlich beschlossen sie jedoch, es mit einer deutschen Oper zu versuchen, anstatt überhaupt keine Oper zu haben, und sie schickten ihren energischen Sekretär, Herrn Stanton, nach Europa, um Künstler zu engagieren, wobei Dr. Damrosch zum Orchesterdirigenten ernannt wurde.

Während der Sommermonate besuchte ich verschiedene Teile des Kontinents, um die besten Talente zu gewinnen, die ich für den kommenden Wettbewerb finden konnte. Die Aktionäre meiner Akademie hielten

verschiedene Versammlungen in New York ab, bei denen ihnen endlich klar
wurde, dass meine Forderungen nach Unterstützung gerechtfertigt waren, da
nicht erwartet werden konnte, dass 200 der besten Sitze, für die keinerlei
Bezahlung zu leisten war, erhalten würden Seien Sie damit beschäftigt, Mdme
zuzuhören. Patti, die 1.000 Pfund pro Nacht erhielt. Nach verschiedenen
Treffen wurde ein Beschluss gefasst, in dem sie sich bereit erklärten, mir pro
Nacht einen Kostenvoranschlag von vier Dollar pro Sitzplatz für die
Proszeniumslogen, drei für die anderen Logen und zwei für die Sitzplätze
anderswo zu geben, was während meiner Saison von ihnen geschätzt wurde
würde etwa 6.000 £ produzieren; und mir wurde ein entsprechendes
Telegramm geschickt, um die Schwierigkeiten zu vermeiden, in die wir alle
im vergangenen Jahr geraten waren. Gleichzeitig beschlossen die Direktoren,
das Theater geschlossen zu halten, falls ich ihre versprochene Unterstützung
nicht annehmen sollte.

Ungefähr zu dieser Zeit erregte eine junge Sängerin namens Emma
Nevada beträchtliche Aufmerksamkeit in Europa, und nach einigen
Schwierigkeiten gelang es mir, ihren Namen zu meiner bereits umfangreichen
Liste hinzuzufügen, die jedoch nicht den Namen von Madame Christine
Nilsson enthielt, wie ich es mir vorgestellt hatte; Diese Dame hatte im letzten
Moment ohne triftigen Grund aufgegeben, nachdem ich alle ihre
Bedingungen akzeptiert hatte.

Zu gegebener Zeit wurde der New Yorker Prospekt herausgegeben, und
das Ergebnis war eine sehr schöne Zeichnung, da die Nachfrage nach
Kartons besonders rege war.

Wir segelten von Liverpool aus und kamen am 1. November in New York
an. Ich hatte nur ein paar Stunden Zeit, um vorläufige Anweisungen zum
Beginn meiner Saison zu geben, als ein Telegramm eintraf, das besagte, dass
die *Oregon* mit Mdme. Patti an Bord war vor Fire Island gesichtet worden.

Blackbird hinunterzugehen ; Da mich jedoch kein weiteres Telegramm von
Sandy Hook erreichte, gingen sie an Land, um Bier zu trinken. Es war spät
am Abend, als das erwartete Telegramm eintraf und das Schiff sofort
losfahren musste. Die einzigen Musiker, die ich jetzt an Bord hatte, um Patti
ein Ständchen zu bringen, waren eine Klarinette, eine Posaune und eine
große Trommel.

Von Mast zu Mast gespannt war eine riesige Plane mit der Aufschrift
„Willkommen!" auf beiden Seiten, in drei Fuß langen Buchstaben. In der
unteren Quarantänebucht traf ich auf die *Oregon* , und als mein Dampfer
längsseits kam, erschien eine kleine Gruppe, und ich erkannte Patti sofort.
Taschentücher wurden geschwenkt und drei Jubelrufe von meinen Freunden
an Bord der *Blackbird ausgesprochen* . Wir hatten eine Leiter dabei, die gerade

von der Oberseite unseres Paddelkastens bis etwa 60 cm unter die Seiten des Schiffes reichte. Ich wollte gerade hinaufklettern, als der Kapitän aufschrie:

„Patti darf heute Abend nicht ohne Erlaubnis des Gesundheitsamtes mitgenommen werden."

Ich reichte sofort eine Genehmigung ein, die ich bei der Binnenschifffahrtsbehörde erhalten hatte, und erlaubte Patti, an Land zu gehen. Ich gab es dem Kapitän weiter, der, als er es las, sagte:

„Das ist in Ordnung, aber der Gesundheitsbeamte muss mir eine Erlaubnis geben, bevor ich sie aus dem Schiff lasse."

Daher musste ich mein Schiff mit Dampf unter Quarantäne stellen, und es dauerte fast zwei Stunden, bis ich den Gesundheitsbeamten Smith finden konnte, durch dessen freundliche Unterstützung ich die Erlaubnis erhielt, Patti vom Schiff zu holen. Als ich zurückkam, jubelten alle Passagiere herzlich, als Patti über die Bordwand in mein Boot gelassen wurde, gefolgt von Nicolini , der Magd, dem Papagei und den Diamanten.

Mdme. Patti, Nicolini , das Dienstmädchen, der Papagei und die Diamanten trafen an diesem Abend pünktlich im Windsor Hotel ein, und die Anführerin der Gruppe wurde natürlich sofort befragt, wie sie den vergangenen Sommer verbracht hatte.

„Entzückend", war die Antwort *der Diva* . „Wir hatten viele Amerikaner, die mit uns in meinem Schloss übernachteten, und der Ort wird mir von Jahr zu Jahr lieber."

Sie war sehr betrübt, als sie vom Tod des armen Brignoli hörte , der am Vortag eingetreten war, und sie schickte einen prächtigen Kranz, der auf seinen Sarg gelegt werden sollte. Ich nahm im Namen meines Unternehmens an der Beerdigung teil.

Als die Ankunft von Patti in New York bekannt wurde, herrschte große Aufregung. Am Tag darauf traf der Dampfer *Lessing* mit einer ganzen deutschen Kompanie aus Hamburg für das Metropolitan Opera House ein. Ich fühlte mich jetzt völlig entspannt und hatte keinerlei Angst vor dem Ergebnis ihrer Saison.

Am Montag nach der Ankunft von Patti habe ich mit ihrer unnachahmlichen Darbietung von „Rosina" in *Il Barbiere einen brillanten Auftakt gemacht* .

Am Sonntag wurde ich von Henry Ward Beecher eingeladen, die Plymouth Church in Brooklyn zu besuchen. Bei dieser Gelegenheit waren mehrere Bahnwärter und Weichensteller gefragt worden; und nie werde ich die Predigt vergessen, die er ihnen hielt. Es war großartig und in jeder

Hinsicht beeindruckend. Am Ende des Gottesdienstes wurde ich zum Mittagessen in Mr. Beechers Haus eingeladen, wo etwa zwanzig seiner Verwandten und engen Freunde anwesend waren.

Als das Wasser zurückkam, bemerkte er möglicherweise einen verzweifelten Ausdruck auf meinem Gesicht. Aber sicher ist, dass er wenige Minuten später sagte, er glaube, er hätte eine Flasche Apfelwein, den ich vielleicht dem Getränk vorziehen würde, das wir damals hatten; und obwohl die Flasche mit Apfelwein beschriftet war, entdeckte ich, dass die Flasche etwas enthielt, das dem ausgezeichneten alten „ Pommery" ähnelte *Sek* . "

Zwei Abende später lud ich ihn in meine Loge in der Oper ein und hoffte kaum, dass er kommen würde; aber kurz nachdem die Ouvertüre begonnen hatte , war ich überrascht, ihn an meiner Seite sitzen zu sehen. Er blieb den ganzen Abend dort und die Augen aller Anwesenden waren auf ihn gerichtet.

Kurz darauf meine neue Primadonna, Mdlle. Emma Nevada traf ein und hatte zu gegebener Zeit ihren ersten Auftritt in *La Sonnambula* , als sich eine bemerkenswerte Szene ereignete. Am Ende der Aufführung eilte das Publikum nicht wie üblich zu den Türen, sondern blieb stehen, stand auf und rief vor dem Vorhang dreimal die Primadonna.

Es folgte eine Inszenierung von Gounods *Mirella* , in der Emma Nevada erneut mit großem Erfolg auftrat; und danach von *La Gazza Ladra* , mit Patti und Scalchi in den *Hauptrollen* .

Am 24. November, dem 25. Jahrestag von Pattis erstem Auftritt an der New York Academy of Music, wurden große Vorbereitungen getroffen, um ihre Silberhochzeit auf der New Yorker Opernbühne zu feiern.

Die für diesen Anlass ausgewählte Oper war *Lucia di Lammermoor* , dasselbe Werk, in dem sie genau 25 Jahre zuvor in den Vorstandsgremien der Akademie aufgetreten war. Pattis erster „Edgardo", Signor Brignoli , sollte mit ihr auftreten. Doch sein plötzlicher Tod machte eine Änderung des ursprünglichen Programms erforderlich , und es wurde beschlossen, eine Oper zu geben, die die *Diva* noch nie in Amerika gesungen hatte, nämlich *Martha* .

Der folgende Bericht über Pattis *Debüt* , der im New York Herald vom 25. November 1859 erschien, wird mit Interesse gelesen:

„DEBÜT VON MISS PATTI.

„Eine junge Dame, noch keine siebzehn, fast gebürtige Amerikanerin, kam hierher, als ein Kleinkind aus einer italienischen Familie, die viele gute Künstler hervorgebracht hat, gestern Abend den Favoriten sang *Rolle* der *Debütantinnen* , „Lucia di Lammermoor".

„Ob es aus der natürlichen Sympathie mit der verlassenen *Verlobten* des Meisters von Ravenswood kommt, die Donizettis zarte Musik in die weibliche Brust einflößt, oder aus einer klugen Eingebung, die besagt, dass unglücklich und hübsch zu sein ein sicherer Schlüssel zur Zuneigung eines Publikums ist.", können wir nicht sagen. Sicher ist jedoch, dass die Anwärter auf die Ovationen, die Triumphe und den Ruhm, die eine erfolgreiche Primadonna erwarten, diese Oper fast immer für ihren ersten Anflug auf die Lorbeeren auswählen. Die Musik bietet eine gute Gelegenheit dazu zeigen die Qualität und Kultivierung der Sopranstimme, und sie ist so vertraut, dass sie den Vergleich mit erstklassigen Künstlern provoziert und die schärfste Kritik durch die strengsten anerkannten Tests hervorruft.

„All dies wurde ein oder zwei Tage später von einem sehr kritischen Publikum bei einer sogenannten Showprobe ordnungsgemäß und gründlich auf Miss Adelina Patti angewandt. Es wurde dann festgestellt, dass Miss Patti eine gute Stimme hatte und dass sie singen konnte." Die Künstler und Amateure waren ins Schwärmen geraten. Dies war ein Beweis für die Öffentlichkeit, die heutzutage nicht mehr auf die Ankündigungen von Managern vertraut, es sei denn, diese werden unterstützt. Mit einem freien Abend und einer in Stücke gerissenen Oper ist das öffentliche Interesse an Miss Pattis *Debüt* war so großartig, dass es ein sehr großes Publikum zusammenbrachte , das etwas beliebter war als sonst, aber immer noch aus den bekanntesten *Stammgästen* und kritischsten Amateuren bestand. Die *Debütantin wurde höflich, aber herzlich empfangen – ein Hinweis darauf, dass es keine starke* Claque gab , was eine Erleichterung war. Ihr Aussehen war das einer sehr jungen Dame, *zierlich* und interessant, mit einem Hauch von Schulklasse in ihrem Auftreten. Sie war offensichtlich selbstbeherrscht, aber nicht selbstsicher.

„Nach den ersten paar Takten des Rezitativs begann sie kühn mit der Cavatina – einem der schwierigsten Stücke der Oper. Sie sang sie perfekt und bewies dabei eine gründliche italienische Methode und eine hohe Sopranstimme, die durchweg frisch, voll und gleichmäßig war." In der darauffolgenden Cabaletta, die brillant ausgeführt wurde, beherrschte Miss Patti den hohen Ton Es über der Linie mit größter Leichtigkeit. In dieser Cabaletta bemerkten wir eine Tendenz, stimmliche Fähigkeiten zur Schau zu stellen, die vielleicht etwas fehl am Platz waren. Die Die Einführung von Variationen, die nicht vom Komponisten geschrieben wurden, ist nur bei einer Künstlerin verzeihlich, die ihre Position bereits gesichert hat. Im Duett mit dem Tenor (Brignoli) und mit dem Bariton (Ferri) und in der verrückten Szene sang Miss Patti mit mitfühlender Zärtlichkeit – eine seltene Gabe in einem so jungen Alter – und steigerte die Begeisterung des Publikums zu einem positiven *Furor* , der auf die übliche Weise demonstriert

wurde – Rückrufe, Blumensträuße, Kränze usw. usw. Der Gartenbaubetrieb
war umfangreicher als gewöhnlich.

„ Natürlich sprechen wir heute nur von Miss Pattis Qualifikationen als
Sängerin. Die Schauspielerei muss sie erst noch erlernen; aber Künstler
werden wie Dichter geboren, nicht gemacht. Die bloßen *Gebräuche* auf der
Bühne werden sich von selbst ergeben. Sie ist es bereits Ich bin mit ihnen
ziemlich gut vertraut. Was ihre Stimme, ihr Können, ihre Methode und ihre
Ausführung betrifft, geben wir lediglich die einhellige Meinung des
Publikums wieder, wenn wir das *Debüt* von Miss Patti als großen Erfolg
bezeichnen.

„Jeder sagt dieser jungen Künstlerin eine Karriere voraus, und wer weiß,
vielleicht finden die Manager in ihr die lang ersehnte Sensation?“

Als er die Figur zwei Tage später wiederholte, hieß es in derselben Zeitung:
„Die Primadonna wurde zweimal vor den Vorhang gerufen, und die Bühne
war buchstäblich mit vor ihr geworfenen Blumen bedeckt. Der Erfolg dieser
Künstlerin, die bei uns ausgebildet und aufgewachsen ist, mit.“ Alle
stimmlichen Gaben einer Italienerin und die ganze Klugheit eines Yankee-
Mädchens sind vorhanden. Alle redeten von ihr und fragten sich, wer und
was sie ist, wo sie gewesen ist und so weiter.

„Sie wurde in die Akademie geholt, um die Saison zu retten. Der Manager
hatte eine gute Gesellschaft, viele gute Künstler, alles, was man für gute
Auftritte brauchte, aber das große externe Publikum, das immer nach etwas
Neuem dürstete, wollte eine Sensation.“

„Sie haben es in ‚Little Patti‘, die nicht nur den Kennern gefällt und der
besondere Liebling der Messe ist, sondern auch das Zeug zu einem beliebten
Haustier hat.“

Der Jubiläumsauftritt war ein voller Erfolg. Am Ende der Oper, nach der
üblichen Anzahl von Rückrufen, begleitet von Blumensträußen usw., öffnete
sich der Vorhang, und im hinteren Teil der Bühne war ein riesiger
amerikanischer Adler im Begriff, aufzusteigen, unter dem das Wort „Patti“
stand. und darüber „1859-1884“. Die Kapelle des 7. Regiments näherte sich
dem Rampenlicht, und die Musiker spielten einen Marsch, den Cappa, der
Kapellmeister, zu Ehren von Madame komponiert hatte. Patti vor
fünfundzwanzig Jahren. Patti ging auf ihn zu und sagte mit erstickter Stimme:
„Ich danke dir von ganzem Herzen für deine Freundlichkeit.“

Sie wurde später unzählige Male zurückgerufen, und als sie wieder
auftauchte, brachte sie ihre Frau mit. Scalchi . Am Ende der Oper stand eine
Kutsche mit vier milchweißen Rossen, die ich besorgt hatte, um ihre kostbare
Last zu ihrem Hotel zu transportieren. Anschließend hatten wir 100
Fackelträger, größtenteils Bewunderer und Unterstützer der Oper. Auf

beiden Seiten von Pattis Kutsche standen berittene Polizisten. Am Ende der Prozession stand ein Wagen voller Menschen, der römische Kerzen und große Pulverbehälter abfeuerte, die, wenn sie angezündet wurden, die Straßen und den Himmel in strahlendem Glanz erstrahlen ließen. Die Route führte über den Broadway bis zur Twenty-Third Street und von dort über die Madison Avenue bis zu Pattis Hotel.

Ich hätte bei dieser Gelegenheit als Brigadier das Kommando über die Truppe übernehmen sollen. Mein Pferd erreichte mich jedoch nie. Es erwies sich als unmöglich, es durch die Menge zu schaffen. Dies hinderte die illustrierten Zeitungen nicht daran, mich zu Pferd und in einer äußerst militärischen Haltung darzustellen.

Später kamen zwei weitere Bands und bezogen ihre Stationen unter Pattis Fenstern. Damit endeten die Feierlichkeiten zu Ehren des 25. Jahrestages ihres ersten Auftritts auf der amerikanischen Opernbühne.

Ich möchte hier erwähnen, dass Adelina Patti tatsächlich nicht 1859 zum ersten Mal auf der amerikanischen Bühne auftrat. Ich finde auch, dass sie 1855 im Niblo's Saloon sang, und füge das Programm eines ihrer Konzerte hinzu gegeben in diesem Jahr:—

GROSSES GESANGS- UND INSTRUMENTALKONZERT
ZUGUNSTEN DER
Hebräischen Wohltätigkeitsgesellschaften in NIBLO'S SALOON ,
am Dienstagabend, 27. Februar 1855.

Das Management gibt bekannt, dass MRS. STUART wird aufgrund des schweren Unwohlseins ihrer Mutter ihre Verpflichtung heute Abend nicht erfüllen können; auch, dass MME. COMETANT kann aufgrund ihres schweren Unwohlseins nicht erscheinen. Das Management freut sich, die Leistungen bekannt zu geben

von

SIGNORINA ADELINA PATTI

wurden gesichert, in Verbindung mit wem sich die folgenden Künstler freiwillig gemeldet haben: –

SIGNOR BERNARDI,
SIGNOR RAPETTI, HERR CHARLES WELS, T. FRANKLIN
BASSFORD, MR. SANDERSON.

PROGRAMM:

TEIL ERSTER.

1	Großes Duett über „Wilhelm Tell", Klavier und Violine – ;Mr. Rapetti und Herr Wels	*Osborne* und *De Beriot*
2	Grand Cavatina, von Norma, Casta Diva –;Signa . Adelina Patti	*Bellini*
3	„La Chasse du jeune Henri", Ouvertüre für Klavier –;Mr. Bassford	*Gottschalk*
4	Arie, aus „Don Sebastian" –;Sig. Bernardi	*Donizetti*
5	Ballade, „Home, Sweet Home" –;Signa . Adelina Patti	*Bischof*
6	Grand Duo Concertando zur Aufführung von „Norma" für zwei Klaviere – Herren. Wels und Bassford	*Wels*

———————

ZWEITER TEIL.

1	„Krönungsmarsch" aus dem Propheten, arrangiert und aufgeführt von Herrn Sanderson, seinem ersten öffentlichen Auftritt	*Meyerbeer*
2	Arie, aus der Oper *Le Châlet* –;Sig. Bernardi	*Adam*
3	{A. Die Äolische Harfe} {geb. Triumphmarsch} Komponiert und aufgeführt von	*C. Wels*
4	Jenny Linds Echo Song –;Signa . Adelina Patti	*Eckert*
5	Violinsolo aus *La Sonnambula*	*Sig. Rapetti*
6	Große Fantasie für zwei Klaviere, aufgeführt von den Herren Bassford und Wels, komponiert von	*T. Franklin Bassford*

———————

Dirigent	Herr Charles Wels.

———————

Die beiden Hauptpreisklaviere, die bei dieser Gelegenheit verwendet werden, stammen aus den Musikgeschäften der Herren Bassford und Brower und stehen unter der Adresse 603, Broadway, zum Verkauf.

Die Türen öffnen um 7 Uhr. Beginn um 8 Uhr.

TICKETS EIN DOLLAR

Erhältlich im Music Store der Messrs. Hall and Son, Bassford and Brower, 603, Broadway, und Scharfenberg and Louis, sowie an der Tür.

Noch weiter zurückgehend möchte ich hinzufügen, dass Adelina Patti ihren allerersten Auftritt auf der Opernbühne im Jahr 1850 in der Tripler's Hall in New York hatte; wo sie sowohl sang als auch spielte. Sie war damals sieben Jahre alt.

Die Saison dauerte bis Ende Dezember.

Als ich bei den Direktoren der Akademie eine Rate von 6.000 £ beantragte, die mir gemäß der vorgenommenen Veranlagung zugesagt worden waren, wurde mir vom Sekretär mitgeteilt, dass mir die Veranlagung nur an Patti-Abenden gewährt werden würde. Dadurch reduzierten sich meine 6.000 Pfund um drei Viertel, wobei ich meine Berechnungen auf dem Betrag basierte, der mir per Kabel überwiesen worden war. Ich gebe in keiner Weise den Aktionären die Schuld, die am stärksten belastet wurden und ohne Murren gezahlt haben. Etwa drei Viertel ihrer Spenden wurden für andere Zwecke verwendet, unter anderem für die Dekoration des Theaters.

Da ich den Präsidenten der Akademiedirektoren als verstockt empfand, kündigte ich sofort die Abschiedsvorstellungen von Mdme an. Adelina Patti und traf kurz darauf Vorbereitungen für ihren Auftritt zusammen mit dem der gesamten Kompanie in Boston, wo ich gegen Ende Dezember eröffnete, in der Tat froh, der Akademie entkommen zu können.

Unser Erfolg in Boston war sehr groß. Zu den Produktionen gehörte Gounods *Mirella* , in der Nevada, Scalchi , De Anna und andere Künstler auftraten. Danach kam natürlich *Semiramide* mit Patti und Scalchi ; eine unserer sichersten Karten.

Linda di Chamouni den eigentlich positiven Abschied Pattis von den Bostonern ab .

Nach Abschluss einer Vorstellung von *Mirella* am nächsten Morgen machten wir uns auf den Weg nach Philadelphia, wo wir eine sehr ertragreiche Saison hatten, da das Haus jeden Abend bis zur Decke überfüllt war.

Die amerikanischen Theater sind viel besser gepflegt als unsere. Sie werden jeden Tag abgestaubt und gereinigt, so dass eine Dame in Amerika ohne die geringste Gefahr, dass ihr Kleid beschädigt wird, ins Theater oder in die Oper gehen kann; Was sie in England kaum tun kann, wenn das Kleid aus zartem Stoff ist. Darüber hinaus sind die amerikanischen Theater in den

Wintermonaten wunderbar gewärmt; so dass die Gefahr von Bronchitis und Lungenentzündung, der die unternehmungslustigen Theaterbesucher unseres eigenen Landes ausgesetzt sind, in den Vereinigten Staaten nicht besteht.

Abgesehen von der Gefahr, dass ihr Kleid durch Schmutz oder Staub beschädigt wird, hat eine Dame keinen Anreiz, in einem Londoner Opernhaus eine hübsche *Toilette zu tragen, wo die hohen Logen mit ihren lächerlichen Vorhängen verhindern, dass die Kleider gesehen werden*. In den amerikanischen Opernhäusern sind die Logen nicht im italienischen, sondern im französischen Stil gebaut. Das heißt, sie sind nach vorne hin offen, sodass die Bewohner nicht nur sehen, sondern auch gesehen werden können. Die Vorhänge sind weder eine französische noch eine italienische, sondern ausschließlich eine englische Besonderheit. Welchem möglichen Nutzen können sie dienen? Sie haben absolut keine Wirkung, außer den Ton zu dämpfen.

Ein interessantes Merkmal in jedem amerikanischen Opernhaus ist die Loge für junge Damen – eine Art Sammelloge, die nur junge Damen abonnieren. Die Herren, die das Privileg haben, sie im Laufe des Abends zu besuchen, haben auch die volle Freiheit, sie mit Blumensträußen zu versorgen, die immer von der zartesten und teuersten Art sind und im Winter zwischen 4 und 5 Pfund pro Stück kosten. Die Vorderseite der Loge für junge Damen ist ständig mit den schönsten Blumen geschmückt, die die Liebe vorschlagen oder für Geld kaufen kann; Und wenn, was häufig der Fall ist, einer oder mehreren der jungen Damen einfällt, den Sängern auf der Bühne ein paar Blumensträuße zuzuwerfen, wird von ihren Freunden und Bewunderern erwartet, dass sie die Lücken sofort füllen.

Als ich in Philadelphia war, teilte mir der Oberkellner des Hotels mit, dass ein sehr großes Konzert stattfinden würde, für das es schwierig sei, Karten zu bekommen, aber dass dort eine Primadonna singen würde, die seiner Meinung nach meiner Aufmerksamkeit würdig sei . Zu gegebener Zeit besorgte er mir eine Eintrittskarte und ich besuchte das Konzert, das in einem der äußersten Viertel der Stadt stattfand. Als ich eintrat, war ich ziemlich überrascht, ein Publikum von etwa 1.500 bis 2.000 Personen vorzufinden, die alle schwarz waren, wobei ich der einzige weiße Mann war. Ich muss sagen, dass ich für die Mühe, die ich mir gemacht hatte, reichlich entschädigt wurde, denn die Musik war allesamt erstklassig.

Während des Konzerts erschien die Primadonna, prächtig gekleidet in einem weißen Satinkleid, mit Federn im Haar und einer prächtigen Diamantkette und Ohrringen. Außerdem trug sie weiße Glacéhandschuhe, die fast bis zum gesamten Arm reichten und nur einen kleinen Abstand von etwa zehn Zentimetern zwischen ihrem Ärmel und der Oberseite ihres

Handschuhs ließen. Da ihre Haut schwarz war, bildete sie natürlich einen außergewöhnlichen Kontrast zu dem weißen Kind.

Sie sang entzückend das Schattenlied aus *Dinorah* und gab als Antwort auf eine allgemeine Zugabe die Valse aus *Romeo und Julia* von Gounod. Tatsächlich habe ich keinen besseren Gesang gehört. Die Primadonna freute sich im Namen von Mdlle. Selika . Kurz darauf erschien ein junger Bariton und sang den „Bellringer", um mich eindringlich an Santley in seinen besten Tagen zu erinnern. Ich beschloss sofort, ihm ein Engagement anzubieten, an der Londoner Oper als „Renato" in „ *Un Ballo in Maschera" aufzutreten* , den Verdi in einer Fassung der Oper als farbigen Mann bezeichnete; Anschließend spielte er „ Nelusko " in *L'Africaine* und „ Amonasro " in *Aida* . Da ich von seinem Erfolg überzeugt war, beabsichtigte ich, ihn für die anderen Opern weiß zu malen.

Nach einigen Verhandlungen konnte ich die Vereinbarung nicht abschließen. Er wollte lieber ein Star bleiben, wo er war.

Nach der letzten Leistung unseres Engagements in Philadelphia machten wir uns gegen 3 Uhr morgens mit der gesamten Kompanie auf den Weg nach New Orleans, wobei unser Sonderzug diese Stadt am darauffolgenden Sonntag erreichen sollte. Als ich in Louisville ankam , wurde die Spurweite unterbrochen und die Gleise wurden zu Schmalspurbahnen, was es erforderlich machte, jeden meiner großen Waggons umzurütteln, um neue Rollwagen unter sie zu stellen, um sie an die kleinere Spurweite anzupassen. Dies wurde so geschickt durchgeführt, während die Künstler schliefen, dass sie von der Operation nichts mitbekamen.

Kapitel VII.

PANIK IN NEW ORLEANS – THERMOMETER FÄLLT UM 105 GRAD – BANKETT IN CHICAGO – DER GRAF DI LUNA AUF DEM MARKT – KAFFEE JOHN – EIN AMERIKANER GEORGE ROBINS – MEIN Bestatter.

Als wir nach New Orleans kamen, stellten wir einen großen Temperaturwechsel fest, und obwohl es Januar war, stand das Thermometer bei etwa 75°. Genau sechs Wochen vor unserer Ankunft hatte es geregnet und hörte erst auf, als unser Zug einfuhr, und gleich danach zeigte sich schönes Wetter.

Unsere Eröffnungsoper war *La Sonnambula* mit Nevada, gefolgt von *La Traviata* mit Mdme. Patti. Vor dem letzten Akt kam es im Theater zu Panik, weil etwas Gips von der Vorderseite des Kleiderkreises herunterfiel. Jemand in der Nähe des Ausgangs zu den Ständen rief „Feuer", ein Ruf, der von zahlreichen Männern in der Lobby wiederholt wurde. Auf den Gesichtern des Publikums war Bestürzung zu sehen, und es herrschte ein allgemeiner Ansturm auf die Türen. Die Situation war äußerst ernst; aber die Geistesgegenwart einiger anwesender Herren, unterstützt durch die gleiche Kühle mehrerer Damen, hatte die Wirkung, den allgemeinen Schrecken zu lindern.

Viele Damen hingegen fielen vor Aufregung in Ohnmacht, während zahlreiche Personen das Theater verließen, so dass der letzte Akt in einem sehr leeren Haus aufgeführt wurde.

„Auf der Straße machte sich große Aufregung bemerkbar", schrieb ein lokales Journal, und Gerüchte verstärkten den Vorfall. In den Köpfen mancher Menschen nahm er die Form eines schrecklichen Unfalls an, und es dauerte einige Zeit, bis die Öffentlichkeit davon erfuhr versicherte, dass kein Schaden an Leib und Leben entstanden sei. Eine junge Dame wurde ohnmächtig, als sie vor dem Theater ihren Wagen betreten wollte. Sie stürzte auf den Bürgersteig, schnitt sich leicht den Mund auf und war einige Minuten lang bewusstlos. Mit Mit Hilfe von Dr. Joseph Scott gelang es ihren Freunden, sie wiederzubeleben, und sie wurde in eine Kutsche gesetzt und nach Hause gefahren. Mr. David Bidwell wurde heute Morgen vom *Item-Reporter* empfangen, der ihn über die vielen Gerüchte über die Sicherheit informierte des St. Charles Theatre. Herr Bidwell sagte: „Das ganze Problem kommt daher, dass ein kleines Stück Putz, drei Fuß lang und eineinhalb Fuß breit, im linken Teil des Theaters zurück auf den *Parkettboden gefallen ist.* "Sitze. Der Verputz an dieser Stelle war während des Kiralfy- Einsatzes durch das Verschieben einiger Kulissen gestört worden. Ich habe die Stelle bei nassem

Wetter ausbessern lassen und aufgrund der Feuchtigkeit hielt der Putz nicht. Was die Solidität des Theaters betrifft, kann man sagen, dass es das stärkste Gebäude seiner Art ist; Die Wände sind stellenweise vier Fuß dick. Alles im Inneren ist solide und solide, da es kürzlich repariert und renoviert wurde. Herr William Freret, der Architekt, war gerade hier und hat eine gründliche Inspektion durchgeführt. Er findet alles in erstklassigem Zustand und bestmöglich intakt. „Die Öffentlichkeit sollte dummen Gerüchten keinen Glauben schenken , sondern auf die Stimme des gesunden Menschenverstandes und der Vernunft hören und diese zufriedenstellende Erklärung akzeptieren."

Der Stadtvermesser besuchte zusammen mit verschiedenen Architekten das Theater am folgenden Tag, um zu berichten; aber alle bestätigten, dass das Gebäude solide sei und dass wahrscheinlich das Stampfen so vieler Füße bei der applaudierenden Patti dazu geführt habe, dass der Putz heruntergefallen sei. Wie auch immer es gewesen sein mag, da meine Einnahmen so erheblich geschädigt waren, war ich gezwungen, nachdem ich dem Manager Schadensersatz für die Nichterfüllung des Auftrags gezahlt hatte, das Unternehmen aufzulösen und das Grand French Opera-Haus für die folgende Woche zu mieten. Als meine Ankündigung erfolgte, besuchten mich mehrere Damen, und in einem ihrer Häuser wurde eine Versammlung einberufen, bei der die *Elite* der Stadt anwesend war. Mehrere Herren waren zum Tee eingeladen, und bevor sie den Raum verlassen durften, musste jeder von ihnen mindestens eine Box abonnieren. Auf diese Weise wurden alle meine Kisten für den Rest der Saison entsorgt.

Ich hatte große Schwierigkeiten, das Theater wieder in Betrieb zu nehmen, da es schon seit geraumer Zeit geschlossen war. Die Flure mussten geweißt und die Umkleidekabinen tapeziert werden, und alle Geschäfte mussten auf Französisch abgewickelt werden, da meine Bühnenschreiner und *Angestellten* alle dieser Nationalität angehörten. Der Manager des anderen Theaters hatte sich geweigert, einem seiner Mitarbeiter die Hilfe zu gewähren.

In dieser Zeit wurde die große New Orleans Exhibition eröffnet, die Tausende von Menschen anzog. Meine Aufmerksamkeit wurde jedoch auf die Abteilung für Frauenarbeit gelenkt, die gerade in großer Not war. Deshalb organisierte ich in ihrem Namen eine große Benefizmatinee , auf die viele Damen von New Orleans prompt reagierten. Viele meiner Hauptkünstler nahmen an dem Konzert teil, und ich wurde von einer großartigen mexikanischen Kavalleriekapelle unterstützt. Es kam eine große Geldsumme zustande, die anschließend der Schatzmeisterin der Frauenabteilung übergeben wurde.

Nach einer Aufführung von *Les Huguenots* reisten wir alle an diesem Abend nach St. Louis. Die Temperatur war mittlerweile unerträglich, das

Thermometer zeigte 75 Grad. Doch als wir am darauffolgenden Montagnachmittag St. Louis erreichten, wurden wir von einem Schneesturm erfasst. Es regnete buchstäblich Eis. Die Straßen waren unpassierbar, es war schwierig, aufrecht zu stehen oder einen Schritt zu machen; während das Thermometer 30 Grad unter Null (62° unter dem Gefrierpunkt) stand, was einem Rückgang von 105 Grad entspricht. Ich muss kaum sagen, dass jeder Halsschmerzen hatte, selbst beim Refrain. Ein oder zwei der Balletttänzerinnen wurden beim Verlassen des Zuges umgehauen und verletzt, und nur mit erheblichen Schwierigkeiten konnte ich an diesem Abend, zwei Stunden nach unserer Ankunft, mit einer Aufführung von *La Sonnambula beginnen* . Es folgten *Semiramide* mit Patti und Scalchi sowie *Lucrezia* mit Fursch -Madi. Alle an diesen Arbeiten nicht beteiligten Künstler lagen unter der Woche krank im Bett.

Bevor wir St. Louis verließen, veranstalteten die Direktoren der neu gegründeten Opera Festival Association of Chicago ein prächtiges Bankett für mich. Der ursprünglich festgelegte Tag war der Mittwoch dieser Woche; aber es musste später auf Donnerstag verlegt werden, da alle Züge nach Chicago eingeschneit waren und mehrere tausend Güterwaggons die Strecke kilometerweit blockierten. Ich wagte mich nach der Aufführung mit dem einzigen Zug, der vom Bahnhof nach Chicago fahren durfte, wo ich am nächsten Tag ankam, und besichtigte das riesige Glasgebäude, in dem sich früher die Ausstellung befand, wo ich die meiner Meinung nach für den Bau notwendigen Abmessungen absteckte des Neuen Großen Opernhauses. Dabei muss ich meine Messungen ziemlich falsch berechnet haben, da mir kurz darauf mitgeteilt wurde, dass es sich bei der Durchführung um ein Mammuttheater handeln würde.

Am Abend nahm ich an dem Bankett zu meinen Ehren teil , das für fünfzig Gedecke im großen Saal des prächtigen Calumet Clubs veranstaltet wurde. Der Festsaal war malerisch mit Blumen geschmückt. Die Tische waren in Form einer riesigen Leier geschwungen und trugen das Wappen des Vereins.

Am Kopfende des Tisches, der die Basis der Leier bildete, saß der Präsident Ferd . W. Peck, und zu seiner Rechten wurde ich als Gast des Abends platziert. Neben mir war der Bürgermeister und neben ihm der Hon. Emery A. Stores, der Vizepräsident des Verbandes. Zur Linken von Präsident Peck saß der Hon. Eugene Carey und George Schneider, der Schatzmeister der neu gegründeten Vereinigung. Bei dieser Gelegenheit waren mehr oder weniger alle Persönlichkeiten der Stadt anwesend. Am Ende des Banketts erhob sich der Präsident, stellte mich als „Napoleon, den Kaiser der Oper" vor und gab gleichzeitig einen kurzen Überblick über die geplante Arbeit. Meine Rede war sehr kurz. Ich sagte: „Nach 24 Jahren Erfahrung in der Opernaufführung habe ich das Gefühl, dass hier in Chicago mein größter Erfolg bevorsteht. Nie zuvor wurden mir solche Möglichkeiten geboten. Ich war heute Morgen mit über dem Ausstellungsgebäude." Ich bin Architekt und habe mich für einen großen, komfortablen Zuschauerraum entschieden. Ich habe auch den Saal besucht, in dem der zusätzliche Chor übte , und ich muss sagen, ich war in jeder Hinsicht von seiner Exzellenz überrascht. Ich habe noch nie einen besseren Chor gehört, nicht einmal im Alte Welt."

der Bürgermeister und machte mir die höchsten Komplimente.

Als wir uns in den frühen Morgenstunden trennten, ging ich zum Bahnhof und kehrte von dort nach St. Louis zurück.

Am Ende der Woche verließen wir St. Louis mit der gesamten Truppe, etwa 180 Mann stark, und erreichten am späten Abend Kansas City. Die meisten Mitglieder der Gesellschaft gingen zum Coates House, Mdme. Patti blieb jedoch in ihrem Privatwagen, wo ich ihr am nächsten Tag einen Besuch abstattete. Kaum war ich eingetreten, wurden wir abgeschoben und etwa vier Meilen die Strecke entlang geschickt, sehr zur Überraschung von Nicolini , der erst einen Moment zuvor auf dem Bahnsteig mit mir gesprochen hatte. Wir wurden eine beträchtliche Zeit festgehalten, und Mdme. Patti erlebte einen großen Schrecken, als plötzlich ein abgekuppelter Lastwagen herbeifuhr. Dies verursachte eine große Gehirnerschütterung, die den größten Teil des Glases zerbrach und Nicolinis Zigarren, Marmeladen, den Papagei, das Klavier, den Tisch und die Blumen durcheinander auf den Boden schleuderte. Mdme. Patti nahm es jedoch gut an und begann, unterstützt von ihren Dienerinnen, den zerbrochenen Schmuck und die zerbrochenen Flaschen einzusammeln. Der Boden verlief mit Château Lafite.

Mdme. Patti besuchte an diesem Abend die Oper. Der Bürgermeister der Stadt führte sie unter einem solchen Applaussturm, wie man ihn selten in einem Opernhaus hört, durch den Gang zu ihrer Proszeniumsloge. Die Damen ließen vor Begeisterung ihre Handschuhe platzen, und die Herren standen auf ihren Sitzen, um einen Blick auf die *Diva zu erhaschen* . Als sie die Loge erreichten, erhob sich das Publikum und rief: „ *Brava!* "

Nach der Vorstellung an diesem Abend fuhr der Zug weiter in Richtung Topeka, wo ich dank der Höflichkeit der Bahnbeamten Pattis Wagen an den San Francisco Express anhängen ließ, der sie in etwa dreieinhalb Tagen an ihr Ziel brachte.

Il Trovatore , Mdme , aufzuführen . Dotti ist die „Leonora", Mdme. Scalchi „Azucena", De Anna der „Graf von Luna" und Giannini „ Manrico ". Der Erfolg war riesig, das Haus war voll und die Einnahmen beliefen sich auf 700 Pfund.

Im Zusammenhang mit Topeka muss ich einen eher merkwürdigen Vorfall erwähnen. Wir hatten unseren Weinvorrat im Zug erschöpft, und als die Künstler, die an der Aufführung teilnahmen, das Hotel in der Nähe des Theaters betraten, in dem sie speisen wollten, waren sie überrascht und verärgert darüber, dass ihnen Wasser vorgesetzt wurde; Der Bariton schwor mit einem Messer in der Hand, dass er sich weigern würde, an diesem Abend den „Count di Luna" zu spielen, wenn er nicht ein anregenderes Getränk zu sich nehmen könnte .

Es wurde mehrfach nachgefragt, aber es gab keinen Tropfen Wein oder Spirituosen irgendeiner Art, von dem offiziell bekannt war, dass er sich in der Stadt befand. Als ich nach meiner Rückkehr ins Hotel die Straße entlangging, traf ich einen Herrn, den ich kannte, und durch seine Freundlichkeit konnte ich von einem Arzt ein Rezept erhalten. Das Rezept war in lateinischer Sprache verfasst und der Apotheker verstand offenbar seine Bedeutung. Es kam nicht in Frage, es nachzuholen. Er reichte mir einfach drei Flaschen sehr guten Haferkekse.

Am Ende der Oper, es war ein höchst entzückender Abend, kauften die verschiedenen Chorsänger und andere alle Arten von Lebensmitteln ein, und es war höchst lächerlich zu beobachten, wie einige mit Hühnern am Hals, andere mit Blumenkohl usw. zu Boden gingen Spargel. Der „Graf von Luna" mit einem riesigen Schinken unter dem Arm und „ Manrico " mit einer Wurstkette brachten ihre Vorräte zu den Waggons, um sie für das Abendessen zu kochen, währenddessen der Zug nach St. Joseph aufbrach.

Am nächsten Tag erreichten wir St. Joseph, wo Mdlle. Nevada trat in *La Sonnambula auf* und erfreute das Publikum sehr, das den Saal voll füllte.

Wir kamen am nächsten Nachmittag um halb vier in Omaha an, wo wir einen Tag blieben, da mein Vorgesetzter keine Vereinbarungen für unser Erscheinen dort treffen konnte.

Kurz darauf machten wir uns auf den Weg nach Cheyenne und kamen in etwa ein paar Tagen in der sogenannten Magic City an; Als zu meinem großen Erstaunen keinerlei Ankündigung unseres Besuchs gemacht wurde, war mein Voragent wiederum aus unerklärlichen Gründen auf die Straße nach San Francisco gegangen, ohne auch nur ein Wort zu sagen.

Unser Besuch dort war ein ziemlich unerwartetes Ereignis. Es wurden sofort Vorkehrungen für eine Aufführung getroffen. Dies brachte eine Verzögerung von ein paar Tagen mit sich, was mich erfreute, obwohl es einige Verluste verursachte, da es mir ermöglichte, durch das wunderschöne Land zu fahren und noch einmal den bezaubernden Club zu besuchen, wo ich von meinen zahlreichen Freunden königlich empfangen wurde das vorherige Jahr.

Um vier Uhr kam die 3. Kavalleriekapelle in voller Uniform, um mir in meinem Hotel ein Ständchen zu singen.

Die ausgewählte Oper war *Lucia di Lammermoor* und die Einnahmen beliefen sich auf rund 700 Pfund.

Am Ende der Vorstellung machten wir uns auf den Weg nach Salt Lake City, wo wir am folgenden Donnerstag ankamen. Hier war ich zu meinem großen Bedauern gezwungen, die Rechnung aufgrund von Mdlle zu ändern. Nevadas Unwohlsein, über das die Einwohner und die Presse murrten, als wäre es meine Schuld. Natürlich kursierten Berichte darüber, dass sie ihr Gehalt nicht erhalten hatte.

Während ihres Aufenthalts in Salt Lake City wanderten viele der Künstler und Orchestermusiker umher und besuchten verschiedene Sehenswürdigkeiten; und einige fühlten sich von einem Restaurant angezogen, das von einem gewissen „Coffee John" geführt wurde, in dessen Fenster eine riesige Schildkröte ausgestellt war, die diese tragische Inschrift auf dem Kopf trug: „Heute Nachmittag soll mir die Kehle durchgeschnitten werden." Auf der Rückseite befand sich eine Eintrittskarte für eine Privatloge mit der Angabe, dass Coffee John 40 Dollar dafür bezahlt hatte und an diesem Abend die Oper besuchen würde.

Um diesen begeisterten Amateur zu unterstützen, gingen mehrere unserer Hauptkünstler hinein und bestellten ein Mittagessen. Coffee John war sehr höflich, versprach, ihnen zu applaudieren, wenn sie sie singen hörten, und erlaubte vielen von ihnen, in die Küche zu gehen, um ihre eigenen Makkaroni zuzubereiten. Da der Preis für das Mittagessen sehr moderat war, beschlossen alle, später bei Coffee John's zu Abend zu essen.

Als das Abendessen vorbei war , fragten sie den Kellner, wie viel sie bezahlen müssten.

„Sechs Dollar pro Kopf", sagte der Kellner.

„ Corpo di Bacco!" rief einer der Künstler aus; „ Das ist zu teuer. Wo ist Coffee John, unser Freund, unser Freund?"

„Er hat sich für die Oper umgezogen", antwortete der Oberkellner, „und ich wage nicht, ihn zu stören."

Da es zwölf Gäste gab, belief sich die Rechnung auf 72 Dollar, so dass Coffee John, der 40 Dollar für seine Loge bezahlt hatte, diese an diesem Abend umsonst belegte und darüber hinaus größtenteils von der Transaktion profitierte. Der Kellner erzählte den erstaunten Künstlern, dass sein Gouverneur 40 Dollar bezahlt habe, um sie singen zu hören, ohne zu treten, und dass er im Gegenzug eine großzügige Behandlung erwarte; schließlich hielt er es für den besten Plan für sie, ihre jeweils sechs Dollar zu bezahlen und auszuwandern; was sie schließlich tun mussten.

Mdlle. Nevada hatte sich in Cheyenne eine Erkältung zugezogen und sich eine schwere Krankheit zugezogen; und ich verlor ihre Dienste für nicht weniger als vier Wochen danach.

In der Nacht zuvor erreichten wir Salt Lake City Mdme. Scalchis Papagei starb, was dazu führte, dass der hervorragende Altist hysterisch wurde und krank wurde. Ich hatte *Il Trovatore angekündigt*, in dem der inzwischen mutlose Sänger die Rolle des rachsüchtigen Zigeuners übernehmen sollte. Meiner Meinung nach würde dies die Abwesenheit Nevadas bei weitem ausgleichen. Nur eine halbe Stunde vor Beginn des Theaters wurde ich von Mdme benachrichtigt. Scalchis Ehemann, dass sie an diesem Abend nicht erscheinen könne. Ich bestand jedoch darauf, dass sie auf jeden Fall ins Theater ging, da ich der Meinung war, dass der Tod eines Papageis kein ausreichender Grund sei, ein zahlreiches Publikum zu enttäuschen. Gleichzeitig drohte ich ihr mit einer sehr hohen Geldstrafe, wenn sie sich weigerte.

Ungefähr eine Stunde später kam der Callboy, bis zu seiner Hüfte im Schnee, an die Tür meines Wagens – ein kleines Stück vom Bahnhof entfernt – und sagte, dass Mdme. Scalchi war erneut hysterisch geworden und beklagte lautstark den Verlust ihres geliebten Vogels.

Als ich mit einer weiteren „Azucena" im Theater ankam, die plötzlich aus den Waggons geholt wurde (diese beklagte sich nur darüber, dass sie nicht gegessen hatte), stellte ich fest, dass es nur noch fünf Minuten bis zum Beginn der Ouvertüre dauerte. Da war Mdme. Scalchi verkleidete sich als „Azucena", und es war unmöglich, auch nur an ihre Kleidung zu gelangen, da sie fast ohnmächtig war. Schließlich legte sie jedoch ihre Zigeunerkleidung ab; und sie wurde durch meine neue „Azucena", Mdlle, ersetzt. Steinbach.

Nachdem die Oper zu Ende war, machten wir uns auf den Weg nach San Francisco.

Als ich Ogden am frühen Morgen erreichte, erhielt ich ein Telegramm aus San Francisco, in dem ich Mdme benachrichtigte. Pattis Ankunft dort, fügte jedoch hinzu, dass sie nicht in Zusammenarbeit mit Mdme in *Semiramide* herauskommen würde . Scalchi , obwohl das die Oper war, die für meinen Eröffnungsabend angekündigt war. *La Diva* wollte eine Nacht ganz für sich alleine haben.

Da für die Uraufführung alle Plätze verkauft worden waren und die Plätze sehr teuer waren, sah ich keine Möglichkeit, die Rechnung zu ändern. Ich lehnte daher ab. Gegen Ende des folgenden Tages erhielt ich in Winnemucca ein weiteres Telegramm, in dem stand, dass Mdme. Patti würde in *Il Barbiere auftreten* . Ich lehnte dies ab, da ich wusste, dass die Oper zumindest in

Amerika höchst unattraktiv war. Fast an jedem Bahnhof erhielt ich Telegramme, von denen ich einige beantwortete. Schließlich gelang es mir , eine Art Kompromiss zu schließen, indem ich *Linda ersetzte* . Diese Änderung verursachte bei mir einen Verlust von etwa 600 bis 800 Pfund.

Unterwegs hatte ich ein Telegramm von meinem Auktionator, dem berühmten Joe Eldridge, erhalten, in dem er wissen wollte, ob er Plätze reservieren oder das Ganze der Öffentlichkeit anbieten sollte. Ich antwortete, dass kein einziger Sitzplatz reserviert werden dürfe; er sollte alles verkaufen. Er nahm mich beim Wort, und am nächsten Tag erhielt ich ein Telegramm, dass er nicht nur den gesamten Pit- und Dress-Circle und die Logen, sondern auch die gesamte Galerie für jeden Abend der Saison sowie die Prämien verkauft hatte Allein die Eintrittskarten beliefen sich für die zweiwöchige Saison auf etwa 15.000 Pfund; Und obwohl über 3.000 Eintrittskarten für jeden Abend der gesamten Saison verkauft worden waren, nahm die Nachfrage nicht ab, sondern nahm weiter zu. In vielen Fällen wurden bis zu 150 Dollar Prämie pro Sitzplatz gezahlt. Der Umsatz übertraf den des Vorjahres insgesamt.

Später wurde ich von einem Augenzeugen über die unermüdlichen Anstrengungen informiert, die Joe Eldridge am Tag der Auktion auf sich genommen hatte. Als er das Orchester betrat, gab er zunächst eine anschauliche Beschreibung der verschiedenen Premier Donne , die an den Aufführungen der Saison teilnehmen sollten, und erläuterte auch den enormen Wert, den die Eintrittskarten erreichen würden, sobald die gesamte Truppe eintraf. Dann nahm er, als ihm warm wurde, seinen Hut ab. Nachdem einige Partien verkauft waren, legte er seine Krawatte ab, dann seinen Mantel, später auch seine Weste und seinen Hemdkragen, die er in die Boxen warf. Dann, als das Geschäft spannender wurde, entfernte er seine Zahnspange. Danach lockerte er sein Hemd und krempelte beide Ärmel hoch; und er war in einem Zustand der Halbnacktheit, bevor er das letzte Los loswurde.

Als dieser hochgeschätzte Herr nach dem Verkauf das Theater verließ, wurde er leider von einer Lungenentzündung befallen, die ihn innerhalb weniger Stunden dahinraffte. Sein Tod war für alle ein trauriger Schock, denn er war allgemeiner Favorit .

Der *San Francisco Daily Report* schrieb zu diesem Thema:

„Joe Eldridge kam 1849 in San Francisco an und nachdem er verschiedene Teile des Staates besucht hatte, kehrte er nach San Francisco in das Haus von Newhall und Co. zurück. Ungefähr zu dieser Zeit verlor er auf sehr bemerkenswerte Weise sein rechtes Bein. Er trug die Gewohnheit jeden Verkauf durch einen herzhaften Schlag mit der Hand auf seinen rechten Oberschenkel beim Wort „weg" zu signalisieren . Die ständige

Gehirnerschütterung führte zu Krebs, und das Bein musste amputiert werden. Dieses Unglück, das die meisten Männer für den Rest ihres Lebens mehr oder weniger deprimiert hätte, hatte keinen Einfluss auf seine Energie oder seine gute Laune. Er war es Er war ein äußerst barmherziger und von allen geliebter Mann, der ihn kannte. Er war einer der Gründer von Mill's Seminary und eine Säule der Stärke in Dr. Stones erster Kongregationskirche.

Ein Wort zu Joe Eldridges Art, Geschäfte zu machen. Niemand konnte solche Preise erzielen, die er erzielte; und diese sicherte er sich oft dadurch, dass er vorgab, Gebote gehört zu haben, die nie abgegeben worden waren.

„Neun Dollar", würde ein Kaufinteressent sagen.

„Zehn Dollar", rief Joe.

„Ich sagte neun", erklärte der Bieter.

"Elf!" schrie Joe. „Ich kenne Ihr Einkommen, und Sie sollten sich schämen. Zwölf!" rief er dann aus, unterstützt und ermutigt durch das Gelächter und den Applaus des Publikums. „Und wenn du noch ein Wort sagst , mache ich daraus dreizehn."

Ein ganz anderer Typ Mann war der Auktionator, dessen Nachfolger der arme Eldridge wurde. Er nannte mich den temperamentvollen „ Impresio " und sang das Lob von Mdme. Bauermeister , dessen Namen er „ Boarmister " aussprach, und Mdme. Lablache , den er als den berühmten „ Labiche " bezeichnete. Rinaldini war ein weiterer meiner Sänger, dessen Name ihm, so traurig er ihn auch verstümmelte, offenbar gefallen hatte. Mdme. Bauermeister , Mdme. Lablache und Signor Rinaldini sind ausgezeichnete Künstler. Aber es war ein Fehler, so sehr auf ihren Vorzügen zu betonen und gleichzeitig diejenigen von Mdme völlig außer Acht zu lassen. Patti, Mdlle. Nevada und Mdme Scalchi .

Zu gegebener Zeit kamen wir in San Francisco an, wo uns die übliche Menschenmenge erwartete. Während des letzten Teils der Reise wurde einer meiner *Corps de Ballet* ernsthaft unpässlich und starb am folgenden Dienstag im St. Mary's Hospital. Sie war erst sechzehn Jahre alt und seit acht Jahren bei mir, da sie eines meiner Katti Lanner-Schulkinder war. Sie hatte sich in der Umkleidekabine von Cheyenne erkältet. Während der Fahrt, da der Zug 23 Stunden Verspätung hatte, erhielt sie die Aufmerksamkeit von Dr. Wixom, Mdme. Nevadas Vater, ebenfalls von Dr. Palmer, Mdme. Nevadas jetziger Ehemann.

Am Tag der Beerdigung wurden einige prächtige Opfergaben auf den Sarg gelegt, bestehend aus Veilchenkissen mit den Initialen des Verstorbenen, Ankern aus Stiefmütterchen, Lilien, Veilchen, Rosen usw. sowie einem wunderschönen Kreuz aus Veilchen und Kamelien. Ich nahm persönlich an

der Beerdigung teil, begleitet von meinem Bühnenmanager , Mr. Parry, und
sieben der Ballettmädchen, darunter eine Schwester des toten Mädchens, die
alle Blumen trugen. Die Angelegenheit war rein privater Natur, was die
Erfahrung des Vorjahres angesichts des großen Andrangs bei der ersten
Gelegenheit darauf hindeutet. Die gesamten Blumen wurden anschließend
auf das Grab gelegt; und ein berühmter Fotograf, IW Tabor, produzierte
einige wunderschöne Bilder, die ich der Familie der Verstorbenen nach
London schickte, die sie noch vor der Nachricht von ihrem Tod erhielt.

Am Ende der Beerdigung, die von Herrn Theodore Dierck aus 957,
Mission Street, durchgeführt worden war, bat der temperamentvolle
Bestatter um die Ernennung zum Bestattungsausstatter der Gesellschaft, da
er im Vorjahr für die Beerdigung von Lombardelli verantwortlich gewesen
war , sagte er, „hat solche Befriedigung gegeben"; und ich war nicht erstaunt,
wenn auch ein wenig erschrocken, als ich bei meinem letzten Besuch über
seinem Laden diese Inschrift fand:

„Bestattungsausstatter nach Vereinbarung mit Colonel Mapleson."

KAPITEL VIII.

PATTI UND SCALCHI – NEVADAS DEBÜT – EIN CHINESISCHER SWING – EIN BESUCH VON OBEN – GERETTETER SCHATZ – GROSSES CHICAGO FESTIVAL – AMERIKANISCHE GASTFREUNDSCHAFT.

Bei unserem Eröffnungsabend in San Francisco wurde, wie bereits erläutert, die Oper im Mdme gespielt. Pattis Wunsch nach *Semiramide* war *Linda di Chamouni* . Natürlich war das Haus überfüllt, und die Brillanz der Zuschauer im Auditorium ließ keine Beschreibung zu. Dort fand eine Versammlung statt, auf die die Stadt durchaus stolz sein könnte. Die Kostüme der Damen waren überwiegend weiß. Die Modeführer waren natürlich alle anwesend; Mrs. Mark Hopkins aus Nobs' Hill war auffällig, denn sie trug ein Kostüm aus schwarzem Samt mit Diamantornamenten, dessen Wert auf 200.000 Dollar geschätzt wurde. Die beste Reihenfolge setzte sich durch. Die meisten, die beim Öffnen der Türen das Theater betraten, konnten ohne Erdrücken auf ihren verschiedenen Sitzplätzen Platz nehmen. Patti wurde noch demonstrativer begrüßt als bisher . Mdme. Als Scalchi eintrat, muss sie stolz gewesen sein, dass sie dennoch willkommen war, als „ Pierotto “ anstelle von „ Arsace “ aufzutreten.

Trotz alledem herrschte infolge von Mdme eine Kühle im Haus. Patti hat auf dieser Änderung in der Oper bestanden. Folglich wurden die Tickets für die erste Nacht nicht mit einem Aufpreis, sondern mit einem Rabatt verkauft. Mdme. Für den zweiten Abend war Nevada angesagt, aber leider hatte sie sich noch nicht von ihrer Cheyenne-Erkältung erholt, die sich nach und nach fast zu einer Lungenentzündung entwickelte. Sie behielt ihr Bett in San Francisco über drei Wochen lang, was mir sowohl den größten Ärger als auch den größten Verlust bereitete, da ich gezwungen war, Mdme zu engagieren. Patti musste über ihren Vertrag hinaus viele zusätzliche Nächte singen, für die ich natürlich alles bezahlen musste. *Il Trovatore* wurde daher am zweiten Abend anstelle von *La Sonnambula aufgeführt* . Am folgenden Abend brachte ich „*La Favorite*" mit Scalchi , De Anna, Giannini und Cherubini heraus , was ein großer Erfolg war; gefolgt von *Lucrezia Borgia* , in der Fursch -Madi das Publikum erfreute.

Diese Veränderungen und Enttäuschungen beeinträchtigten tendenziell das gesamte Engagement. In der darauffolgenden Nacht begann der Opernboom jedoch erst richtig, und zwar mit dem Werk „*Semiramide*", das die Erwartungen, die man daran hegte, voll und ganz rechtfertigte. Das größte und brillanteste Publikum, das jemals in einem Theater versammelt war, war dort, um Patti und Scalchi in zwei der schwierigsten *Rollen* im gesamten Opernspektrum singen zu hören.

Scalchi teilte sich die Ehre des Abends gerecht mit Mdme. Patti; und in den Duetten elektrisierten sie das Publikum, das sich nicht damit zufrieden gab, jedes einzelne Stück zu wiederholen, sondern auf einem halben Dutzend Wiederholungen bestand. Die Bühne war buchstäblich mit Blumen übersät; und die Damen des Publikums wetteiferten miteinander in der Eleganz ihrer Toiletten. Es waren nicht nur alle Sitze besetzt, sondern sogar alle Stehplätze, und die Presse würdigte mich am nächsten Morgen einstimmig mit dem Verdienst, in dieser fernen Stadt die beste Opernunterhaltung geboten zu haben, die sich die Welt der Kunst leisten konnte.

Ein ähnliches Publikum begrüßte Patti und Scalchi bei der Aufführung von *Faust* in der darauffolgenden Woche, während Mdme. Patti spielte die „Annetta" in „ *Crispino e la Comare* ", was ohne Zweifel ihre beste Rolle ist.

Ungefähr zu dieser Zeit fand die Auktion für die zweite Staffel von zwei Wochen statt, die meiner Meinung nach am darauffolgenden Montag beginnen sollte. Die Einzelheiten hierzu habe ich bereits angegeben.

Der Erlös war zwar sehr ansehnlich, aber nicht vergleichbar mit dem des vorherigen Verkaufs. Ich beschloss daher, alle nicht verkauften Eintrittskarten an der Theaterkasse abzugeben, damit die Öffentlichkeit vor unserer Abreise die Möglichkeit hätte, die Oper zu besuchen.

In der darauffolgenden Woche, der ersten dieser zusätzlichen Staffel, wurde Mdme. Patti erschien in *Semiramide* , *La Traviata* und *Martha* . Bei jeder Aufführung waren fast 3.000 Personen im Theater versammelt. Am darauffolgenden Montag, der unsere letzte Woche war, forderte ich Mdlle auf. Nevada hatte ihren ersten Auftritt, wobei die Einnahmen den gleichen Betrag wie Mdme erreichten. Pattis. Mdlle. Nevada zog, vielleicht weil sie Kalifornierin ist, wahrscheinlich das größte Publikum an, das wir je hatten.

Als sie die Bühne betrat, riefen und applaudierten etwa 3.000 oder 4.000 Menschen, als würden sie alle verrückt werden. Sie war kaum auf ihren Empfang vorbereitet. Sie hatte sich schon seit vielen Jahren darauf gefreut, in ihrer Heimatstadt aufzutreten und vor den Menschen, unter denen sie ihr frühes Leben verbracht hatte, eine große *Rolle zu singen;* und dies war ein bedeutsamer Anlass für sie. Die Begeisterung jedes anderen Publikums hätte sie angespornt. Aber sie war hier so betroffen, dass sie, obwohl sie sich prächtig ernährte, nach dem Fall des Vorhangs nicht mehr sprechen konnte.

Am Ende der Oper wurde sie mehrmals zurückgerufen und große Blumensträuße, etwa zwei Meter hoch, übergeben, da zahlreiche führende Floristen den ganzen Tag über damit beschäftigt waren, sie in Form zu bringen. Für diesen Anlass wurden neue Kleider bestellt und die Einladung, in einer Loge Platz zu nehmen, galt als Preis.

Lange vor halb sieben versammelte sich im Vorraum des Theaters eine Schar modisch gekleideter Damen und Herren, die alle darauf warteten, zu ihren Plätzen geführt zu werden, um beim Aufgehen des Vorhangs dabei zu sein.

Während des gesamten ersten Aktes wurde der Sängerin, kaum unterbrochen, kritisch und aufmerksam zugehört; Doch als nach dem Duett mit „ Elvino " der Vorhang fiel, brach die aufgestaute Begeisterung des Publikums los. Nevada wurde gerufen, und zwar mit Geschrei, Schreien und wilden Demonstrationen aller Art. Blumen wurden durch die Gänge getragen, aus den Kisten und dem Kleiderkreis geworfen, bis die Bühne wie das viel zitierte Vallambrosa aussah . Immer wieder wurde die Primadonna gerufen, bis sie ziemlich erschöpft war. Zu den Bühnenstücken, die auf die Bühne gebracht wurden, gehörte ein großer Blumenstuhl aus Rosen, Veilchen und Nelken auf einem Korbgestell, und Nevada setzte sich, wie es am natürlichsten war, bequem darauf nieder, worüber das Haus regelrecht aufheulte Freude. Auf der Stuhllehne standen die Worte „Willkommen zu Hause!"

Am darauffolgenden Abend wurde *Aida* mit der großartigen Besetzung Patti, Scalchi , De Anna und Nicolini aufgeführt , wobei der größte Erlös während der gesamten Verlobung einging. Es wäre unmöglich, diesen Abend zu beschreiben; es würde den gesamten Wortschatz erschöpfen. Die Gitter entlang der Gasse wurden von der Menge weggerissen, die auf dem Bauch in die Keller des Theaters rutschte, um Patti und Scalchi zu hören .

An diesem Tag entdeckten wir den „Chinese Swing", über den in den Zeitungen so viel geschrieben wurde und der zweifellos die ganze Saison über in Betrieb war. In der Gasse, die zum Theater führt, befindet sich ein Wohnhaus mit Blick auf eine Art Öffnung zum Gebäude, die der Belüftung dient. Ein genialer Kerl hatte eine Schaukel aufgebaut und sie so eingestellt, dass er Menschen von seinem Haus auf das Dach des Theaters bis zur Lüftungsöffnung werfen konnte. Dort angekommen, ging der Eindringling die Treppe hinunter durch das Gebäude, bekam beim Verlassen einen Ohnmachtsscheck, den er sofort für zwei Dollar verkaufte, und wiederholte dann den Swing-Act noch einmal. Wir verhafteten einen Mann, der den Trick viermal ausgeführt hatte. Die Polizei musste die Seile durchtrennen und die Schaukel mitnehmen.

Um das Theater ohne Bezahlung zu betreten, wurden so viele Mittel eingesetzt, dass ich es während dieser Aufführung sozusagen in einen Belagerungszustand versetzen und die eisernen Fensterläden schließen musste, da die Leute über Leitern durch die Fenster des Kleides hereinkamen -Kreis in vielen Fällen unbeobachtet.

Am folgenden Abend Mdlle. Nevada hatte ihren zweiten Auftritt mit der Rolle der „Lucia" in Donizettis Oper, als die Einnahmen fast denen des ersten Abends entsprachen. Mdme. Patti führte am nächsten Abend *Il Trovatore* zu ähnlichen Anlässen auf. Am nächsten Tag führte ich Gounods „*Mirella*" auf, als das Grand Opera House erneut überfüllt war und die Leute sich glücklich schätzen konnten, wenn sie einen Stehplatz bekamen, ohne einen Blick auf die Bühne oder einen Blick auf die Sänger zu erhaschen. Der folgende Morgen war einer Aufführung von *Faust gewidmet* , in der Patti sich als „Margherita" verabschiedete.

Gerade zu dieser Zeit wurde von einer Gruppe von „Scalpern" eine seltsame Beschwerde gegen mich eingereicht, die mich beschuldigte, Adelina Patti als Sängerin für einen Abend vorgeschlagen zu haben, für den Nevada ursprünglich angekündigt war. Dies hatte ich natürlich einfach aus einem Gefühl der Liberalität gegenüber meinen Anhängern getan. Niemand könnte mir vernünftigerweise vorwerfen, dass ich Mdme 1.000 Pfund pro Nacht gezahlt habe. Patti mit der Aussicht, die Scalper zu verletzen. Allerdings hatten sie mehr Tickets in die Hände bekommen, als sie zu den von ihnen geforderten erhöhten Tarifen veräußern konnten. Deshalb schlossen sie sich zusammen, beauftragten einen Anwalt, gegen mich auf Schadensersatz zu klagen, und erwirkten vorab einen Beschluss, mit dem ein Embargo für meine Quittungen verhängt wurde.

Die Beamten des Sheriffs ließen sich durch ein Oberlicht in die Kasse der Galerie fallen und landeten direkt auf dem Kopf des Geldnehmers, der natürlich von diesem Besuch von oben sehr überrascht war; und sie beschlagnahmten sofort zweitausend Dollar.

Es war mir sehr wichtig, dieses Geld nicht wegnehmen zu lassen, da es sonst beschlagnahmt worden wäre; und da ich im Begriff war, nach Europa aufzubrechen, hätte ich gezwungen sein müssen, ohne es abzureisen.

Das Einzige, was zu tun war, war, Wertpapiere zu finden – „Bondsmen", wie die Amerikaner sagen. Es war schon fast vier Uhr (ich gab eine sogenannte Nachmittags *Matinée*), und um vier Uhr schloss das Büro des Sheriffs. Ich bestand darauf, dass das Geld gezählt wurde, und einer der Beamten des Sheriffs, der mit der Zählung beschäftigt war, schlug mir auf die zuvorkommendste Weise vor, die Arbeit sehr langsam zu erledigen, wenn ich ihm 50 Dollar geben würde. Dieses großzügige Angebot lehnte ich ab, obwohl es mir mehr Zeit für die Suche nach Schuldnern gegeben hätte. Bald jedoch entdeckte ich zwei Freunde im Theater sitzend, von denen ich wusste, dass sie für mich die Sicherheit übernehmen würden. Es musste jedoch ein Richter gefunden werden, der die Unterschriften offiziell entgegennahm.

Die Aufführung war zu Ende, und glücklicherweise befand sich in diesem Moment ein Richter auf der Bühne, der gerade dabei war, eine Präsentation vor Mdme zu halten. Patti, natürlich in einer festen Rede.

Ich unterbrach die Rede nicht; aber sobald es vorbei war und während Mdme. Patti weinte „Home, Sweet Home", als würde ihr das Herz brechen, ich präsentierte dem Richter meine beiden Leibeigenen. Gleichzeitig zog ich meinen Tintenstift aus meiner Westentasche und reichte ihm ihn, und er unterzeichnete sofort ein Dokument, in dem er die Schuldner akzeptierte, zusammen mit einem weiteren, in dem er die Freigabe der beschlagnahmten Gelder anordnete.

Mit diesen Dokumenten bewaffnet fuhr ich eilig zum Büro des Sheriffs und kam um zwei Minuten vor vier dort an, gerade als die letzte Tüte Silber hereinkam. Alle Tüten waren nun herausgeholt und in meiner Kutsche zusammengestapelt. Die Geschichte war bereits in ganz San Francisco bekannt. Vor dem Büro des Sheriffs hatte sich eine riesige Menschenmenge versammelt, und als ich losfuhr und meinen geretteten Schatz wegbrachte, wurde ich mit begeistertem Jubel begrüßt.

Als ich ein Jahr später nach San Francisco zurückkehrte, dachte ich, dass der Fall möglicherweise vor Gericht gebracht werden würde; Aber der Anwalt, der die „Scalper" vertritt, sagte mir, dass er kein Geld aus ihnen herausbekommen konnte und dass er die Sache fallen lassen würde, wenn ich ihm eine Dauerkarte geben würde. Das Ding fiel dementsprechend ab.

folgenden Donnerstagmorgen in Burlington ankam, wünschte ich mir eine Generalprobe von „*L'Africaine*", die am zweiten Abend des Chicago Opera Festival aufgeführt werden sollte und die meine Kompanie in den zwölf Monaten zuvor nicht gegeben hatte . Ich konnte es nicht in Chicago proben, damit die Öffentlichkeit nicht denken könnte, das Werk sei noch nicht für eine Aufführung bereit. Ich beschloss daher, den Zug in Burlington anzuhalten, um es in einem großen Saal zu proben, von dem ich wusste, dass er dort verfügbar war. Damit aber nicht die Nachricht an die Chicagoer Zeitungen gelangte, dass die Kompanie nur zum Zweck der Proben von „ *L'Africaine" in Burlington geblieben war* , beschloss ich, wenn möglich, eine öffentliche Aufführung zu geben, und als ich den Theaterdirektor traf, vereinbarte ich mit ihm für eine Aufführung von *Faust* . Fünf Stunden lang habe ich im Saal „*L'Africaine" geprobt, und am* Abend hatten wir im Theater eine äußerst gelungene Aufführung von „Faust". Dotti war die „Margherita", Scalchi „Siebel", Lablache „Martha", Del Puente „Valentine", Cherubini „ Mefistopheles " und Giannini „Faust". Für Ankündigungen per Rechnung war keine Zeit und die Tatsache, dass an diesem Abend eine *Faust-Aufführung* stattfinden sollte, wurde durch Kreideinschriften an den Wänden bekannt gegeben. Die Einnahmen beliefen sich auf 600 £. Patti würdigte die

Aufführung mit ihrer Anwesenheit in einer privaten Loge, und ein etwas indiskreter Herr, Dr. Nassau, stattete ihr einen Besuch ab, um sie daran zu erinnern, dass es über neunundzwanzig Jahre her war, seit sie unter seiner Leitung im alten Mozartsaal gesungen hatte. „Coming through the Rye", „The Last Rose of Summer", Eckerts „Echo Song" und „Home, Sweet Home". Er untermauerte seine Aussagen mit einem der Originalprogramme , die er ihr absichtlich zeigen wollte. Sie empfing ihn kalt.

Wir verließen Burlington unmittelbar nach der abendlichen Aufführung und erreichten Chicago am folgenden Sonntagmorgen, wo ich sofort dem großen Opernhaus, das gebaut worden war, einen Besuch abstattete und von seiner überragenden Pracht erstaunt war.

In der Tat war eine gewaltige Arbeit erledigt worden und musste in den wenigen verbleibenden Stunden noch erledigt werden, um es für den Empfang der Öffentlichkeit fertigzustellen. Das Gebäude war eines der beeindruckendsten und die Veranstaltung eines der brillantesten, die es in Chicago gab jemals bekannt. Es war unmöglich, sich die Größe der vorgenommenen Aufgabe oder die großartige Art und Weise ihrer Ausführung vorzustellen, da das Auditorium wahrscheinlich eines der schönsten war, die jemals für einen solchen Zweck gebaut wurden. Es wurde ein vergrößerter Chor mit 500 Stimmen organisiert, während das Orchester um hundert zusätzliche Musiker erweitert wurde. Ein neuer Vorhang wurde gestrichen. Das Gerüst wurde von der Decke entfernt und brachte sowohl brillante als auch geschmackvolle Dekorationen zum Vorschein. Die Öffnung des Prosseniums maß nicht weniger als 70 Fuß, mit einer Höhe von 65 Fuß am höchsten Punkt des Bogens und einer Projektion von 20 Fuß vor dem Vorhang. Es gab zwei Ebenen von Proszeniumslogen, und zwischen den Hauptbalkonen, die eine Höhe von 30 Fuß erreichten und sich über den Kleiderkreis hinaus erstreckten, gab es einen weiteren Raum von 50 Fuß für Stehplätze im Falle einer Überfüllung. Um die richtige Wärme zu gewährleisten, wurde das große Auditorium geschlossen und alle Teile des Gebäudes mit Dampfrohren von mehr als sechs Kilometern Länge zum Heizen ausgestattet. Zu den Merkmalen der Halle gehörten zwei wunderschön angelegte Promenaden oder große Salons, einer im japanischen und der andere im chinesischen Stil. Überall im Gebäude waren Umkleidekabinen für Damen und Herren errichtet worden. Die akustischen Eigenschaften waren einfach perfekt; Resonanzböden, Bühnenabweiser und andere wissenschaftliche Erfindungen werden zum Einsatz gebracht.

Der Vorverkauf der Sitzplätze am ersten Tag der Eröffnung erreichte über 50.000 US-Dollar. Aufgrund der enormen Größe des Gebäudes mussten neue Kulissen gemalt werden, die ich Herrn Charles Fox mit einem zahlreichen Stab von Assistenten anvertraute; Dies allein kostete 6.000 £. Jede Szene war fast 100 Fuß breit.

Nach dem Öffnen der Türen präsentierte das Haus ein überraschend strahlendes und attraktives Aussehen und sah tatsächlich wie ein permanentes Opernhaus aus. Das Orchester war in hervorragender Verfassung und zählte 155 Musiker unter der Leitung von Arditi . Die aufgeführte Oper war *Semiramide* . Die Bühnenkapelle und der Chor zählten etwa 450 Personen, und es gab 300 Überzählige; so dass die Wirkung, als sich der Vorhang öffnete, am großartigsten war. Das Publikum war diesem Anlass würdig. Es müssen über 5.000 Sitzplätze und etwa 4.000 bis 5.000 Stehplätze gewesen sein. Es gab 80 Platzanweiser, die sich um die Besucher der Stände kümmerten; und zu Beginn der Ouvertüre gab es keinen einzigen freien Platz. Am Ende jedes Akts begaben sich viele der zahlreichen Zuschauer auf die Promenade und in die Erfrischungsräume, wo sie von sechs Kavallerie-Trompetern, die vor Beginn jedes Akts auf die Bühne kamen, um eine Fanfare zu ertönen, an ihre Plätze zurückgerufen wurden.

Eine führende Tageszeitung schrieb am nächsten Morgen:

„Die von der Festival-Vereinigung gemachten Versprechen wurden buchstabengetreu erfüllt, und der große Kunsttempel stand für die Tausenden bereit, für die er gebaut wurde. Es wurde kein einziges Versprechen in Bezug auf dieses Gebäude abgegeben, außer dem, was abgegeben wurde, und das Dem Manager gebührt der Dank, und zwar die Dankbarkeit der gebildeten und musikbegeisterten Klassen dieser Gemeinschaft für die sehr gründliche und aufopfernde Art und Weise, in der alle wesentlichen und kleinen Details des Komforts und der Bequemlichkeit erreicht wurden."

Am zweiten Abend wurde *L'Africaine* aufgeführt, als eine ähnliche Versammlung anwesend war. Das Publikum war genauso brillant wie am Vorabend, alle waren in voller Abendgarderobe. Mdme. Fursch -Madi lieferte eine wirkungsvolle Interpretation der Titelrolle , De Anna sorgte als „ Nelusko " für großes Aufsehen und Cardinali war ein bewundernswerter Vasco di Gama.

Am dritten Abend wurde Gounods *Mirella* , eine noch nie zuvor in Chicago gehörte Oper, für den ersten Auftritt von Mdlle ausgewählt. Nevada, und mit großem Erfolg wurde die Rolle der Zigeunerin von Mdme übernommen. Scalchi . Es folgte am Donnerstagabend *Linda di Chamouni* , in der Mdme. Patti und Mdme. Scalchi erschien zusammen. Der *Semiramide*-Abend galt als großartig, aber das Publikum bestand bei dieser Gelegenheit wahrscheinlich aus mehr als 2.000 Personen. Wohin sie gingen oder wo sie standen, war unmöglich zu sagen. Sicher ist, dass 9.000 Menschen für Sitzplätze bezahlt haben, unabhängig von denen, die stehen geblieben sind.

Am folgenden Abend Mdlle. Nevada trat als „Lucia" auf und feierte einen weiteren Triumph; während Patti und Scalchi 11.000 weitere Menschen für die Morgenvorstellung anzogen. Das war wirklich ein Tag der Erinnerung. Die Anwesenheit bestand hauptsächlich aus Damen, alle geschmackvoll und oft aufwändig gekleidet, in der allerneuesten Mode. Am Abend wurde Webers *„Der Freischütz" aufgeführt, womit die erste* Festivalwoche endete .

Die zweite Woche eröffneten wir mit *La Sonnambula* vor rund 8.000 Zuschauern, der nächste Abend war der Aufführung von Verdis *Aida gewidmet* , mit der folgenden großartigen Besetzung:

„Aida"   … … … Patti.

„ Amneris "   … … … Scalchi .

„ Amonasro "… … … De Anna.

„ Rhadames "   … … Nicolini .

Rund 12.000 Menschen besuchten diese Aufführung. Das unangenehme Wetter schien niemanden fernzuhalten, und so weit das Auge reichte, waren die Straßen für viele Plätze mit Kutschen blockiert. Später versicherte mir ein Inspektor, dass es ohne die Hilfe des Regens, der in Strömen niederging, unmöglich gewesen wäre, mit den riesigen Menschenmengen fertig zu werden, die immer noch hereinströmten und versuchten, das Gebäude zu betreten.

Ungefähr zu dieser Zeit erreichte mich hinter den Kulissen eine Beschwerde, dass Mdme. Patti und Mdme. Den Scalchi gelang es nicht, aus ihren Umkleidekabinen auf die Bühne zu dringen, da die Kulissen und Bühnen mit etwa 2.000 Personen überfüllt waren , die während des ersten Akts mit dem Publikum vor ihnen in den Applaus der Sänger einstimmten . Daneben waren etwa 500 Statisten mit geschwärzten Gesichtern und in orientalischer Tracht, die umherjagten, um ihre Plätze zu finden, während andere ihre Kleider mit Bannern zurechtordneten. Endlich, mit Hilfe der Polizei, Mdme. Patti durfte ihre Umkleidekabine verlassen, wurde aber sofort von einer Schar Damen mit Stiften, Tinte und Papier umringt, die um Autogramme baten, als sie gerade dabei war, ihre *Szene zu singen* .

Die Logen des Hauses waren bis zum Überlaufen gefüllt, einige enthielten bis zu zwölf Personen. Die Blumen auf den Armlehnen vorn waren von der teuersten Sorte.

Der Marsch im dritten Akt war wirklich am beeindruckendsten. Auf der Bühne standen 600 Staatsmilizsoldaten, jede Kompanie marschierte zu zwölft vorbei, die hintere Reihe war wunderschön gekleidet, die Räder perfekt. Das *Finale* des Auftritts mit der Militärkapelle und dem 350 zusätzlichen Chor sowie die wunderschöne Kulisse und Kleidung blieben lange in Erinnerung. Das Publikum könnte ja genauso jubeln wie beim Fallen des Vorhangs.

In der folgenden Nacht wurde *Rigoletto* gegeben, dann *Il Trovatore* und in der darauffolgenden Nacht *Lohengrin* .

Am Ende des zweiten Aktes von *Lohengrin* ertönte ein Ruf von allen Seiten des Hauses, und ich musste vor den Vorhang treten, als ich das Publikum mit folgenden Worten ansprach:

„Meine Damen und Herren, ich bin ziemlich unvorbereitet auf das schmeichelhafte Kompliment, das Sie mir machen, indem Sie nach mir rufen. Ich versichere Ihnen, dass ich mich mit Ihnen in meiner Wertschätzung für den erfolgreichen Abschluss dieser Opernsaison teile, und ich kann nichts weiter geben Mein herzlichster Dank für die großzügige Unterstützung, die die Menschen von Chicago ihrem Opernfestival gegeben haben. Es ist ein Beweis ihres Geschmacks und ich hoffe, dass es der Vorläufer vieler weiterer ähnlicher Treffen sein wird. (Beifall.) Es gibt mehrere Personen, die es verdienen besondere Erwähnung und Dank, aber ich muss mich einfach damit begnügen, die Ernsthaftigkeit und Zielstrebigkeit zu bezeugen, mit der alle gearbeitet haben , die in irgendeiner Weise mit dem Festival verbunden waren . Deshalb danke ich ihnen allen. Es ist keine Kleinigkeit, dreizehn verschiedene vorzustellen In zwei Wochen werde ich meine Opern aufführen, doch die Anwesenheit und die Anerkennungsbekundungen des Publikums rechtfertigen mich mit der Behauptung, dass der Erfolg meine Bemühungen gekrönt hat; und die Gewissheit, dass wir Ihnen alles gegeben haben, was wir versprochen und zufrieden gestellt haben, wird uns dafür belohnt all unsere Arbeit.

Präsident Peck trat ebenfalls vor und dankte den Menschen der Stadt für ihre großzügige Teilnahme am ersten Opernfestival. Es war in jeder Hinsicht ein Erfolg gewesen , und das Management hatte sein Bestes getan, um der Öffentlichkeit entgegenzukommen und sie zufrieden zu stellen.

Eine führende Zeitschrift schrieb in einem Rückblick auf das Opernfestival :

„Das Große Opernfestival ist nun vorbei und es sind nur noch die Erinnerungen an seine Großartigkeit und Bedeutung übrig. Der letzte Ton wurde beim Chicago Operatic Festival gesungen, ohne Zweifel das größte musikalische Unterfangen, das jemals irgendwo durchgeführt wurde. In keiner großen Stadt.“ In ganz Europa oder Amerika hätten 190.000 Menschen in zwei Wochen die Oper besuchen können. Erstens sind selbst die Räumlichkeiten der größten Opernhäuser nicht so groß, dass 10.000 Menschen bei einer Aufführung anwesend sein könnten. The Operatic Festival Association haben sich unermüdlich darum bemüht , alle Opern bestmöglich zu präsentieren. Jede Aufführung fand wie angekündigt statt und die Besetzung war durchweg gut. Es wurden dreizehn Opern aufgeführt, die alle auf eine noch nie dagewesene Weise inszeniert wurden Gleichgestellt . Viele der Bühnenbilder, wie in *Semiramide* , *Mirella* , *L'Africaine* , *Aida* und *Faust* , waren einfach großartig und werden wegen ihrer Schönheit lange in Erinnerung bleiben. Der malerische Charme der Szene am Ufer des Nils in *Aida* war auch äußerst poetisch. Die Umzüge und die Art und Weise, wie sie kontrolliert wurden, zeigten, dass der Bühnenmanager ein Mann mit Geschmack und Können war.

Vor meiner Abreise am 18. April 1885 bat der Bürgermeister, Mr. Carter H. Harrison, mich um meinen Besuch im Rathaus, wo ich durch die großartige Präsentation, die ich für all die Arbeit , die ich dem Festival gewidmet hatte, reichlich belohnt wurde wurde mir damals gemacht und ich schätze es mehr als alles, was ich je erhalten habe. Es war nichts Geringeres als die Freiheit der Stadt Chicago – ein Kompliment, das ich mit Sicherheit sagen kann, das noch nie einem anderen Engländer zuteil geworden ist und, was noch wichtiger ist, auch nie eines bekommen wird. Chicago wird, wie jeder, der mit Amerika zu tun hat, wissen muss, in wenigen Jahren die erste Stadt der Vereinigten Staaten und wahrscheinlich der Welt sein.

Der Erfolg des Chicago Festivals war zu einem großen Teil den persönlichen Bemühungen von Ferdinand W. Peck, dem Präsidenten, zu verdanken, von dem ich unmittelbar danach die Benachrichtigung erhielt, an der Abschlusssitzung des Ausschusses teilzunehmen, bei der mir das folgende Zeugnis großartig präsentiert wurde auf Pergament vertieft : –

Auf einer Sitzung der
CHICAGO OPERA FESTIVAL ASSOCIATION am 18. April 1885
wurde die folgende Resolution einstimmig angenommen: Beschlossen, dass die Chicago Opera Festival Association die zufriedenstellende Art und Weise anerkennt, in der
COLONEL JAMES HENRY MAPLESON
seinen Verpflichtungen aus seinem Vertrag mit dieser Association nachgekommen ist, und sie dies auch wünscht drücken ihre große Wertschätzung für seine Großzügigkeit bei der Präsentation aller aufgeführten Opern aus, ohne die der große Erfolg des FESTIVALS nicht hätte erreicht werden können. Zur Bestätigung des oben Gesagten haben die leitenden Angestellten und der Vorstand hiermit ihre Namen unterzeichnet:

FERD. W. PECK, *Präsident* ,

WILLIAM PENN NIXON, *Vizepräsident* ,

LOUIS WAHL, *Zweiter Vizepräsident* ,

AA SPRAGUE

GEORGE M. BOGUE

EUGENE CAREY

HENRY FIELD

RT-KRAN

JOHN R. WALSH

GEORGE F. HARDING

GEORGE G. SCHNEIDER, *Schatzmeister*.

SG PRATT, *Sekretär*.

Regisseure .

„ADRESSE

" *wurde Col. JH Mapleson von den Musikern und Bürgern der Stadt Chicago übergeben.*

„ SIR, – Da nun der letzte Ton verklungen ist und nur noch im Ohr der Erinnerung nachklingt, um das Herz zu wärmen und zu erfreuen, und der große musikalische Triumph unserer Stadt, das Chicago Opera Festival, vorüber ist, reichen wir Ihnen die Hand Diese Worte hatten wir erwartet, Ihnen inmitten von Musik und Gesang zu sagen, wenn die vielfältigen Aufgaben, die Ihre Zeit in Anspruch nahmen, uns dazu nicht in der Lage gemacht hätten.

„Als Musiker, Musikliebhaber und Bürger können wir Ihnen im Namen des mächtigen Volkes dieser großen und hochmütigen Stadt, der Königin des Nordens und des Westens, herzlich danken. Für diese Stadt, deren Geschichte." Das Wunder der Welt, dessen Größe und Energie in allen Dingen, in denen es sich engagiert, von allen anerkannt wird, würdigt nun Sie, mein Herr, als denjenigen, durch dessen Führung, Management, Unternehmungsgeist und Energie der größte musikalische Erfolg erzielt wurde Das, was jemals innerhalb seiner Mauern gegeben wurde, wurde erreicht.

„Wir könnten mehr sagen, aber in der charakteristischen Art unserer Stadt drücken wir uns durch Taten viel besser aus als durch Worte. Zwei Wochen lang wurden unsere Bürger Nacht für Nacht von dem riesigen Tempel der Musik unter Ihrer Kontrolle abgewiesen, denn die Hallen waren voller anderer Sie brachten eine Hoffnung mit sich, die zu unerwarteter Verwirklichung führte, und die eifrigen Geschäftsleute und müden Werktätigen der Stadt lebten ein neues Leben und erschütterten die Erde mit ihrem Beifall.

„Noch nie wurde der Musik hier eine solche Ehre erwiesen. Nochmals danken wir Ihnen für das, was Sie getan haben, und während wir uns verabschieden, heißen wir Sie auch willkommen, denn wir hoffen, Sie Jahr für Jahr in einem riesigen Opernsaal zu sehen, in dem sich zehntausende Menschen aufhalten Es können Sitzplätze für Menschen geschaffen werden, wie sie von einigen unserer Bürger vorgeschlagen wurden, wo Sie bei Ihrer vom Himmel inspirierten Mission, Musik für die Menschen zu beschaffen und zu spenden, neue Lorbeeren für Ihren Ruhm gewinnen können.

„Mit Glückwünschen verbleiben wir –"

FREDK. AUSTIN, 1. Regt.
Leiter der Militärkapelle,

A. ROSENBECKER, Drct . 1. Regt.
Großes Orchester,

ALBERT KLEIST, Präs. von C.
Musical Sy.,

EB KNOX, Oberst 1. Rgt . Inf.
IRG,

GEO. W. LYON, P.,

CHAS. N. POST,

Ausschuss für „Ansprache und Resolutionen".

„Geschehen zu Chicago, am 21. April
1885."

Dies ist vielleicht der richtige Ort, um zu erwähnen, woran ich immer dann denke, wenn ich über Amerika spreche: die herzliche, großzügige Gastfreundschaft, mit der englische Besucher in diesem Land empfangen werden. Abgesehen von der Gunst , die mir die Eisenbahn- und Dampfschifffahrtsgesellschaften entgegenbrachten, die mich, soweit es mich persönlich betraf, kostenlos überall hin beförderten, boten mir die Vorstände der führenden Vereine in allen größeren Städten die Ehren und Vorteile einer Mitgliedschaft an. Ich war nicht nur Mitglied aller besten Clubs, sondern wurde darüber hinaus in jedem Clubhaus als Gast behandelt. Das brachte mich manchmal in eine unangenehme Lage. Mehr als einmal verspürte ich in irgendeinem prachtvollen Clubhaus die Versuchung, so teure Luxusartikel wie Sumpfschildkröte und Ente mit Leinenrücken zu bestellen; Da ich aber nicht bereit war , die mir verliehenen Privilegien zu missbrauchen , verurteilte ich mich zu einer viel einfacheren Kost. Es erschien mir passender, die

Bestellung solch teurer Gerichte für einen späteren Anlass aufzuheben, wenn ich vielleicht gerade in einem Restaurant speiste.

Es muss zugegeben werden, dass die Amerikaner uns in vielen Annehmlichkeiten des Lebens weit voraus sind und dies wahrscheinlich auch weiterhin tun werden. so abgeneigt sind wir in England gegen alle Abweichungen von etablierten Gewohnheiten, so unbequem und sogar schädlich diese auch sein mögen. Jeder Opernbesucher kennt die Verzögerung, den Ärger und die Verärgerung, die dadurch entstehen, dass man am Ende der Aufführung nur schwer in die Kutsche oder Droschke steigen kann. Diese Schwierigkeit besteht in den Vereinigten Staaten nicht.

Wenn der Opernbesucher das Theater erreicht, überreicht ein Beamter, der als „Wagenkommissar" bekannt ist, eine große Eintrittskarte in zwei Abteilungen mit doppelten Nummern. Eine nummerierte Hälfte wird vom „Wagenkommissar" dem Fahrer ausgehändigt. Der andere wird vom Opernbesucher einbehalten, der am Ende der Vorstellung seine Nummer vorzeigt, die daraufhin einem Mann auf dem Dach des Hauses signalisiert oder telegrafiert wird, der sie sofort in einem von Licht beleuchteten Transparent zeigt Strom oder anderes. Die Wagen sind alle mit den Hinterrädern bis zum Bordstein herangezogen , so dass die Zufahrt zum Theater recht übersichtlich ist. Die beleuchtete Nummer ist sofort zu erkennen, und der darauf angezeigte Wagen steht bereits an der Tür, als der beabsichtigte Bewohner unten im Vorraum ist.

Es ist erstaunlich, wie einfach dieses System funktioniert.

KAPITEL IX.

„GRAF DI LUNA" STELLT „LEONORA" VOR – EIN PATTI-VERTRAG – DER HINGUCKER DER VERLOBUNG – EINE TENOR-SUITE – EINE SCHMUCKPRÄSENTATION – „MEIN DON GIOVANNI" – EINE PROFITABLE TOUR.

Das Publikum hat den Eindruck, dass die engsten Vertrautheiten zwischen Sängern dadurch entstehen, dass sie ständig gemeinsam in denselben Werken auftreten. Mit dem neuen System, in dem die Primadonna festlegt, dass sie zu keiner Probe aufgefordert werden darf, besteht diese mögliche Quelle übermäßiger Freundschaft nicht mehr. Mittlerweile kommt es häufig vor, dass die Primadonna die Sänger, die mit ihr in derselben Oper auftreten sollen, nicht einmal persönlich kennt; und bei einer Gelegenheit, als „*Il Trovatore*" aufgeführt wurde, erinnere ich mich an den Bariton, der um die Ehre einer Einführung in „Mdme" bat. Patti genau in dem Moment, als er im Trio des ersten Akts sang. Der „ Manrico " des Abends war überaus höflich und schaffte es, ohne das Publikum zu schockieren, die Einleitung so zu gestalten , dass er es sang, als wäre es ein Teil seiner *Rolle* .

Um zu zeigen, dass die Vereinbarung, von der ich gerade gesprochen habe, auf die förmlichste Weise getroffen wurde, und um einen allgemeinen Überblick über die Bedingungen zu geben, die ein Manager von einer führenden Primadonna akzeptieren muss, füge ich hier eine Kopie des Vertrags zwischen Mdme. Patti und ich für meine Saison in Covent Garden im Jahr 1885:—

„DIE VERLOBUNG wurde am 6. Juni 1885 in London zwischen JAMES HENRY MAPLESON, dem Operndirektor, im Folgenden als Mr. Mapleson bezeichnet, und ADELINA PATTI, Artiste Lyrique , im Folgenden als Madame Patti bezeichnet, geschlossen.

„Artikel 1. – Herr Mapleson engagiert Madame Patti als Sängerin und Madame Patti verpflichtet sich als Sängerin für eine Reihe von acht Opernaufführungen in italienischen oder erstklassigen Konzerten, die unter seiner Leitung vom 16. Juni bis zum 16. Juli 1800 stattfinden und fünfundachtzig in London, und zwar so, dass in jeder Woche dieses Zeitraums zwei solcher Aufführungen oder Konzerte (je nach Fall) stattfinden können und dass zwischen jeder Aufführung oder jedem Konzert ein Abstand von mindestens zwei klaren Tagen vergehen kann, es sei denn die Vertragsparteien vereinbaren etwas anderes.

die Summe von viertausend Pfund und für alle zusätzlichen Vorstellungen oder Konzerte jeweils die Summe von fünfhundert Pfund zu zahlen ; diese Zahlung muss im Voraus in Summe erfolgen von jeweils fünfhundert Pfund

vor 14 Uhr nachmittags des Tages, an dem eine Vorstellung oder ein Konzert
stattfinden soll.

„Artikel 3. – Das Repertoire umfasst die Opern von *Martha* , *Traviata* ,
Trovatore , *Lucia di Lammermoor* , *Il Barbiere di Seviglia* , *Crispino* , *Rigoletto* , *Linda*
, *Carmen* und *Don Giovanni* ; und davon „Il Barbiere ", „La Traviata" „Martha"
und „Zerlina" in *Don Giovanni* sind während der gesamten Opernsaison
ausschließlich Madame Patti zugeteilt. Die Arien, die bei den Konzerten
gesungen werden sollen (falls vorhanden), werden von Madame Patti
ausgewählt.

„Artikel 4. – Die Auswahl aus diesem Opernrepertoire, die bei ihrem
erneuten Eintritt gegeben werden soll, wird ausschließlich von Madame Patti
ausgewählt und festgelegt; mit dieser Ausnahme erfolgt jedoch die Auswahl
der Opern, die bei den verschiedenen Vorstellungen gegeben werden sollen
sind Dienstage und Samstage, und die Wochentage, an denen Konzerte (falls
vorhanden) stattfinden sollen, werden im gegenseitigen Einvernehmen der
Vertragsparteien festgelegt; und Herr Mapleson verpflichtet sich, sich daran
zu halten, außer im Falle einer plötzlichen, notwendigen Änderung durch die
Krankheit anderer Hauptkünstler in der Besetzung der ausgewählten Oper.

„Artikel 5. – Es steht Madame Patti frei, an den Proben teilzunehmen, sie
ist jedoch nicht dazu verpflichtet oder verpflichtet, an den Proben
teilzunehmen.

„Artikel 6. – Madame Patti stellt auf eigene Kosten alle erforderlichen
Kostüme für die ausgewählten Opern zur Verfügung.

„Artikel 7. – Herr Mapleson verpflichtet sich, dass Madame Patti täglich
während der Reihe von Aufführungen oder Konzerten in einer speziellen
Bleianzeige in den Theateranzeigen über die Uhr sowie in den
Opernbesetzungen oder Konzertprogrammen in allen Zeitschriften bekannt
gegeben wird, in denen Er kann für seine Opern oder Konzerte werben und
außerdem dafür sorgen, dass ihr Name in einer separaten Zeile mit großen
Buchstaben in allen Ankündigungsplänen für Opern oder Konzerte
erscheint, in denen sie auftreten soll, und dass diese Buchstaben mindestens
ein Drittel größer sein müssen als diese für die Ankündigung eines anderen
Künstlers in derselben Besetzung oder demselben Programm eingesetzt
werden .

„Artikel 8. – Madame Patti darf während dieser Verlobung nicht anderswo
singen, außer bei Staatskonzerten.

„Artikel 9. – Falls Madame Patti an dem Tag, für den sie möglicherweise
als Sängerin angekündigt wurde, aufgrund ihres Unwohlseins nicht in der
Oper oder im Konzert auftritt, gilt das geplante Erscheinen als verschoben,
wenn das Unwohlsein vorübergehender Natur ist , und für jedes solche

Nichterscheinen soll vor dem 16. Juli 1885 eine Ersatzvorstellung oder ein Ersatzkonzert gegeben werden, wenn diese Unwohlsein jedoch länger als zwei aufeinanderfolgende Opern- oder Konzertabende gemäß Artikel 1 andauert Die Anzahl der nicht anwesenden Nächte wird von den acht für Aufführungen oder Konzerte vereinbarten Nächten angerechnet, als ob Madame Patti dort tatsächlich aufgetreten wäre. Im Falle einer solchen Verschiebung wird die Zahlung der fünfhundert Pfund bis zum Morgen des Tages verschoben, an dem sie stattfand die Ersatzvorstellung oder das Ersatzkonzert soll stattfinden; falls der Tag jedoch als vollständig abgelaufen gilt, muss Herr Mapleson dafür kein Gehalt zahlen; über eine solche Verschiebung bzw. einen solchen Zahlungsabzug hinaus hat er jedoch keinen Anspruch auf Beanstandungen oder Ansprüche wegen Nichterscheinens oder aus anderen Gründen. Und er verpflichtet sich, ihr Unwohlsein zum frühestmöglichen Zeitpunkt und mit der gebotenen Sorgfalt und Publizität bekannt zu geben oder ihren Namen aus allen Anzeigen und sonstigen Leistungsankündigungen zu streichen.

„Artikel 10. – Im Falle des Ausbruchs einer Cholera-, Pocken-, Fieber- oder anderen ansteckenden oder tödlichen Krankheit im Geltungsbereich der London Bills of Mortality steht es Madame Patti frei, diesen Auftrag durch schriftliche Mitteilung zu kündigen die im zwölften Artikel vorgesehen ist, und danach ist sie nicht mehr verpflichtet oder verpflichtet, die Vorstellungen oder Konzerte fortzusetzen, und daraufhin ist die im elften Artikel erwähnte Anzahlung von zweitausend Pfund und nicht mehr an ihn zurückzuzahlen, wenn er sie ordnungsgemäß erhalten hat übte hier seine verschiedenen Verpflichtungen aus.

„Artikel 11. – Herr Mapleson verpflichtet sich hiermit, als vorläufige Verpflichtung, die von ihm erfüllt werden kann (und von deren Erfüllung die Verpflichtungen von Madame Patti im Rahmen ihrer hierin enthaltenen Verpflichtungen abhängen), die Summe von zweitausend Pfund Bargeld bei den Herren Rothschild nach deren Zählung zu hinterlegen -Haus in New Court, St. Swithin's Lane, London, am oder vor dem 10. Juni Eintausendachthundertfünfundachtzig auf das Guthaben von Madame Patti als Teilgarantie für die Erfüllung dieser Verpflichtung durch Herrn Mapleson. Das sind zweitausend Pfund von Madame Patti als Bezahlung für die letzten vier tatsächlichen Auftritte oder Konzerte zu verwenden oder (je nach Fall) von ihr als ihr Eigentum für und aufgrund von Schäden zu behalten, die ihr durch die Nichterfüllung dieser Verpflichtung durch Herrn entstanden sind. Mapleson.

„Artikel 12. – Sollte Herr Mapleson es versäumen, diese Anzahlung bis zu dem genannten Tag vollständig zu leisten, steht es Madame Patti jederzeit danach frei, und zwar ungeachtet etwaiger Verhandlungen, des Widerrufs einer Mitteilung, eines Verzichts, einer Verlängerung der Hinterlegungsfrist oder einer Annahme einer Teilzahlung dieser zweitausend Pfund, um diese Verlobung zu beenden, indem sie bei Mr. Maplesons Anwälten, den Herren J. und R. Gole in London, einen von ihr unterzeichneten Brief hinterlegt, in dem sie ihre Entschlossenheit zu dieser Verlobung bekannt gibt; und von da an dies Die Verlobung endet mit Ausnahme der folgenden Vereinbarung, das heißt, dass Herr Mapleson bei einem solchen Versäumnis und einer solchen Entschlossenheit die Summe von viertausend Pfund an Madame Patti auf Verlangen zahlen wird und als Entschädigung für die mit diesem Auftrag verbundenen Kosten und für den Zeitverlust bei der Vermittlung anderer gleichwertiger Aufträge.

„ADELINA PATTI."

Über den Betrag, der pro Nacht an Mdme zu zahlen ist. Patti zu den Bedingungen der oben genannten Vereinbarung sage ich nichts. Fünfhundert Pfund pro Nacht waren nur die Hälfte dessen, was ich ihr in den Vereinigten Staaten bezahlt hatte; und bald darauf bot ich selbst im Her Majesty's Theatre an, dem berühmten Sänger sechshundertfünfzig pro Abend zu geben. Der Stachel des Vertrages liegt für den Manager in finanzieller Hinsicht in der Klausel, die es der Sängerin ermöglicht, sich im letzten Moment für krank zu erklären, sie aber gleichzeitig vor allen Konsequenzen schützt, die sich aus ihrer zu verspäteten Entschuldigung ergeben würden. Der Manager muss plötzlich die Leistung ändern und, was bei weitem schlimmer ist, den Vorwurf auf sich ziehen, das Vertrauen gegenüber der Öffentlichkeit gebrochen zu haben; denn wie genau die Unwohlseinsbescheinigung auch ausgefertigt werden mag, es wird sicherlich einige Wissende unter der enttäuschten Menge geben, die als großes Geheimnis, das nur sie allein kennen, flüstern werden, dass die Primadonna nicht bezahlt wurde und dass die Bescheinigung ist alles eine Täuschung.

Was für eine missbräuchliche Klausel ist auch die, dass der Manager, wenn er der Primadonna nicht genau zum vorgeschriebenen Zeitpunkt im Voraus den gesamten Betrag zahlt, der ihr für alle Leistungen , zu denen sie sich verpflichtet , zu zahlen ist, von dieser Klausel Gebrauch machen wird ein solches Versäumnis macht ihn für die gesamte Summe haftbar, ohne dass die Primadonna ihrerseits überhaupt zum Singen aufgefordert wird.

Die Klausel, die die Primadonna vom Probenbesuch befreit, wird von allen Musikliebhabern verurteilt. Während der drei oder vier Jahre, in denen Mdme. Patti war mit mir in Amerika, sie erschien kein einziges Mal bei einer Probe. Als ich „*La Gazza Ladra*" inszenierte , eine Oper, die ungewöhnlich viele Rollen enthält, gab es mehrere Besetzungsmitglieder, die Mdme nicht einmal kannten. Patti vom Sehen. Unter solchen Umständen kam die Vorstellung eines perfekten *Ensembles* natürlich nicht in Frage. Erst am Abend der Aufführung und in Anwesenheit des Publikums wurden die konzertierten Stücke erstmals mit der Sopranstimme erprobt. Die unglückliche Altistin Mdlle. Vianelli hatte Mdme noch nie in ihrem Leben gesehen. Patti, mit der sie bei dieser Gelegenheit Duette voller konzertierter Passagen singen musste. Bei jeder Probe, die sie bekommen konnte, tat Arditi sein Bestes, um die fehlende Primadonna zu ersetzen, indem sie die Sopranpartie pfiff, um der altbewährten Altstimme zumindest eine Vorstellung von der Wirkung zu geben.

Zusätzlich zu den Klauseln in der schriftlichen Verpflichtung der Primadonna gibt es immer eine Vereinbarung, nach der sie so viele Stände, so viele Logen, so viele Plätze im Graben und so viele auf der Galerie erhalten soll. Wie, so wird man sich fragen, kann eine so berühmte Dame Freunde haben, die sie gerne in die Galerie schicken würde? Die Antwort ist, dass die ausgezeichnete Sängerin Unterstützung aus allen Teilen des Hauses wünscht und dass sie viel zu praktisch veranlagt ist – so hoch die Meinung, die sie von ihren eigenen Talenten hegt – auch sein mag, um den Beifall auch nur im geringsten Maße dem Zufall zu überlassen .

Es gibt viele großartige Sänger – obwohl Mdme. Patti gehört nicht zu ihnen – sie haben auf ihren Auslandsreisen einen *Chef de Claque* als Mitglied ihrer gewöhnlichen Suite dabei. Tenöre sind in dieser Hinsicht zumindest ebenso wählerisch wie Prime Donne ; und wenn ein populärer Tenor mit einem Stab von acht Tenören reist, wird sein Rivale, der ihm in dasselbe Land folgt, darauf bestehen, einen Stab von neun mitzunehmen, nur um die Tatsache in den Zeitungen festzuhalten.

Signor Masini , der bescheidene Sänger, der wünschte, Sir Michael Costa möge in seinem Hotel vorbeikommen und von ihm lernen, wie die *Tempi in der Faust- Musik* gespielt werden sollten , reiste vor kurzem mit einem Stab bestehend aus den folgenden bezahlten Beamten nach Südamerika: A Sekretär, Unterstaatssekretär, Koch, Kammerdiener, Friseur, Arzt, Anwalt, Journalist, Agent und Schatzmeister. Die zehn Diener bilden, abgesehen von ihren besonderen Pflichten, eine nützliche *Claque* und werden entsprechend ihrer verschiedenen sozialen Stellungen wohlüberlegt im Haus verteilt. Der Kammerdiener und der Journalist, der Friseur und der Arzt sollen zeitweise über die Rangfolge gestritten haben.

Die Aufgaben des Anwalts werden vielleicht nicht jedem klar sein. Zu seinen Aufgaben gehört jedoch die Ausarbeitung von Verträgen und die Geltendmachung von Schadensersatz für den Fall, dass eine Klausel in einem bestehenden Vertrag verletzt worden zu sein scheint. Die Anstellung all dieser Bediensteten verursacht keine nennenswerte Lücke in dem immensen Gehalt, das dem Künstler zu zahlen ist, der sie beschäftigt; und die Reisekosten einer großen Anzahl von ihnen müssen vom unglücklichen Manager getragen werden.

Nur ein orientalischer Prinz oder ein musikalischer *Parvenü* würde davon träumen, eine solche Suite zu unterhalten; und bald, glaube ich, wird die Gefolgschaft eines Sängers mit weltweitem Ruf nicht als vollständig gelten, wenn sie nicht zusätzlich zu den anderen Herren, die den Masinis und den Tamagnos dienen , einen Architekten und Landvermesser umfasst.

Es wird vielleicht bemerkt worden sein, dass durch eine der Klauseln von Mdme. Pattis Verpflichtung besteht darin, dass die Buchstaben ihres Namens in allen gedruckten Ankündigungen ein Drittel größer sein müssen als die Buchstaben der Namen aller anderen; und während des Chicago Festivals sah ich Signor Nicolini , bewaffnet mit etwas, das wie ein Theodolit aussah, und in Begleitung eines Herrn, der meiner Meinung nach ein großer Geometer war, wie er aufmerksam und mit wissenschaftlicher Miene einige Wandplakate betrachtete, auf denen die Briefe, die Mdme verfassen. Pattis Name schien ihm nicht ganz ein Drittel größer zu sein als die Buchstaben, aus denen sich der Name von Mdlle zusammensetzte. Nevada. Schließlich gab er jede Vorstellung von wissenschaftlicher Messung auf, besorgte sich eine Leiter, stieg kühn die Stufen hinauf und stellte mittels eines Fußmaßstabs fest, dass die Buchstaben, die er zuvor aus der Ferne beobachtet hatte, tatsächlich etwas weniger hoch waren als vertraglich festgelegt das hätten sie sein sollen.

Ich kann wirklich „mit der Hand auf dem Gewissen", wie die Franzosen es ausdrückten, sagen, dass ich nicht in der geringsten Absicht, die Gefühle zu verletzen oder den Interessen zu schaden, angeordnet hatte, die Briefe um eine Spur kleiner zu machen, als sie hätten sein sollen entweder Mdme. Adelina Patti oder von Signor Nicolini . Die Drucker hatten meine Anweisungen nicht so genau befolgt, wie sie es hätten tun sollen.

Um die beleidigte Primadonna und ihren verärgerten Gatten zu versöhnen, ließ ich den Namen dieser äußerst charmanten Sängerin, Mdlle, drucken. Nevada, das auf diese Weise operiert werden sollte: Aus ihm wurde quer eine dünne Scheibe herausgeschnitten, so dass der Mittelstrich des Buchstabens E ganz verschwand. Als ich Unterzeichner Nicolini meine überarbeitete Version des Namens zeigte, um ihm zu zeigen, dass er geometrisch falsch lag, antwortete er mir mit einem verwirrten Blick, als er auf die Buchstaben zeigte, aus denen der Name Nevada besteht: „Ja, aber da." ist etwas sehr Seltsames an diesem E.

Um auf meine Erzählung zurückzukommen. Zum Abschluss des großartigen Chicago Festivals machten wir uns mitten in der Nacht auf den Weg nach New York und erreichten es am Montagmorgen, wo wir mit *Semiramide* vor einem so großen Publikum eröffneten, wie die Akademie es je erlebt hatte. Am darauffolgenden Freitag beliefen sich die Einnahmen anlässlich meiner Benefizveranstaltung auf fast 3.000 Pfund, da das Haus vom Boden bis zur Decke überfüllt war.

Am Ende der Oper wurde ich vor den Vorhang gerufen, und als ich die Bühne verließ, mit Adelina Patti zu meiner Rechten und Scalchi zu meiner Linken, traf mich Oberrichter Shea, der auf mich zukam und sagte:

„Oberst Mapleson, eine Reihe unserer Bürger, die bedeutende Phasen des gesellschaftlichen Lebens und wichtige Geschäftsinteressen in dieser Metropole repräsentieren, möchten in öffentlicher und bemerkenswerter Weise bezeugen, dass sie den großartigen Erfolg verstehen und loben, der Ihren Bemühungen zur Gründung der italienischen Oper gefolgt ist." Diese Stadt. Es kommt selten vor, dass Persönlichkeiten des öffentlichen Lebens verstanden werden. Es kommt sehr selten vor, dass ihnen eine Anerkennung entgegengebracht wird, die über die wenigen ernsthaften Freunde hinausgeht, die sich um sie scharen. Die Bürger, auf die ich mich beziehe, sind sich bewusst, dass Ihre Karriere bei uns kein bloßer Zufall war Erfolg, sondern das Ergebnis von Geduld, Energie und dem intelligenten Mut, der reifer Erfahrung entspringt. Sie halten dies für einen geeigneten Anlass, die Aufrichtigkeit dieser Meinung öffentlich zum Ausdruck zu bringen. Sir, gestatten Sie mir, Ihnen in ihrem Namen dieses Denkmal zu bringen. "

Dann wurde mir ein prächtiges Ebenholzgehäuse mit Kristallglas überreicht, das Folgendes enthielt : – Eine wertvolle, mit Diamanten besetzte Repetieruhr, eine Goldkette mit Diamant- und Rubinschiebern, Diamant- und Rubinanhänger in Form einer Harfe, ein Paar bestehend aus großen Solitär-Diamant-Ärmelknöpfen, einem Diamant-Kragenstecker, einer hufeisenförmigen Schalnadel (neun große Diamanten), drei Diamant- Hemdknöpfen, einem goldenen Federmäppchen mit Diamantdeckel und einer schlichten Goldnadel mit einem einzelnen Diamanten; das Ganze hat einen Wert von 1.300 £.

Das Ebenholzgehäuse und das Kristallglas besitze ich noch. Der Inhalt diente zusammen mit allem anderen dazu, die Kompanie während des katastrophalen Rückzugs aus Frisco im folgenden Jahr zusammenzuhalten , worauf ich später näher eingehen werde.

Ich dankte dem Obersten Richter kurz für das Geschenk und der Öffentlichkeit für ihre Schirmherrschaft und verließ mühsam die Bühne unter lautem Jubel und winkenden Taschentüchern: „Ich sage mühsam, denn in diesem kritischen Moment, als ich gerade einen Blumenstrauß aufhob.", die Schnalle meiner Hose gab nach; Und da mein Schneider mich aus Kompliment überredet hatte, auf die Verwendung von Zahnspangen zu verzichten, gelang es mir nur mit großer Mühe, von der Bühne zu verschwinden, wobei ich inzwischen einen Teil des Schmucks Patti und einen Teil Scalchi anvertraute .

In New York, wie zuvor in Philadelphia, Chicago und San Francisco, wurden lebhafte Klagen über die Eitelkeit und Leichtfertigkeit meines Tenors Cardinali laut , der ein hohlköpfiges, albernes Geschöpf war, das nicht in der Lage war, seinen eigenen Namen zu schreiben oder ihn auch nur zu lesen Liebesbriefe, die trotz oder vielleicht gerade wegen seiner Hohlheit häufig von liebevollen und zweifellos schwachsinnigen jungen Damen an ihn gerichtet wurden. Cardinali besaß eine gewisse Schönheit im Gesicht; Er hatte auch eine schräge Stirn und schätzte seine Zauberkraft sehr.

In San Francisco verlobte er sich mit einer jungen Dame aus gutem Hause, die zu den anerkannten Schönheiten der Stadt zählte. Für die Hochzeit war ein Termin festgelegt worden, und das bevorstehende Ereignis wurde in allen Zeitungen angekündigt und kommentiert. Die Hochzeit sollte jedoch nicht sofort stattfinden; und als mein hübscher Tenor nach Chicago kam , war er von einer der dortigen Blondinen sehr angetan und schwor ihr ewige Liebe.

In Philadelphia verlobte er sich mit einem anderen Mädchen, das wütend eifersüchtig wurde, als sie erfuhr, dass er Briefe von seiner *Verlobten aus Frisco erhielt* . Da er die Kaligraphie der ehemaligen Geliebten nicht entziffern konnte , vertraute er ihre Briefe zum Lesen den Zimmermädchen oder Kellnern des Hotels an, in dem er wohnte.

In New York entwickelte Cardinali eine Bindung zu einem weiteren Mädchen, das voll und ganz auf seine Begeisterung reagierte . Um seine jungen Frauen bei Opernaufführungen auf sparsame Weise unterhalten zu können, besorgte er sich von mir Eintrittskarten; und eines Tages, als er das Mädchen, das er in New York kennengelernt hatte, zu einer Morgenvorstellung mitgenommen hatte, bat er um Erlaubnis, sie für einen Moment verlassen zu dürfen, da er mit einem Freund sprechen musste. Es stellte sich heraus, dass es sich bei dieser Freundin um eine Dame handelte, mit der er eine Flucht vereinbart hatte, und das glückliche Paar reiste mit einem Dampfer, der gerade dabei war, aufzubrechen, nach Europa. Soweit ich weiß, hat er seinen Partner während der Reise nicht gewechselt, und ich habe ihn später aus den Augen verloren.

Wir blieben eine Woche in New York, gaben sechs zusätzliche Vorstellungen und reisten am folgenden Sonntag nach Boston ab. Auch dort blieben wir eine Woche und beendeten die Saison am 2. Mai, an welchem Tag Mdme. Patti segelte nach Europa, gefolgt von der Kompanie. Diese häufigen Reisen über den Atlantik waren meine einzigen Ruhepausen. Sie gaben mir viel Kraft und stärkten mich sozusagen für die neuen Probleme und Prüfungen, die mich bei meiner Ankunft mit Sicherheit begrüßen würden.

Es war ein großes Glück, dass die Direktoren der Royal Italian Opera Company, Covent Garden, Limited, es für richtig gehalten hatten, im vergangenen Jahr auf meine Dienste zu verzichten, weil ich in Zusammenarbeit mit ihrem eigenen Geschäftsführer Mdme engagiert hatte. Patti. Andernfalls wäre ich verpflichtet gewesen, ihnen 15.000 Pfund zu zahlen, was der Hälfte des Nettogewinns dieser letzten Amerikatournee entspricht, auf den sie gemäß den Bedingungen unserer Vereinbarung Anspruch gehabt hätten.

Bei meiner Rückkehr stellte ich fest, dass das Unternehmen aus Mangel an 2.000 Pfund zusammengebrochen war.

KAPITEL X.

MEINE SAISON IN COVENT GARDEN – PATTIS SILBERNE HOCHZEIT IN LONDON – RÜCKKEHR NACH NEW YORK – SCHWIERIGKEITEN BEGINNEN – KONKURRENZPROBEN – GROSSE OPER UND OPERETTE.

Bei meiner Rückkehr nach London eröffnete ich Covent Garden für eine Reihe von Aufführungen der italienischen Oper, in denen Mdme. Patti war die wichtigste Primadonna, und ohne Mdme. Pattis zweimalige Erkrankung hätte auf jeden Fall etwas Geld einbringen sollen.

Am Eröffnungsabend wurde mir erst um sieben Uhr mitgeteilt, dass Mdme. Patti konnte aufgrund einer schweren Erkältung nicht in „La Traviata" auftreten. Das war ein schrecklicher Schlag für mich. Auf Nachfrage stellte ich fest, dass Madames Unwohlsein auf eine morgendliche Autofahrt zurückzuführen war, die sie am Vortag auf dem Weg von ihrem Schloss zum Bahnhof über einige walisische Berge unternommen hatte. Signor Nicolini hatte *la Diva* der frühen Morgenluft ausgesetzt, entweder aus Angst vor der Rechnung im Midland Hotel, in dem sie übernachten sollten, oder aus einem unkontrollierbaren Wunsch, einen zusätzlichen Lachs zu fangen; ein Akt der Unvorsichtigkeit, der mich etwa tausend Pfund gekostet hat.

Dennoch versprach die Saison ungewöhnlich erfolgreich zu werden. Doch schon nach wenigen Tagen ereignete sich ein weiteres Unglück: *La Diva* hatte sich eine zweite Erkältung zugezogen, worüber ich erst um sieben Uhr nachmittags informiert wurde. Kaum war Zeit, die Neuigkeit zu verkünden, setzten die Wagen bereits ihre kostbaren Lasten vor der Oper ab Vestibül.

Mir blieb nichts anderes übrig, als eine junge Sängerin vorzustellen, die spontan den schwierigen Teil von „Lucia di Lammermoor" übernahm. Ich beziehe mich auf die schwedische Sängerin Mdlle. Fohström, der später unter meiner Leitung eine sehr erfolgreiche Karriere machte. Natürlich war sie bei dieser Gelegenheit stark behindert, da die Leute nur ins Theater gegangen waren, um Frau Mdme. zu hören. Patti; dessen zwei Enttäuschungen mir erheblichen Verlust verursachten.

Ich beendete meine Saison ungefähr in der dritten Juliwoche, als Mdme. Patti trat als „Leonora" in *Il Trovatore auf* und erneuerte damit den Erfolg, der sie in dieser vertrauten Verkörperung immer begleitet.

An diesem Abend, dem letzten der Saison, Mdme. Patti beendete ihr 25. jährliches Engagement in Folge in Covent Garden. Zahlreiche ihrer Bewunderer schlossen sich zu einem Komitee zusammen, um das Ereignis zu feiern, indem sie ihr ein passendes Denkmal überreichten, das aus einem sehr wertvollen Diamantarmband bestand. Am Ende der Oper stellte ich mich dem Publikum vor und sagte:

„Meine Damen und Herren, – während hinter dem Vorhang die notwendigen Vorbereitungen für die Aufführung von „God Save the Queen" getroffen werden, bitte ich Sie um Ihre Aufmerksamkeit für einige Augenblicke. Mein erster Grund dafür ist, dass ich ein Angebot abgeben möchte Mein aufrichtiger Dank für die großzügige Unterstützung, die Sie meinen bescheidenen Bemühungen zukommen ließen, die Existenz der italienischen Oper in diesem Land zu erhalten. Wenn ich Ihnen sage, dass ich kaum zehn Tage Zeit hatte, meine jetzige Kompanie, einschließlich Orchester und Chor, zu gründen, bin ich mir sicher Sie werden leicht über alle Mängel hinwegsehen, die in der vergangenen Saison aufgetreten sein könnten. Mein zweiter Grund besteht darin, Ihre freundliche Zustimmung zu erbitten, Frau Patti im Namen des Komitees ein Zeugnis zu überreichen, um an ihre fünfundzwanzigste Saison in Folge in den Vorständen von zu erinnern dieses Theater.

Dann öffnete sich der Vorhang und enthüllte Frau. Adelina Patti ist bereit, die Nationalhymne zu singen, unterstützt von der Band der Grenadier Guards sowie der Band und dem Orchester der Royal Italian Opera. Dies war der gewählte Moment für die Übergabe eines prächtigen Diamantarmbandes, für das sich Bewunderer der Heldin des Anlasses angemeldet hatten. Der Präsentation ging die folgende Ansprache meines Vorstands des Patti Testimonial Fund voraus:

„Madame Adelina Patti, – Sie beenden heute Abend Ihr 25. jährliches Engagement am Theater, das die Ehre hatte , Sie, als Sie noch ein Kind waren, der Öffentlichkeit Englands und damit indirekt der Öffentlichkeit Europas und ganz Europas vorzustellen In der Geschichte des lyrischen Dramas gab es kein Beispiel für einen derart langen, nie unterbrochenen, immer triumphalen Erfolg auf den Brettern desselben Theaters; und eine Reihe Ihrer treuesten Bewunderer haben beschlossen, diesen Anlass nicht zuzulassen vergehen, ohne Ihnen ihre herzlichsten Glückwünsche auszusprechen. Viele von ihnen haben mit tiefstem Interesse eine künstlerische Karriere verfolgt, die, beginnend im Frühjahr 1861, Jahr für Jahr brillanter wurde, bis sie in der Saison, die heute Abend endet, zum letztmöglichen Zeitpunkt endete Perfektion scheint erreicht worden zu sein. Sie waren während Ihrer langen und glänzenden Karriere ununterbrochen mit der Royal Italian Opera verbunden. Während der Wintermonate waren Sie dort und wurden mit Begeisterung in Paris, St. Petersburg, Berlin, Wien und Madrid empfangen , und alle wichtigen Städte Italiens und der Vereinigten Staaten. Aber Sie haben sich durch nichts davon abhalten lassen, jeden Sommer an den Ort Ihrer frühesten Triumphe zurückzukehren; Und jetzt, da Sie Ihre fünfundzwanzigste Saison in London beendet haben, sind Ihre Freunde der Meinung, dass dieser interessante Anlass nicht ohne gebührende Erinnerung verstreichen darf. Wir bitten Sie daher, von uns in dem Geiste, in dem es angeboten wird, das Zeichen der Wertschätzung und Bewunderung anzunehmen, das wir Ihnen nun überreichen dürfen. "

Die anschließende Nationalhymne wurde mit treuem Jubel aufgenommen und die Saison endete glanzvoll.

Nach der Aufführung ereignete sich außerhalb des Theaters eine außergewöhnliche Szene. Eine Musikkapelle und eine Reihe von Fackelträgern hatten sich am nördlichen Eingang in der Hart Street versammelt und warteten auf Frau. Pattis Abgang. Als sie in ihre Kutsche stieg, standen an der Spitze die Träger der brennenden Fackeln; und als die Kutsche abfuhr, spielte die Musikkapelle. Sehr bald versammelte sich eine riesige Menschenmenge; und ihre Zahl nahm im Laufe der Prozession allmählich zu. Der Wagen war von Polizisten umzingelt, und die Prozession, angeführt von der Musikkapelle, bestand aus etwa einem Dutzend Wagen und Droschken, wobei die Nachhut von einem Fahrzeug gebildet wurde, auf dem mehrere Männer standen und Scheinwerfer hielten , die ihren farbigen Glanz auf die Kutsche warfen wachsende Menschenmenge und machte das Ganze so sichtbar wie am Tag. Der Lärm der Musikkapelle und das Geschrei und gelegentliche Singen der sehr bunt zusammengewürfelten Versammlung, der im Laufe der Zeit durch Menschen aller Art und Zustände verstärkt wurde, weckte die Bewohner auf der gesamten langen Strecke, die wie folgt lautete: Endell Street, Bloomsbury Street, über New Oxford Street und Great Russell Street, die Charlotte Street hinunter, durch Bedford Square an der Gower Street entlang, entlang der Keppel Street, Russell Square, Woburn Place, Tavistock Place, Marchmont Street, Burton Crescent, Malleton Place bis zur Euston Road, Halt am Midland Railway Hotel, wo Mdme. Patti blieb. Auf der gesamten Distanz war die Szene außergewöhnlich. Der Lärm und der Glanz der bunten Lichter und das Knallen der Feuerwerkskörper, die hin und wieder abgefeuert wurden, schreckten Männer, Frauen und Kinder aus ihren Betten auf, und kaum ein Haus hatte ein offenes Fenster oder eine Tür, von wo aus man spähen konnte Um dem Spektakel beizuwohnen, erschienen Personen, von denen viele, wie aus ihren Nachthemden hervorging, aus dem Schlaf geweckt worden waren. Diese waren nicht nur beunruhigt, sondern eine Reihe von Pferden waren auch zutiefst erschrocken über das ungewöhnliche Geräusch und den ungewöhnlichen Lärm. Die Prozession, die die Hare Street kurz vor Mitternacht verließ, erreichte das Midland Hotel in etwa einer halben Stunde, wobei sie fast die gesamte Strecke im Schritttempo zurückgelegt hatte. Wenn Mdme. Als Patti das Hotel erreichte, wurde sie eine Zeit lang von der Band zum Ständchen gebracht und weitere Feuerwerkskörper wurden abgefeuert. Die große Menschenmenge, die sich versammelt hatte, blieb in der Euston Road vor den Toren, die unmittelbar nach der Durchfahrt der Kutschen geschlossen wurden.

Nachdem meine Saison damit zu Ende war, machte ich mich sofort auf den Weg zum Kontinent, um neue Talente für den bevorstehenden amerikanischen Feldzug zu gewinnen.

Für meine New Yorker Saison 1885/86 gelang es mir nach einigen erheblichen Schwierigkeiten, eine meiner Meinung nach weitaus effizientere Kompanie zu gründen als in den fünf Jahren zuvor; Nur dass der Name Adelina Patti nicht erwähnt wurde, da sie beschlossen hatte, nach vier Jahren harter Arbeit in Amerika auf ihrem Schloss zu bleiben, um sich auszuruhen. Ich füge eine Kopie des Prospekts bei:

„ACADEMY OF MUSIC, NEW YORK.
Saison 1885–86.
PRIME-DONNE – SOPRANI E CONTRALTI.

Madame Minnie Hauk, Madame Felia Litvinoff , Mdlle. Dotti, Mdlle. Marie Engle, Madame Lilian Nordica, Mdlle. de Vigne , Mdlle. Bauermeister , Madame Lablache und Mdlle. Alma Fohström .

TENORI.

Signor Ravelli , Signor de Falco, Signor Bieletto , Signor Rinaldini und Signor Giannini.

BARITONI.

Signor de Anna und Signor Del Puente.

BASSI.

Signor Cherubini, Signor de Vaschetti , Signor Vetta und Signor Caracciolo .

Musikdirektor und Dirigent.

Signor Arditi .

PREMIÈRE DANSEUSE.

Madame Malvina Cavalazzi .

Die folgenden Produktionen waren versprochen:

Zum ersten Mal in New York Massenets berühmte Oper MANON: Worte von MM. H. Meilhac und Ph. Gille . Herr Mapleson hat sich das alleinige Vertretungsrecht gesichert, wofür M. Massenet mehrere wichtige Änderungen und Ergänzungen vorgenommen hat. „Der Chevalier des Grieux “, Signor Giannini; „ Lescaut “, Signor Del Puente; „Guillot

Morfontaine ", Signor Rinaldini ; „Der Graf Des Grieux ", Signor Cherubini; „De Bretigny ", Signor Caracciolo ; „Ein Gastwirt", Signor de Vaschetti ; „Aufseher am Seminar von St. Sulpice ", Signor Bieletto ; „Poussette", Mdlle. Bauermeister ; „ Javotte ", Mdme. Lablache ; „Rosette", Mdlle. de Vigne ; und „Manon", Mdme. Minnie Hauk. Spieler, Croupiers, Wachen, Reisende , Stadtbewohner, Herren, Damen, Herren usw. usw. Die Handlung findet 1721 statt. Der erste Akt in Amiens; der zweite, dritte und vierte in Paris. Die letzte Szene, die Straße nach Havre.

Auch Vincent Wallaces Oper MARITANA. Zum ersten Mal auf italienischer Bühne, nach besonderer Vereinbarung mit den Eigentümern. Die Rezitative von Signor Tito Mattei . „Don Cæsar de Bazan", Signor Ravelli ; „Der König", Signor Del Puente; „Don Josè ", Signor De Anna; „Il Marchese", Signor Caracciolo ; „La Marchesa", Mdme. Lablache ; „ Lazarillo ", Mdlle. De Vigne ; und „ Maritana ", Mdlle. Alma Fohström . Mdme. Malvina Cavalazzi wird die Sarabande tanzen.

Ebenso Aubers FRA DIAVOLO. „Fra Diavolo", Signor Ravelli ; „Beppo", Signor Del Puente; „Giacomo", Signor Cherubini; „Lord Allcash ", Signor Caracciolo ; „Lorenzo", Signor De Falco; „Lady Allcash ", Mdme. Lablache ; und „Zerlina", Mdme. Alma Fohström .

Außerdem wird die Oper MIGNON von Ambroise Thomas aufgeführt. „Mignon", Mdme. Minnie Hauk; „Wilhelm", Signor Del Falco; „Lothario", Signor Del Puente; „Laertes", Signor Rinaldini ; „Frederick", Mdlle. De Vigne ; „ Giarno ", Signor Cherubini; „Antonio", Signor De Vaschetti ; und „ Filina ", Mdlle. Alma Fohström .

Die Liste der Sänger, die ich oben *ausführlich darlege* , hätte jedem Theater in Europa Ehre gemacht. Aber leider! Dass der magische Name Patti nicht enthalten war, hatte sofort zur Folge, dass das Abonnement ernsthaft geschädigt wurde. Darüber hinaus zeigte sich bei meinen New Yorker Anhängern eine starke Neigung zur Deutschen Oper im Metropolitan House; während sich eine neu entstandene Begeisterung für die Anglo-Deutsche Oper oder „American Opera", wie sie genannt wurde, entwickelt hatte. Der Prospekt des Letzteren stellte es als „nationale" Angelegenheit dar, alle stürzten sich darauf und es wurden beträchtliche Geldbeträge gezeichnet. Seine Projektoren wurden von der Musikakademie gemietet, in der ich untergebracht war. Das Ergebnis war, dass sofort eine beträchtliche Anzahl von Intrigen angezettelt wurden, um mich, wenn möglich, völlig auszulöschen. Ich werde einige davon erwähnen, damit der Leser versteht, in welche Lage ich mich befinde. Kurz bevor ich England verließ und nachdem ich mein Unternehmen abgeschlossen hatte, wurde ich von den Direktoren darüber informiert, dass ich für die Nutzung der Akademie eine hohe Miete zahlen müsste, da meine Mietdauer darüber hinaus auf drei Abende in der Woche beschränkt sei und eine *Matinée* .

Nachdem ich alle meine Verpflichtungen erfüllt hatte, war ich ihnen natürlich ausgeliefert, und es war für mich mit größter Mühe möglich, meine Saison überhaupt zu eröffnen, da sie jedes Mal, wenn ich eine Probe versuchte, mit dem Schreinern und Hämmern begannen. Es gelang mir jedoch, am 2. November mit einer hervorragenden Aufführung von CARMEN, die wie folgt besetzt war, den Anfang zu machen:

„Don José", Signor Ravelli ; „Escamillo (Toreador)", Signor Del Puente; „Zuniga", Signor De Vaschetti ; „Il Dancairo ", Signor Caracciolo ; „Il Remendado ", Signor Rinaldini ; „Morales", Signor Bieletto ; „Michaela", Mdlle. Dotti; „ Paquita ", Mdlle. Bauermeister ; „Mercedes", Mdme. Lablache ; „Carmen" (eine Zigeunerin), Mdme. Minnie Hauk.

Das zufällige Divertissement wurde von Mdme unterstützt. Malvina Cavalazzi und das Corps de Ballet.

Es folgte eine hervorragende Darbietung von *Trovatore* , in der Mdlle. Litvinoff , eine charmante russische Sopranistin aus der Pariser Oper, hatte einen erfolgreichen Auftritt, unterstützt von Lablache , De Anna, dem bewundernswerten Bariton, und Giannini, einem der beliebtesten Tenöre Amerikas, der nach der *Pira* viermal an der Spitze gespielt und wieder aufgenommen wurde des Vorhangs. Anschließend habe ich Mdlle vorgestellt. Alma Fohström , die während meiner Londoner Saison an der Royal Italian Opera, Covent Garden, einen so großen Erfolg hatte.

Als ich zwei Tage später eine Probe von „*L'Africaine" versuchte* , fand ich die Bühne mit Podesten in einer Höhe von etwa 30 Fuß aufgebaut, die mit vollem Chor und Orchester besetzt waren.

Proteste waren zwecklos, da der Sekretär der Akademie „aus dem Weg" war, während der Dirigent, Herr Theodore Thomas, eingeschlossen war und den *Taktstock* mit solcher Kraft schwang , dass niemand an ihn herankommen konnte. Deshalb habe ich nichts gesagt. Trotz gewaltiger Hindernisse mussten der Marsch und die Prozession im vierten Akt der Oper unter der Bühne geprobt werden, und wie es der Zufall wollte, verlief die Oper großartig.

Proben von *Manon* versucht werden; aber wann immer ein Anruf getätigt wurde, würde ich mit Sicherheit einen weiteren Anruf der Konkurrenzgesellschaft für dieselbe Stunde vorfinden; Und da sie rund 120 Chorsänger beschäftigten, die etwa ebenso viele Mitläufer im Chor hatten, kann der Leser erahnen, in welchem Zustand der Verwirrung auf der Bühne herrschte.

Von den Schwierigkeiten, die die Karriere eines Opernintendanten mit sich bringt, ahnt das Publikum nur wenig. Ein gewöhnlicher Theaterdirektor bringt eine triviale Operette heraus, die vor allem dank Bühnenbild, Polsterung, Kostümen und einer großzügigen Zurschaustellung der weiblichen göttlichen Gestalt den Geschmack des Publikums trifft. Das Stück läuft über Hunderte von Nächten, ohne dass sich der Plan ändert, wobei die Sänger Nacht für Nacht in den gleichen Teilen auftreten. Die *Maladie de larynx*, deren *Aussterben de voix* sich führende Opernsänger hin und wieder, mit oder ohne Grund, zu beklagen, sicher sind, sind diesen ehrlichen Sängern unbekannt; und wenn einer von ihnen zufällig erkrankt, gibt es immer einen Ersatz, den man „Zweitbesetzung" nennt, der jederzeit bereit ist, den Platz des Erkrankten einzunehmen.

Wenn das Publikum einmal den Weg zu einem Theater gefunden hat, in dem eine erfolgreiche Operette oder *Opéra bouffe* gespielt wird, geht es dort Nacht für Nacht über Monate, manchmal Jahre hinweg. Der Manager beschwert sich wahrscheinlich darüber, dass er furchtbar überarbeitet sei; aber er muss eigentlich nur dafür sorgen, dass jede Woche einige Hundert Pfund ordnungsgemäß auf sein Konto bei der Bank eingezahlt werden. Unter solchen Bedingungen ein Theater zu leiten, ist so einfach wie der Verkauf von Pears' Soap oder Holloway's Pills.

Der Operndirektor ist nicht auf das gewöhnliche Publikum angewiesen, sondern in hohem Maße auf das sogenannte Modepublikum. Seine Preise sind notwendigerweise außergewöhnlich hoch; und seine Einnahmen werden auf eine Weise beeinflusst, die dem gewöhnlichen Theatermanager unbekannt ist. Die Gerichtstrauer zum Beispiel wird Menschen von der Oper fernhalten; wohingegen das Theaterpublikum davon kaum betroffen ist. Darüber hinaus muss die Rechnung so häufig und ständig geändert werden, dass es unmöglich ist, von einem Tag auf den anderen zu wissen, wie hoch die Einnahmen sein werden.

Was würde man für eine Primadonna geben, die wie Miss Ellen Terry oder Mrs. Kendal bereit wäre, jeden Abend zu spielen? Oder für ein Publikum, das, wie das Publikum im St. James's Theatre und im Lyceum, Abend für Abend für eine unbegrenzte Zeit das gleiche Stück sehen würde!

Schließlich prahlt die Primadonna einer Operettenkompanie in einem Londoner Musicaltheater vor ihren Freunden damit, wenn sie 30 oder 40 Pfund pro Woche erhält. In einer italienischen Opernkompanie würde eine Seconda- Donna, die zu solchen Sätzen bezahlt wurde, es vor ihren Feinden verbergen.

KAPITEL XI.

Das Haus ist gegen sich selbst gespalten – Rev. H. HAWEIS ÜBER WAGNER – S. K. H. UND WOTAN – ELLE A DÉCHIRÉ MON GILET – ARDITIS ÜBERRESTE – RÜCKKEHR NACH SAN FRANCISCO.

Um auf meine Schwierigkeiten an der New Yorker Musikakademie zurückzukommen, war ich schließlich gezwungen, zu proben, wo ich konnte; an einem Tag im Star Theatre, an einem anderen in der Steinway Hall; ein drittes im Tony Pastor's – einem Varieté-Theater neben der Akademie.

Inmitten dieser Schwierigkeiten bekam ich eine schwere Erkältung und war eines Morgens sprachlos. Ich war überrascht, als ich an diesem Nachmittag eine Flasche mit einer unangenehm klebrig aussehenden Mischung vorfand, die beim Saalwärter zurückgeblieben war, zusammen mit einem Brief, in dem ein Bewunderer, der mit Bedauern gehört hatte, dass ich eine Erkältung erlitten hatte, die Mischung wärmstens empfahl. Da mir der Geruch nicht gefiel, schickte ich es zur Analyse in eine Apotheke , wo sich herausstellte, dass es Gift enthielt. Zum Glück hatte ich es nicht probiert.

Da ich so stark behindert war, beschloss ich, bis zur Vorbereitung von *Manon Aubers Fra Diavolo* vorzubereiten , das unter denselben Schwierigkeiten geprobt werden musste. Es gelang mir jedoch, es am 20. November zu produzieren, und wir haben eine hervorragende Leistung erbracht. Fohström war als „Zerlina" charmant und in den *Rollen* der beiden Räuber waren Del Puente und Cherubini einfach exzellent. Ich habe viele Aufführungen von *Fra Diavolo* in London mit Tagliafice und Capponi gesehen , die ich für bewundernswert hielt; aber bei dieser Gelegenheit wurden sie in der Räuberabteilung von Del Puente und Cherubini deutlich übertroffen. Der Teil von „Fra Diavolo" wurde von Ravelli übernommen , und die Kulisse und die Kleidung waren völlig neu; Ersteres wurde entweder spät in der Nacht oder früh am Morgen auf das Dach des Theaters gemalt, wobei sonntags der letzte Schliff erfolgte.

Die Mehrheit meiner Aktionäre achtete darauf, fernzubleiben, und hinterließ so ein sehr karges Erscheinungsbild in den Proszeniumslogen. Auch sie standen auf der Seite des Feindes oder hatten sich noch nicht ganz von dem Drei-Dollar-Betrag erholt, den sie im Vorjahr für Patti zahlen mussten. All diese Intrigen markierten jedoch meiner Meinung nach den zukünftigen Untergang der Akademie und ihrer Aktionäre, da das Haus nun „gegen sich selbst gespalten" war.

Ich zitiere aus der *Evening Post* , einer Zeitung, die meinem Unternehmen feindlich gegenübersteht und eine Kritik an der *Fra Diavolo übt* Leistung:-

„ *Fra Diavolo* , wie es gestern Abend in der Akademie präsentiert wurde, war mit Abstand die erfreulichste Aufführung, die Mr. Mapleson's Company seit langem gegeben hat. Es gab ein Element von Helligkeit und Lebendigkeit in der Schauspielerei und dem Gesang aller Hauptdarsteller, das bewundernswert widerspiegelte Der Geist von Aubers brillanter und melodischer Partitur. Am kommenden Montag, wenn die Saison der Deutschen Oper im Metropolitan mit *Lohengrin eröffnet wird* , wird es zweifellos Hunderte geben, die sich keine Plätze sichern können. Allen davon raten wir dringend, als nächstes direkt in die Akademie zu gehen Montag, wo *Fra Diavolo* wiederholt wird; nicht nur, weil sie diese Aufführung unbedingt genießen müssen, da es sich um eine unterhaltsam interpretierte Oper handelt, sondern weil Mr. Mapleson ermutigt werden sollte, wenn er es unternimmt, sein altes Repertoire zu variieren ... . Ravelli hat gestern Abend bewundernswert gesungen, und Fohström auch , die ihre Rolle mit viel Anmut und anmutiger *Naivität spielte* . Lablache , Del Puente und Cherubini waren ungewöhnlich gut und unterhaltsam. Die Akademie, wir wiederholen es, dürfte am nächsten Montag überfüllt sein. "

Die Produktion von *Fra Diavolo* war eine große Zufriedenheit. In der Zwischenzeit habe ich einen weiteren Versuch unternommen, meine *Manon*-Proben fortzusetzen . Nicht nur, dass ich durch das Hämmern und Klopfen dieser neuen Anglo-Deutschen Opernkompanie von der Bühne ausgeschlossen wurde, sie verwandelten auch eine Ecke des Foyers in eine Art Geschäftsbüro, in dem ihre ... Geschwätz unterbrach meine Klavierproben erheblich. Zumindest dachte ich, dass diese im Theater gehandhabt werden könnten.

Als ich am nächsten Morgen eine Orchesterprobe in der Steinway Hall anordnete, war ich überrascht, dass Mr. Thomas und sein Orchester tatsächlich vor mir dort gewesen waren; und ich musste meine Hauptsänger, den Chor und das Orchester für ein paar Stunden entlassen, als es mir nur mit Mühe gelang, eine kurze Probe durchzuführen.

Das ging Tag für Tag so weiter, sehr zu meinem Ärger. Die Direktoren fingen nun an, mich zu bedrängen, die Miete zu bezahlen; Darauf antwortete ich, dass ich dies gerne tun würde, sobald sie ihren Teil des Vertrags erfüllt hätten, indem sie mir erlaubten, zu proben.

Ungefähr zu dieser Zeit wurde ich herausgefordert, Rev. H. Haweis , Autor von *„Music and Morals"*, bei einer Diskussion über Wagner zu treffen, die im Nineteenth Century Club stattfinden sollte, an der eine große Anzahl der modischen New Yorker anwesend war. Nach einer kurzen Einführungsrede stellte Herr Courtlaudt Palmer, Präsident des Clubs, Rev. Mr. Haweis vor . Sein Aufsatz bestand aus einer fortlaufenden Reihe von Anekdoten über Wagner, von denen viele das Publikum ständig zum Lachen brachten. Dann griff er die italienische Oper an und versicherte dem Publikum, dass ihre Tage gezählt seien, dass Wagner in Zukunft der einzige Komponist dramatischer Musik sei und dass seinen Werken, die jetzt im Metropolitan Opera House präsentiert werden, jede Unterstützung zuteil werden müsse .

Als er zu Ende war, stand ich auf und sagte: „Sie haben uns viel über Wagner erzählt, aber nichts über seine Musik. Ich vertraue darauf, dass ich nicht unparlamentarisch bin, wenn ich sage, wenn man ihn nach der Wirkung seiner Werke auf die Öffentlichkeit beurteilen soll – Werke, die schon seit Jahren vor der Welt liegen – Wagner ist ein Opernversager, und das, was Rev. Mr. Haweis uns über seine Opern erzählt hat, ist purer Unsinn. Eine Frage, die er mir stellt, ist: „Habe ich jemals Geld verloren?" von Wagner?' Ich sage nachdrücklich „Ja." Ich habe einmal das gesamte Material für seine Trilogie, den *Ring des Nibelungen* , von München nach London gebracht, wo es (gemäß einer der Bedingungen der Vereinbarung) unter der Aufsicht Wagners selbst hätte entstehen sollen. Der Meister tat dies nicht aber sein Werk wurde unter einem Dirigenten seiner Wahl aufgeführt, und als die Serie zweimal aufgeführt worden war, waren etwa sechstausend Pfund verloren gegangen.

„Meine Zeit wird noch kommen. Ich leide jetzt unter vielen Schwierigkeiten; aber wenn die New Yorker es satt haben, die deutsche und amerikanische Oper zu unterstützen, und mich nur mit einem Prozent der Millionen subventionieren, die sie verlieren werden, werde ich zurückkehren und." Gib ihnen italienische Oper."

Ich erinnere mich an einen interessanten und, ich muss zugeben, nicht ganz ungenauen Bericht über meine Inszenierung des *Ring des Nibelungen* im *Musical Journal* of New York.

„Die Serie", schrieb der amerikanische Journalist, „stand unter der besonderen Schirmherrschaft des Prinzen von Wales, der vom Auf- bis zum Fall des Vorhangs treu in seiner Loge blieb, obwohl er hinterher gestand, dass es die härteste Arbeit war." Er hatte es noch nie in seinem Leben getan. Als Wotan auf die dunkle Bühne kam und sein kleines Rezitativ begann, begleitet von Zwietracht, döste der Prinz ein, wurde aber eine halbe Stunde später durch einen doppelten Forte-Klang des Orchesters geweckt, und Nachdem er wieder eingeschlafen war, wurde er fünfzehn Minuten später von einem weiteren Höhepunkt erschreckt, als er Wotan immer noch dabei vorfand, wie er gegen die Zeit sang. Nach fünf Wochen betrug Maplesons Anteil an den Verlusten 30.000 Dollar; und der Prinz teilte ihm vertraulich mit, dass wenn Wotan in weiteren Opern auftrat, sollte ihm die Schirmherrschaft entzogen werden.

Durch Beharrlichkeit und mit der Hilfe verschiedener Manager gelang es mir, Wallaces *Maritana zu produzieren* . Ich habe es zum ersten Mal in Brooklyn aufgeführt, wo es den größten Erfolg hatte und fast jedes Musikstück mit Zugaben versehen wurde, während Ravelli das Publikum am Ende von „Let me" mit einem fein vorgetragenen hohen C aus der Brust in rasende Begeisterung versetzte wie ein Soldat fällt. Bei einer dritten Zugabe sang er es auf Englisch. Mit dieser Oper kehrte ich dann an die New York Academy zurück und erfüllte damit mein zweites Versprechen im Prospekt.

des Murrens und Gezänks alle in meinem Prospekt angekündigten Sänger dem Publikum gegeben hatte, spannte ich alle Kräfte an, um die letzte meiner versprochenen Opern zu produzieren, die verursachte mehr Schwierigkeiten als alle anderen zusammen . Das war *Manon* , die ich mit völlig neuen Kulissen und Kleidern und mit einer großartigen Besetzung auf die Bühne bringen konnte.

Ich war in der Tat froh, den Staub von meinen Füßen abgeschüttelt zu haben, als ich die Akademie verließ, wo ich im Laufe von etwa acht oder neun Jahren dem New Yorker Publikum jede verfügbare Sängerin von Eminenz präsentiert hatte, darunter Adelina Patti und Etelka Gerster , Albani , Fursch -Madi, Scalchi , Campanini, Aramburo , Mierzwinski , Galassi , De Anna, Del Puente, Foli und andere Prominente. Ich gestehe, ich war nicht verärgert, als ich nach ein paar Spielzeiten allmählich den Untergang der Anglo-Deutsch- Amerikanischen Opernkompanie sah, die der Musikkunst von Anfang an in keiner Weise zugute gekommen war. Es wurde kein einziges Werk eines amerikanischen Komponisten aufgeführt, das Repertoire bestand ausschließlich aus Übersetzungen deutscher Opern. Ich habe auch ohne großes Bedauern über die völlige Auflösung der Akademie mit all ihren Habseligkeiten gelesen. Heute ist es die Heimat einer „Varieté-Show".

Diese New Yorker Saison 1885 war finanziell äußerst katastrophal, da ich fast zwei Wochen lang schließen musste, damit alle versprochenen Aufführungen stattfinden konnten. Ich hatte große Schwierigkeiten, die Tour zu starten, da jede Kombination gegen mich zu sein schien.

Allerdings eröffnete ich Anfang Januar 1886 mit *Carmen in Boston* ein überfülltes Haus; Die anderen Aufführungen dieser Woche waren *Fra Diavolo* , *Manon* , *Maritana* , *Traviata* und *Carmen* für eine *Matinée* , deren Einnahmen sogar die der Aufführung am Montag zuvor übertrafen.

In der zweiten Woche wurden *Faust* , *Don Giovanni* , *Rigoletto* , *Martha* usw. aufgeführt. Am nächsten Tag reisten wir nach Philadelphia ab, wo wir bis Mitte der folgenden Woche blieben. Von dort aus gingen wir weiter nach Baltimore, Washington, Pittsburg, Chicago und eröffneten in der letztgenannten Stadt sehr erfolgreich mit einer Aufführung von *Carmen* ; als sich im dritten Akt eine gewalttätige Szene ereignete, von der man sagen kann, dass die katastrophalen Folgen, die sich über die gesamte Handlung ereigneten, datiert werden können; ein Papier kopierte vom anderen, mit gelegentlichen Übertreibungen, so dass die Öffentlichkeit in jeder Stadt, die wir besuchten, mit einer ähnlichen Störung rechnete. Daher ein allgemeiner Rückgang der Einnahmen.

Es war in der Mitte des dritten Akts, als „Don José", der Tenor (Ravelli), gerade einen wirkungsvollen hohen Ton einleiten wollte, der das ganze Haus zum Beben brachte, da stürmte „Carmen" auf ihn zu und umarmte ihn – warum ich konnte niemals verstehen. Als er im Augenblick seiner Wirkung unterbrochen wurde, geriet er in große Wut und zeigte durch seine Bewegungen, dass er beschlossen hatte, Madame Hauk ins Orchester zu werfen. Aber sie hielt seine rote Weste fest, während er die ganze Zeit schrie: „ *Laissez* . " *Moi* , *Laissez moi* ! „Bis sich nach und nach alle Knöpfe lösten, zog sie sich hastig in einen anderen Teil der Bühne zurück. Ravelli stürmte nach vorne und rief: „ *Regardez* , *elle a déchiré* . " *Meine Weste!* „Und mit solcher Wut, dass er tosenden Applaus auslöste, da die Leute glaubten, dieser echte Ausdruck des Zorns sei Teil des Stücks.

Kurz darauf ereignete sich beim Herablassen des Vorhangs eine schreckliche Szene, die dazu führte, dass ich am nächsten Morgen diesen Brief erhielt:

„Palmer House, Chicago
", 9. Februar 1886.

„Sehr geehrter Oberst MAPLESON,

„Die abscheuliche Sprache, die Beleidigungen und Drohungen gegen das Leben meiner Frau in Anwesenheit der gesamten Truppe machen sie völlig unfähig, weiter zu singen, da sie in ständiger Angst ist, von diesem Künstler erstochen oder misshandelt zu werden, und der unangenehme Vorfall hat sie ziemlich beunruhigt." Ihr Nervensystem. Sie ist völlig niedergeschlagen und wird nicht mehr in der Lage sein, in der Öffentlichkeit aufzutreten, bevor ihre Gesundheit vollständig wiederhergestellt ist, was unter den gegenwärtigen Umständen mehrere Wochen dauern wird. Ich habe zwei prominente Ärzte dieser Stadt gebeten, sie zu untersuchen und Ihnen ihre Untersuchung zu schicken Bitte streichen Sie daher ihren Namen aus künftigen Bekanntmachungen.

„Aus Pflichtgründen vertraue ich darauf, dass Sie das Bedürfnis verspüren werden, Fräulein Hauk für die beschämenden und empörenden Beleidigungen, denen sie letzte Nacht ausgesetzt war, ausreichend Genugtuung zu leisten, und Herr Ravelli kann sich zu meiner Abwesenheit von der Bühne gratulieren, wenn …" weitere Szenen hätten sich ereignet.

„Ich bin mir völlig darüber im Klaren, welche unangenehmen Auswirkungen dieser Vorfall auf Ihre Einnahmen haben könnte, insbesondere wenn ich ihm persönlich die Strafe auferlegen sollte, die er verdient.

> „Mit freundlichen Grüßen, lieber Colonel Mapleson,
> (unterzeichnet) E. DE HESSE WARTEGG."

Am folgenden Tag erhielt ich diesen weiteren Brief:

> „10. Februar.

"LIEBER HERR,

„Mein Mandant, Baron Hesse Wartegg , hat mich um Rat bezüglich der Demütigungen gebeten, die Signor Ravelli von Ihrer Truppe Mdme zugefügt hat. Minnie Hauk auf der Bühne. Signor Ravelli hat schwere Drohungen gegen die Dame geäußert und mehrere davon begangen Bei mehreren Gelegenheiten in Anwesenheit der Öffentlichkeit wurde sie tätlich angegriffen und ihr Körperverletzungen zugefügt, insbesondere am vergangenen Montagabend während der Aufführung von „ *Carmen*". Mein Mandant möchte, dass ich den Schutz des Gesetzes gegen ähnliche Vorkommnisse anrufe, da Frau Hauk befürchtet, dass ihr Leben in Gefahr ist drohende Gefahr. Unter diesen Umständen bin ich gezwungen, bei den Richtern einen Haftbefehl gegen Signor Ravelli zu beantragen , damit er zur Wahrung des Friedens verpflichtet werden kann. Das Gesetz dieses Staates, das Straftaten dieser Art betrifft, ist sehr streng und sollte dies auch tun Wenn die Angelegenheit unseren Gerichten zur Kenntnis gebracht wird, wird Fräulein Hauk nicht nur ausreichenden Schutz genießen, sondern auch Herr Ravelli wird bestraft. Es ist jedoch ihr Wunsch, unangenehme Berühmtheit zu vermeiden, die sich zweifellos auf Ihre gesamte Truppe auswirken würde, und Zu Ihrer Verpflichtung, eine Bürgschaft über 2.000 Dollar zu leisten, um Ravellis zukünftiges gutes Benehmen zu garantieren, werde ich nicht weiter fortfahren. Ich bitte Sie respektvoll, Ihre sofortige Aufmerksamkeit hierauf zu richten, und bitte Sie, mir eine baldige Antwort zukommen zu lassen. Sollte ich bis morgen Abend nichts von Ihnen hören, werde ich Ihr Schweigen als Weigerung auffassen, Miss Hauk angemessenen Schutz zu gewähren, und entsprechend vorgehen.

„Fräulein Hauk und ihr Mann haben keine anderen Motive als die, die der eigenen Sicherheit der Dame dienen. Bitte erfreuen Sie mich mit einer baldigen Antwort."

> „Mit freundlichen Grüßen
> ", (unterschrieben) WILLIAM VOCKE, „Anwalt von Miss Minnie
> Hauk."

Mir blieb nichts anderes übrig, als die Kaution zu geben.

An diesem Abend zog sich Signor Arditi beim Verlassen des Theaters eine schwere Erkältung zu, die ihn ans Bett fesselte und sich später zu einem Lungenentzündungsanfall entwickelte. Der stellvertretende Dirigent, Signor Sapio , wurde von einer ähnlichen Krankheit befallen; auch Mdlle. Bauermeister , der sich bald tatsächlich in einem sehr gefährlichen Zustand befand.

Am folgenden Abend Mdlle. Fohström trat als „Lucia di Lammermoor" auf und hatte großen Erfolg.

Mit viel Überzeugungsarbeit überredete ich Fräulein Hauk, erneut als „Carmen" aufzutreten und Ravelli durch den anderen Tenor, De Falco, zu ersetzen.

In der darauffolgenden Woche verschlechterte sich Arditis Zustand immer weiter. Da wir verabredet waren, am folgenden Abend in Minneapolis zu erscheinen , waren wir gezwungen, ihn sowie verschiedene andere Mitglieder der Gesellschaft, die ebenfalls unpässlich waren, zurückzulassen. Vor meiner Abreise besuchte ich den Arzt, der mir mitteilte, dass er Arditis Fall für hoffnungslos halte; Daraufhin bereitete ich ein Telegramm für seine Frau vor und fragte, was mit seinen sterblichen Überresten geschehen solle. Dies überließ ich vertraulich dem Kellner.

Es gelang mir, mit den Überresten meiner Kompanie nach Minneapolis zu gelangen, wo sich ein schwerer Gichtanfall entwickelte, der mich ans Bett fesselte; Ich wiederum wurde zurückgelassen, während die Kompanie weiter nach St. Paul fuhr.

Als die Kompanie St. Paul verließ, gelang es mir, in den Zug einzusteigen, der nach St. Louis fuhr, wo wir eine Woche blieben. Am letzten Tag unseres Aufenthaltes dort freute ich mich, dass Arditi wieder in der Lage war, dem Unternehmen beizutreten, wenn auch in einem sehr heiklen Zustand. Mdme. Hauk kam am letzten Tag unseres Aufenthalts in St. Louis an. In der darauffolgenden Woche traten wir in Kansas City auf, wo wir zur Eröffnung *Carmen* mit Minnie Hauk und anschließend *Faust* mit Mdme aufführten. Nordica als „Margherita". Am folgenden Abend spielten wir in Topeka mit Fohström *Lucia di Lammermoor* .

Während dieser ausgedehnten Reisen über den Kontinent bis zur Pazifikküste liefen die gesamten Gehälter so weiter, als ob die Künstler regelmäßig auftreten würden.

In der Regel reisten wir alle zusammen; aber gelegentlich, wenn der Abstand zwischen einem Gefecht und dem nächsten zu groß und die Zeit zu kurz war, trennten wir uns. Manchmal war eine Stadt, in der wir auftraten, vier- oder fünfhundert Meilen von der nächsten entfernt. In diesem Fall wurde der Zug entweder in zwei oder je nach Fall in drei Teile geteilt. Als wir beispielsweise nach Chicago aufbrachen , stellte der Ingenieur fest, dass er die Stadt nicht rechtzeitig zu unserer Verlobung am selben Abend erreichen konnte. Deshalb telegrafierte er zurück nach Pittsburg, und die dortigen Eisenbahnbeamten telegrafierten weiter nach Fort Wayne, um zwei zusätzliche Lokomotiven für uns bereitzuhalten. Dann wurde unser Zug in drei Teile geteilt und in lebhaftem Tempo nach Chicago geschickt, wo er rechtzeitig für die Aufführung des Abends ankam. Es war wunderbar, und nur ein großes Unternehmen wie die Pennsylvania Railroad Company konnte eine solche Leistung vollbringen. Da wir um zwei Uhr morgens abreisten, kamen wir am selben Nachmittag um vier Uhr an unserem nächsten Ziel an und hatten noch genügend Zeit, um am Abend aufzutreten. Meine hundertsechzig Menschen haben eine Entfernung von vier- oder fünfhundert Meilen mit Landschaften, Kleidern und Besitztümern zurückgelegt.

Anschließend besuchten wir St. Joseph und Denver und eröffneten dort an einem Samstag mit *Carmen* die Academy of Music. Früh am nächsten Morgen beschlossen wir, ein großes Sonntagskonzert im Tabor-Opernhaus zu geben; Da jedoch kein Druck möglich war und keine Zeitungen veröffentlicht wurden, mussten die Ankündigungen mit Kreide an die Wände geschrieben werden. Mit einiger Mühe gelang es uns, gegen Ende des Tages ein Programm zu drucken, aber trotz dieser kurzen Ankündigung war die Gesellschaft so beliebt, dass das Haus buchstäblich voll war. Am folgenden Abend spielten wir im Cheyenne und besuchten anschließend Salt Lake City, wo wir *Carmen vorstellten* . Der jähzornige Herr Ravelli zeigte erneut Temperament und verursachte dadurch große Unannehmlichkeiten. Ich ersetzte ihn durch einen der anderen Tenöre der Kompanie.

Natürlich wurde mir dafür die Schuld gegeben. Ravelli hatte sich jedoch für unpässlich erklärt, und ich veröffentlichte sofort die von Dr. Fowler unterzeichnete Bescheinigung.

Die Oper lief außerordentlich gut.

Unmittelbar nach der Aufführung machten wir uns auf den Weg nach San Francisco, wo wir am darauffolgenden Sonntagnachmittag ankamen und am Montagabend mit *Carmen vor einem hochkarätigen Publikum eröffneten*. Signor Ravelli spielte „Don José", allerdings auf eine sehr nachlässige Art und Weise, wobei er den besten Teil der Musik auslieö. Er zeigte kaum oder gar keine Wirkung, während Minnie Hauk, die sich von ihren früheren Strapazen nicht erholt hatte, nur einen *Erfolg erzielte* .

Die zwischenzeitlich durchgeführte Versteigerung von Sitzplätzen war ein komplettes *Fiasko* .

Am zweiten Abend Mdlle. Fohström hatte einen überaus glänzenden Erfolg. Der dritte Abend war Massenets *Manon gewidmet* , in dem Fräulein Hauk weitaus besser abgeschnitten hat als am Eröffnungsabend. Am folgenden Abend führten wir *La Traviata auf* , in der Mdme. Nordica erschien, Signor Giannini übernahm die *Rolle* des „Alfredo". Während dieser Zeit wurden große Vorbereitungen für eine Produktion von *L'Africaine* getroffen . Die gesamte Dekoration und Kleidung, sogar das Schiff, war mit erheblichem Aufwand an die Pazifikküste gebracht worden; Für den Transport dieses kostspieligen Schiffs über die Ebene wurden nicht weniger als 900 £ für Übergepäck bezahlt.

Die Aufführung war großartig und das Werk wurde durchweg bewundernswert dargeboten; die großartigen Ballette und die Prozessionen erhielten großen Applaus.

In der Zwischenzeit ereigneten sich in der Firma viele Unannehmlichkeiten, die meine Bewegungsfreiheit stark einschränkten und außerdem meine nächtlichen Einnahmen schmälerten.

Obwohl Ravelli , der eigentlich der Grund für den ganzen Ärger war, seit fast drei Wochen krank war, weigerte er sich, weiter zu singen, es sei denn, er erhielt für die ganze Zeit sein volles Gehalt. Dies lehnte ich natürlich ab und ein Gerichtsverfahren war die Folge.

De Anna, der Bariton, war für die gesamten sechs Monate unserer Amerika-Tournee engagiert; und es gab eine Klausel in seinem Vertrag, die vorsah, dass während des Zeitraums von acht Tagen, etwa in der zweiten Dezemberhälfte, während die Gesellschaft untätig war, das Gehalt ausgesetzt werden sollte. Aber als wir die Tour fortsetzten, teilte mir Herr De Anna sofort mit, dass er mit dem Singen aufhören würde, wenn ich ihn nicht für diese acht Tage bezahle. Dies war der Beginn meines Ärgers mit ihm. Vor unserer Ankunft wurde ihm sein Gehalt ausgehändigt, die Hälfte in bar und die andere Hälfte in einem in San Francisco zahlbaren Scheck. Er legte seinen Scheck bei der Bank vor, bevor das Geld dort eingezahlt worden war, und teilte mir mit, dass er sich aufgrund der Nichtzahlung weigerte, an diesem Abend zu singen. Daraufhin ging der Schatzmeister mit dem Geld, das nur einen kleinen Betrag von etwa 50 oder 60 Pfund betrug, in sein Hotel. Er weigerte sich jedoch, den Scheck anzunehmen und herauszugeben. Das Geld wurde ihm erneut angeboten und erneut abgelehnt.

De Anna folgte dem Beispiel Ravellis und schaltete sofort eine Anzeige in die Tageszeitungen, in der er darlegte, dass die Rolle des „ Nelusko " in „ *L'Africaine* " eine der schwierigsten *Rollen* im *Repertoire* eines Baritons sei und dass er allein dazu in der Lage sei es ausführen; Gleichzeitig teilte er der Öffentlichkeit respektvoll mit, dass er dies nicht vorhabe.

In der Inszenierung von *L'Africaine* übernahm Del Puente jedoch die *Rolle* des „ Nelusko " und hatte großen Erfolg, so dass der widerspenstige Bariton außen vor blieb und nicht vermisst wurde. Dies erregte seinen Zorn noch mehr, und er griff auf eine Reihe täglicher Äußerungen in irgendeiner Form zurück, um die Oper zu diskreditieren.

Es war tatsächlich eine anstrengende Angelegenheit für mich. Der Bariton De Anna weigerte sich zu singen, und Ravelli lag mit einer schlimmen Erkältung im Bett; das galt auch für Mdlle. Fohström . Außerdem traf aus Minneapolis die Nachricht ein, dass Mdme. Nordicas Mutter, die dort zurückgelassen worden war, lag im Sterben. Nordica bestand darauf, sofort aufzubrechen und die fünftägige Reise anzutreten, in der Hoffnung, sie noch zu Lebzeiten zu erreichen; und der Rest der Kompanie befand sich in offener Rebellion.

Die Saison war jedoch trotz dieser fast unüberwindlichen Schwierigkeiten ein voller künstlerischer Erfolg; und die Kompanie, die ich meinen Unterstützern in San Francisco vorstellte, hätte jedem europäischen Opernhaus Ehre gemacht. Da aber wiederum der Name „ *La Diva*" fehlte, war die Schirmherrschaft, die mir gewährt wurde, äußerst dürftig. Die wohlhabenden und luxuriösen Bewohner des vielsagend benannten „Nobs' Hill" hielten sich sorgfältig fern.

Es gelang mir jedoch, die versprochenen vierundzwanzig aufeinanderfolgenden Auftritte sowie drei Sonntagskonzerte zu geben, wobei die vorletzte Aufführung mir gewidmet war.

KAPITEL XII.

DER RÜCKZUG AUS FRISCO – GEFAHREN IM HOTEL – EINE SZENE AUS „CARMEN" – OPERN-INVALIDEN – MÖRDERISCHE LIEBHABER – RAVELLIS ANSPRUCH – GENERAL BARNES' ANTWORT – FALL NACH HÖHEREN PREISEN – MEIN WEITERmarsch.

SAN Francisco oder Frisco, wie die Einwohner es liebevoll nennen, liegt am Ende der amerikanischen Welt; Es ist die Spitze des Strumpfes, über die hinaus kein weiteres Vorwärtskommen mehr möglich ist. Aus diesem Grund bleiben viele Menschen, die mit der Absicht, wiederzukommen, nach Frisco reisen, tatsächlich dort. Der Weg dorthin ist vergleichsweise einfach, der Rückweg kann jedoch schwierig sein. Es ist offensichtlich einfacher, genug Geld für eine einzelne Reise zusammenzukratzen, als genügend Geld für eine Hin- und Rückfahrt zusammenzubekommen ; und die Hauptstadt Kaliforniens ist voll von neu angesiedelten Einwohnern, von denen viele, nachdem sie so weit gekommen sind, keine Möglichkeit mehr haben, ihre Spuren zurückzuverfolgen.

Zur Zeit des von mir geleiteten Opernfeldzugs , der, wie er sehr verheißungsvoll begann, in Schwierigkeiten, Katastrophen und einem Rückzug endete, der immer wieder kurz davor stand, abgeschnitten zu werden, hatten konkurrierende Eisenbahngesellschaften die Dinge so arrangiert, dass der Zugang nach San Francisco war einfacher als je zuvor. Der Tarifkrieg war so heftig geführt worden, dass die konkurrierenden Eisenbahngesellschaften in ihrem Entschluss, sich gegenseitig zu übertreffen, schließlich die Gebühr für die Beförderung von Omaha nach Frisco auf einen Nominalbetrag pro Kopf gesenkt hatten. Für die direkte Beförderung eines Passagiers nach Frisco wurde ein Betrag von 20 £ (100 Dollar) erhoben; aber bei seiner Ankunft am Endbahnhof Frisco wurden ihm 19 £ als „Rabatt" zurückerstattet, als er sein Ticket aufgab.

Auch die Tarife von Frisco nach New York waren erheblich gesenkt worden; Und erst als wir nach einer Reihe finanzieller Misserfolge im Begriff waren anzufangen, wurden sie zu unserer Verwirrung und Verzweiflung plötzlich erhoben. Ich hatte eine Streitmacht von 160 Mann unter meinem Kommando, mit einem ungewöhnlichen Anteil an Gepäck; und dieser feindselige Schritt seitens der Eisenbahngesellschaften hatte die unmittelbare Wirkung, dass ich daran gehindert wurde, die Stadt zu verlassen.

Ravelli hatte, möglicherweise auf Anregung seines Orakelhundes (der ihm immer die perfidesten Ratschläge gab), ein Embargo für die gesamte Musik verhängt und so unsere Abreise verzögert, die andernfalls durchgeführt worden wäre, während sich die Eisenbahngesellschaften noch im Krieg befanden. Sie schienen sich darauf geeinigt zu haben, meinen Rückzug zu verhindern. Ravelli litt mehr als ich unter seinem rücksichtslosen Verhalten, denn er war völlig außerstande, seine eigenen Interessen zu wahren, ob mit oder ohne die Hilfe seines Hundeberaters.

Es muss klar sein, dass in Amerika ein Gläubiger oder jeder Anspruchsteller auf Geld, ob *gutgläubig oder nicht, im Falle eines Ausländers das Verfahren durch Pfändung des* Eigentums des angeblichen Schuldners einleiten kann. Dies kann auf der Grundlage einer einfachen eidesstattlichen Erklärung erfolgen, und die Angelegenheit wird den Gerichten erst danach vorgelegt.

Als Gegenleistung kann der Ausländer lediglich „Bürgschaften" finden, die sein Erscheinen zu einem späteren Zeitpunkt oder, bei Verzug, die Zahlung der geforderten Summe garantieren; Und so ist es mir auch passiert, als ich im Begriff war, an Bord zu gehen, und einer Reihe von Antragstellern gegenüberstand, von denen jeder einen Befehl erwirkt hatte, der ihn ermächtigte, mich entweder zu verhaften oder meine Habe zu beschlagnahmen. Deshalb pflegte ich auf dem Weg zum Dampfer, oder vielleicht auch zum Bahnhof, einen Marsch zu machen, begleitet von ein paar „Bürgern" und einem Richter. Die „Bürgschaftsbeamten" stellten die nötige Sicherheit, der Richter unterzeichnete seine Annahme der angebotenen Bürgschaft, und ich konnte dann abreisen.

Einmal musste ich, wie ich bereits dargelegt habe, die Pfändung meiner Quittungen durch eine Gruppe von „Scalpern" ertragen, die, nachdem ich das Geld mit Hilfe zweier freundlicher „Bürgschaftsbeamte" und eines höflichen Richters freigegeben hatte, es aufgaben ihr Anspruch; Aber als ich nächstes Jahr nach Frisco zurückkehrte, hätten sie es natürlich vor das zuständige Gericht bringen können, wenn es nicht völlig unbegründet gewesen wäre.

Zu den anderen außergewöhnlichen Ansprüchen, die unmittelbar nach der Affäre mit den „Scalpern" gegen mich erhoben wurden, zählte einer wegen 400 Gallonen Eau de Cologne. Eine solche Menge sei angeblich für Springbrunnen bestellt worden, die vor dem Opernhaus spielen sollten; aber die Händler hatten mich anstelle von Eau de Cologne hauptsächlich mit Wasser vom Land versorgt. Sie schworen jedoch, dass ich ihnen tatsächlich das von ihnen geforderte Geld schulde, und eine Pfändung wurde ordnungsgemäß bewilligt.

Es war also der Verrat des hundefürchtenden Ravelli, der unser Unglück in Frisco so etwas wie eine Krise brachte. Indem der gedankenlose Tenor sich die Musik aneignete, an der die ganze Truppe ein Interesse hatte, verletzte er sich natürlich selbst und bereitete sein eigenes Unbehagen vor.

Die Wirkung seines Handelns bestand auf jeden Fall darin, dass meine Abreise eine Zeit lang gestoppt wurde. Wir hatten die Stadt evakuiert und befanden uns nun blockiert und isoliert am Bahnhof. Die Eisenbahnen würden uns nicht um jeden Preis haben, sondern nur um ihren eigenen Preis. Die Hoteliers waren keineswegs auf unsere Rückkehr bedacht, und einige Mitglieder meiner Kompanie hatten ein gesundes Grauen davor, Hotelrechnungen zu begleichen, die sie nicht bezahlen konnten. Dies könnte zumindest teilweise durch die folgende Bekanntmachung inspiriert worden sein, die oder etwas Ähnliches in den meisten westlichen Hotels zu finden ist:

Ein Gesetz zum Schutz von Hotel- und Pensionsbesitzern.
„Sei es beschlossen durch die Generalversammlung der

Bundesstaat Missouri wie folgt: –

Vorwand Kost oder Logis in einem Hotel oder einer Pension erhält oder es versäumt oder sich weigert, dafür zu zahlen, wird davon ausgegangen, dass sie diese mit der Absicht erhalten hat, zu betrügen und diesen Hotel- oder Pensionsbesitzer zu betrügen, und wird eines Vergehens für schuldig befunden und bei Verurteilung mit einer Geldstrafe von höchstens fünfhundert Dollar oder mit einer Freiheitsstrafe im Kreisgefängnis oder städtischen Arbeitshaus von höchstens sechs Monaten bestraft , oder sowohl durch eine Geldstrafe als auch durch eine Freiheitsstrafe.

„Abschnitt II. – Es ist die Pflicht jedes Hotel- und Pensionsbesitzers in diesem Staat, eine gedruckte Kopie dieses Gesetzes an einer gut sichtbaren Stelle in jedem Zimmer seines Hotels oder seiner Pension anzubringen, und es ist keine Verurteilung zulässig gemäß dem vorstehenden Abschnitt zu beanspruchen, bis sich das Gericht als glaubhaft erweist, dass die Bestimmungen dieses Abschnitts von dem Hotel- oder Pensionsbesitzer, der die Beschwerde eingereicht hat, im Wesentlichen eingehalten wurden.

„Genehmigt am 25. März 1885.“

Ich hatte, einschließlich der Direktoren, des Chors, des Balletts und des Orchesters, 160 Personen unter meiner Obhut, und gemäß den Bedingungen der Hotelmitteilung habe ich gerade die Strafen wiedergegeben, die meiner Kompanie entstanden wären, wenn sie sich bei Gastwirten einquartiert hätten, ohne über die Mittel zu verfügen, ihre Rechnungen zu bezahlen hätte sich insgesamt auf eine Geldstrafe von 16.000 £ und eine Freiheitsstrafe von achtzig Jahren belaufen. Es war offensichtlich besser, im Freien zu biwakieren, als das Risiko einzugehen, eine so vernichtende Strafe zu erleiden.

Eine Abordnung des Chores wartete auf mich und sagte, da ihre künstlerische Karriere am Ende zu sein scheine, wäre es besser für sie, auf der Straße Bananen und Eis zu verkaufen; während andere vorschlugen, Restaurants zu eröffnen oder ihre Gesichter zu schwärzen und sich zu Gesellschaften italienischer Nigger zusammenzuschließen.

Einige der weiblichen Chorsängerinnen wünschten sich als Köchinnen zu engagieren, und eine alte Dame, die in ihrer frühen Jugend am Ufer des Arno Blumen verkauft hatte, hielt es für hübsch und gewinnbringend, in Frisco den Beruf wieder aufzunehmen, dem sie vor etwa dreißig Jahren nachgegangen war vierzig Jahre zuvor in Florenz.

Alle diese Chorsänger schienen einem Beruf nachzugehen, auf den sie sich verlassen konnten. In Italien waren sie nur nachts Chorsänger gewesen und waren tagsüber den verschiedenen Berufungen nachgegangen, zu denen sie nun in ihrer schwierigen Lage zurückkehren wollten. Von meinen Chorsängern wurde ich lediglich um die Erlaubnis gebeten, mich als frei zu betrachten, und in einigen Fällen um etwas Geld, um Schubkarren zu kaufen. Ich beschwor sie jedoch, mir treu zu bleiben, und überzeugte sie bald davon, dass, wenn sie sich an die Farben hielten, doch alles in Ordnung sein würde. Achtundvierzig Stunden lang lagerten sie vor dem Theater. Glücklicherweise befanden sie sich in einem ebenso schönen Klima wie in ihrem Heimatland; und mit ein wenig Makkaroni, die sie im Freien kochten, ein wenig kalifornischen Wein, der so gut wie nichts kostet, und ein wenig Tabak kamen sie zurecht.

„Die Szene vor dem Großen Opernhaus ähnelte stark dem dritten Akt von *Carmen* – etwa 100 antike und malerische Mitglieder von Maplesons Chor und Ballett, Männer und Frauen, saßen oder lagen auf ihrem Gepäck, wo sie die Nacht verbracht hatten. Wie diese Die unbeschwerten und geldgierigen Kinder des sonnigen Italiens lagen in der Sonne und halfen sich die Stunden mit Kartenspielen, Zigarettenrauchen und der Ausübung anderer internationaler Laster zu vertreiben. Man merkte, dass unter ihnen eine Art erwartungsvolle Angst herrschte selten bei Menschen ihrer Klasse zu sehen.

Was sie vor allem ärgerte, war, dass sie nicht zu ihren Koffern gehen durften, da nicht nur meine Musik, sondern das gesamte Gepäck der Kompanie mit einem Embargo belegt war. Einer von ihnen, Mdme. Isia wollte etwas aus ihrer Kiste holen, wurde aber vom Sheriff gewarnt, der sofort seinen Revolver zog.

Der Oakland-Dampfer war bereit, uns über die Bucht zum Bahnhof zu bringen, sobald wir abreisen konnten. Aber es mussten noch Formalitäten erledigt und positive Hindernisse überwunden werden. Schließlich sahen meine besorgten Chorsänger, die überall nach einem Schild suchten, mich in einem Buggy mit dem Beamten des Sheriffs auf sie zukommen . Ich trug ein bedeutendes Stück blaues Papier in der Hand und schwenkte es wie eine Fahne, als ich auf sie zukam. Sie antworteten mit lautem Jubel. Sie verstanden mich und wussten, dass sie gerettet waren.

Wie, so stellt sich die Frage, hat das Unternehmen seine Beliebtheit in der amerikanischen Öffentlichkeit so stark verloren, dass es nicht mehr in der Lage war, profitable Ergebnisse zu erzielen? Erstens waren mehrere der Sänger krank geworden, und obwohl die verschiedenen Krankheiten, an denen sie litten, durch keine Voraussicht meinerseits verhindert werden konnten, verlor das Publikum, obwohl es diese Tatsache erkannte, schließlich das Vertrauen in a Unternehmen, dessen führende Mitglieder Invaliden waren.

Eine der St. Louis-Zeitungen hatte damals einen detaillierten Bericht über die Krankheiten gegeben, unter denen so viele Mitglieder meiner Kompanie litten.

„Erstaunlich viele Krankheiten", sagte der Autor, „haben den Erfolg der italienischen Oper ernsthaft beeinträchtigt." Fohström und Dotti sangen während der Verlobung, aber beide klagten über Erkältungen und Halsschmerzen und behaupteten, dass ihr Gesang nicht in der Nähe sei So gut wie immer. Minnie Hauk hatte eine Erkältung und blieb die ganze Woche in St. Paul. Mdlle. Bauermeister konnte wegen einer Bronchitis nicht singen. Signor Belasco musste sich mehrere Zähne ziehen lassen und klagte über geschwollenes Zahnfleisch. Mdme. Nordica war krank, ohne auf Einzelheiten einzugehen. Signor Rigo war auf die gleiche Weise krank. Signor Sapio wurde in Chicago von einer Angina befallen und kehrte nach New York zurück. Signor Arditi , der Dirigent, war mit einer Lungenentzündung ans Bett gefesselt. Mdme. Lablache hatte eine schlimme Erkältung und konnte nur mit Schwierigkeiten erscheinen. Viele der Kostüme konnten nicht erscheinen, weil Signor Belasco, der Waffenschmied , unterwegs krank wurde und die Schlüssel zu den Koffern besaß.

Die Krankheit, unter der so viele Mitglieder meiner Kompanie litten, könnte zumindest teilweise auf ihre rücksichtslose Fröhlichkeit in St. Paul zurückzuführen sein. Das Winterfest war in vollem Gange und der Eispalast und das Rodeln hatten für meine Sänger einen Reiz, dem sie nicht widerstehen konnten. Mehrmals am Tag rutschten sie den Hügel hinunter. Die Damen kamen mit völlig nassen Kleidungsstücken nach Hause. Es war ganz normal, dass sie sich erkälteten, und der Sport, den sie beim Bergabrutschen betrieben hatten, kostete mich mehrere tausend Dollar aus der Tasche.

Minnie Hauk war fast verrückt nach Rodeln; Nordica auch. Signori Sapio und Rigo versuchten heldenhaft, in diesem Sport mit den Damen mitzuhalten, und wurden anschließend mit der Schwindsucht als Belohnung für ihre tapferen Bemühungen bedroht.

Vor allem aber schadete uns der Konflikt zwischen Ravelli und Minnie Hauk in „ *Carmen* ", *denn* die Einzelheiten der Affäre wurden bald bekannt und sofort in allen Zeitungen wiedergegeben. Es hat sich gezeigt, dass Herr von Wartegg es für notwendig hielt, Ravelli vor den Polizeirichter zu bringen und ihn mit einer sehr hohen Strafe festbinden zu lassen, um den Frieden gegenüber Mdme zu wahren. von Wartegg , sonst Mdme. Minnie Hauk; und selbstverständlich wurde über den Fall vollständig berichtet.

Was könnte das Publikum von einer Opernkompanie halten, in der der Tenor ständig damit drohte, die Primadonna zu ermorden, während der Ehemann der Primadonna sich gezwungen sah, an einem der Flügel mit einem Revolver in der Hand aufzutreten, mit dem er die Primadonna erschießen wollte? Tenor in dem Moment, in dem er auch nur die geringste Absicht zeigte, sich der Persönlichkeit zu nähern, für die er eine unbändige Leidenschaft hegen soll? „Don José" war der Oper zufolge unsterblich in „Carmen" verliebt. Es war jedoch zwischen den Sängern, die diese beiden Charaktere verkörperten, einvernehmlich, dass sie einen respektvollen Abstand zueinander einhalten sollten. Ravelli hatte Angst davor, dass Minnie Hauk ihn drosseln würde, während er ein hohes B erklingen ließ; und Minnie Hauk ihrerseits fürchtete sich vor dem mörderischen Messer, mit dem Ravelli sie immer wieder bedroht hatte. Unter solchen Umständen sieht Liebesspiel ein wenig unwirklich aus. „Ich verehre dich; aber ich werde nicht zulassen, dass du mir unter dem Vorwand , mich zu umarmen, die Kehle zu kneifen!"

Abstand einhältst, werde ich dich erstechen!"

Solche Widersprüche zwischen Worten und Gesten, zwischen der Musik der Sänger und ihrem allgemeinen Verhalten zueinander konnten nicht einmal das anspruchsvollste Publikum zufriedenstellen; und die amerikanische Öffentlichkeit ist zwar anerkennend, aber auch kritisch.

Da einige meiner Sänger krank im Bett lagen, andere sich auf der öffentlichen Bühne untereinander stritten und stritten, wurde meiner Kompanie die Ehre zuteil, völlig desorganisiert zu sein, und in jeder neuen Stadt, die wir besuchten, wurden unsere Einnahmen immer kleiner. Die Ausgaben für Gehälter, Reisekosten, Anwaltskosten und Hotelrechnungen waren mittlerweile enorm. Das Ende des Ganzen war, dass wir uns in San Francisco besiegt sahen und gezwungen waren, auf der Flucht Schutz zu suchen.

Bei einem letzten Auftritt taten wir unser Bestes, um ein wenig Geld für den Beginn des Retreats zusammenzubekommen; und ich muss offen zugeben, dass die Hoteliers, bei denen die verschiedenen Mitglieder meiner

Kompanie zu dieser Zeit untergebracht waren, ihr Bestes taten, um den Verkauf von Eintrittskarten voranzutreiben, denn nur darin lag ihre Hoffnung, ihre Rechnungen bezahlen zu können.

Man hat gesehen, dass mir einmal ein völliger Zusammenbruch drohte: Meine Kräfte schienen kurz davor zu sein, sich aufzulösen.

Ravelli , Cherubini und Mdlle zusammenzuhalten . Devigne , der später begann, auf eigene Rechnung zu vertreten, und sich bald in einer noch schlimmeren Lage befand als selbst ihre früheren Mitarbeiter, die die Loyalität und den Verstand hatten, bei mir zu bleiben. Nach langem ziellosem Umherschweifen wandten sie sich Richtung New York, das sie im Laufe von zwei Monaten mit fast übermenschlichen Anstrengungen erreichten.

Bevor ich ging, versetzte mir Ravelli , wie ich gezeigt habe, einen verräterischen Schlag, indem er ein Embargo für meine Musik verhängte, als ob er sich die Zahlung des fälligen Geldes sichern wollte, das sich jedoch als nicht geschuldet erwies, sobald die Angelegenheit dem Gericht vorgelegt wurde Gericht. Damit es in diesem Punkt keinen Irrtum gibt, gebe ich hier genaue Wiedergaben von Ravellis Anspruch, wie er in der ordnungsgemäßen rechtlichen Form dargelegt wurde, und meiner Antwort darauf. Abgesehen vom Inhalt des Falles wird es für den Leser interessant sein zu sehen, dass ein amerikanischer Schriftsatz nur wenig Ähnlichkeit mit dem schwerfälligen Dokument hat, das in England unter diesem Namen bekannt ist. Ein amerikanischer Anwalt legt in klarer, direkter Sprache dar, was in England unter einer Masse rätselhafter und fast unverständlicher Ausdrücke verborgen bleiben würde. Ich möchte hinzufügen, dass juristische Arbeiten in Amerika nicht mit der Feder, sondern mit der Maschine geschrieben werden und somit nicht nur für den Verstand, sondern auch für das Auge klar erkennbar sind. In Amerika kommt ein Anwalt mit ein paar maschinengeschriebenen Papieren in der Brusttasche seines Mantels vor Gericht. In England wurde er von einem unglücklichen Jungen begleitet, der unter der Last einer ganzen Masse gekritzelten Papiers stöhnte, das in zahlreiche Pakete aufgeteilt war, von denen jedes mit Bürokratie zusammengebunden war.

Ich werde jetzt die Dokumente im Fall Ravelli gegen Mapleson vorlegen, der nach Anhörung abgewiesen wurde, der mir aber trotz der bewundernswerten Schnelligkeit des Verfahrens vor dem amerikanischen Gericht mehrere Tage Verzögerung verursachte und infolgedessen unkalkulierbare Verluste; denn abgesehen von dem plötzlichen Anstieg der Eisenbahnpreise verpasste ich Gefechte in mehreren wichtigen Städten entlang meiner Marschlinie.

„LUIGI RAVELLI, Kläger, gegen JH MAPLESON, Beklagter." *Beschwerde.*

„Der oben genannte Kläger beschwert sich über den oben genannten Beklagten und macht als Klagegrund Folgendes geltend:

„Dass der Kläger zwischen dem 4. Februar 1886 und dem 4. April 1886 dem Beklagten auf besonderen Anlass und Wunsch des Beklagten in seiner Funktion als Opernsänger Dienste geleistet hat."

„Der Beklagte versprach, dem Kläger für diese Dienstleistungen ein Gehalt in Höhe von 2400 Dollar pro Monat zu zahlen.

„ Der Beklagte hat das besagte Gehalt oder einen Teil davon nicht gezahlt, und es wurde auch kein Teil davon gezahlt, und der Kläger hat häufig dessen Zahlung verlangt.

„Deshalb verlangt der Kläger ein Urteil gegen den Beklagten in Höhe von 4800 Dollar sowie Prozesskosten und Zinsen."

„FRANK & EISNER & REGENSBURGER,
„Anwälte des Klägers."

„*Bundesstaat Kalifornien, Stadt und Landkreis San Francisco.*

„LUIGI RAVELLI, der ordnungsgemäß vereidigt wurde, erklärt, dass er der Kläger in der oben genannten Klage ist. Er hat die vorstehende Klage gelesen und kennt deren Inhalt. Das Gleiche gilt für sein eigenes Wissen, mit Ausnahme der darin dargelegten Sachverhalte Informationen und Glauben, und was diese Dinge angeht , glaubt er, dass das Gleiche auch wahr ist.

„LUIGI RAVELLI

„An diesem 10. April 1886 vor mir geschworen.

„SAMUEL HERINGHIE,
„Abt. Co. Angestellter."

Als Antwort auf das oben Gesagte reichte mein Anwalt und Freund, der unbesiegbare General WHL Barnes, die folgende „Antwort und Gegenbeschwerde " ein:

„ *Vor dem Obersten Gerichtshof des Staates Kalifornien in*
und für die Stadt und den Landkreis San Francisco.
„LUIGI RAVELLI, Kläger, gegen JH MAPLESON, Beklagter.

„Nun kommt JH Mapleson, Beklagter in der oben genannten Klage, von WHL Barnes, seinem Anwalt, und zur Beantwortung der Beschwerde von

Luigi Ravelli legt der Kläger in der oben genannten Klage dem Gericht respektvoll Folgendes vor:

„Der Beklagte bestreitet, dass der Kläger dem Beklagten zwischen dem 4. Februar 1886 und dem 4. April 1886 oder zwischen anderen Daten auf besonderen Anlass oder Wunsch des Beklagten oder auf andere Weise Dienste in der Funktion eines Opernsängers oder auf andere Weise erbracht hat, es sei denn, im Folgenden angegeben.

„Der Beklagte bestreitet, dass dieser Beklagte für die besagten angeblichen Dienstleistungen oder auf andere Weise oder überhaupt versprochen hat, dem Kläger ein Gehalt von 2400 Dollar pro Monat oder einen beliebigen Betrag zu zahlen, außer wie nachstehend angegeben.

„Der Beklagte gibt zu, dass er dem besagten Kläger seit dem 4. Februar 1886 keine Zahlungen für seine angeblichen Dienste geleistet hat; er bestreitet jedoch, dass der Beklagte dies oder einen Teil davon dem Kläger schuldet.

„Und als weitere Antwort erhebt der Angeklagte gegenüber dem Gericht folgende Behauptungen und Beweise:

„Am oder um den 22. Juli 1885 schlossen der Kläger Luigi Ravelli und dieser Beklagte in der City of London, England, einen schriftlichen Vertrag ab, in dem im Wesentlichen Folgendes vereinbart wurde :

„1.: Das heißt, Ravelli wurde als Primo Tenore verpflichtet assoluto für Auftritte in Großbritannien, Irland und den Vereinigten Staaten mit dem Beklagten, sagte die Verpflichtung, mit Beginn der Saison um den 1. November 1885 n. Chr. zu beginnen und am Ende der amerikanischen Saison zu schließen, das Gehalt des Klägers 2400 Dollar pro Monat, zahlbar monatlich. Der besagte Ravelli stimmte zu, sowohl in Konzerten als auch in Opern zu singen, jedoch weder in der Öffentlichkeit noch in Privathäusern im Königreich Großbritannien, Irland oder den Vereinigten Staaten in den Jahren 1885–1886 ohne die schriftliche Genehmigung des Angeklagten. Der genannte Kläger stimmte in und durch den genannten Vertrag außerdem zu, sich an die üblichen Regeln des Theaters zu halten und zu Proben, Aufführungen und Konzerten an dem Ort und zu der genauen Zeit zu erscheinen, die in der offiziellen Aufforderung und für den Fall des besagten Datums angegeben sind Sollte der Kläger gegen diese Verpflichtung verstoßen, hatte der Beklagte das Recht, ein Wochengehalt von der Entschädigung des Klägers abzuziehen oder nach seiner Wahl die genannte Vereinbarung vollständig zu kündigen, da der Vertrag nun im Besitz des Beklagten ist und vorgelegt werden kann Wie das Gericht anordnen kann, kann die Bezugnahme darauf vollständig und im Großen und Ganzen erscheinen.

„Und der Beklagte sagt weiter, dass der Kläger nach dem Abschluss des besagten Vertrags begonnen habe, im Rahmen dieses Vertrags Leistungen als Opernsänger zu erbringen, und zwar bis etwa zum 8. Februar 1886, als sich der Beklagte in der Stadt aufhielt Chicago, Bundesstaat Illinois, und war damals mit seiner Opernkompanie damit beschäftigt, Aufführungen von Opern und dergleichen im Columbia Theatre in besagter Stadt zu geben. Und zwar am Abend des besagten Tages, und während die Opernkompanie dieses Angeklagten dort war beschäftigte sich damit, eine Darstellung der Oper namens „ *Carmen* " *zu geben* , in der Madame Minnie Hauk die *Rolle* der „Carmen" und der besagte Ravelli die *Rolle* des „Don José" übernahm, während der besagte Ravelli auf der Bühne stand und in Anwesenheit des besagten Das Publikum habe Madame Minnie Hauk gewaltsam angegriffen und ihr dann und wann gedroht, sich das Leben zu nehmen, und ihr die heftigsten beleidigenden Schimpfwörter und Ausdrücke zugeschrien; dass sein Verhalten dazu geführt habe, dass Madame Minnie Hauk schwer krank geworden sei, und sie habe dies auch weiterhin getan, und das mit der Zeit Mit der Zeit war er nicht in der Lage, aufzutreten, was diesen Angeklagten dazu zwang, die von ihm vorgeschlagenen und beworbenen Opern zu ändern, was zu großer öffentlicher Enttäuschung und einem großen finanziellen Verlust für diesen Angeklagten führte.

„Und der Angeklagte sagt weiter, dass der Kläger sich etwa vom 8. Februar 1885 bis zum 20. Februar 1885 geweigert habe, irgendeine der für ihn vorgesehenen Rollen zum Singen aufzuführen, den Proben beizuwohnen oder den Rufen in ihrer jetzigen Form Folge zu leisten Dieser Angeklagte habe ihn am 20. Februar in besagter Stadt Chicago mit großer Mühe dazu überredet, die Rolle des „Arturo" in der Oper „I Puritani" zu spielen und zu *singen* , aber vor dem letztgenannten Tag war er regelmäßig und offiziell benachrichtigt und zu den Proben der Oper von *Mignon gerufen worden* , um die Rolle des „Guglielmo" zu proben und zu singen, und er weigerte sich, dies zu tun, und riss die Oper auf Daraufhin schickte er ihm Anrufe oder Mitteilungen und warf sie dem Boten des Angeklagten ins Gesicht. Der besagte Ravelli wurde der Öffentlichkeit angekündigt, in allen Anzeigen und Bekanntmachungen für den 19. Tag die *Rolle* des besagten 'Guglielmo' in der besagten Oper von *Mignon zu singen vom Februar 1885 n. Chr., weigerte sich jedoch gänzlich und unterließ es, dies zu tun, und vernachlässigte und weigerte sich auch, in der Rolle* des „Don José" in „ *Carmen* " aufzutreten und zu singen , die in Rechnungen angekündigt und für den 20. Februar 1885 angekündigt wurde.

„Nachdem dieser Angeklagte Luigi Ravelli , wie oben erwähnt, dazu überredet hatte , in der Rolle von *I Puritani* zu singen, sang er bis zum 13. März weiter, als sich dieser Angeklagte mit seiner Kompanie in der Stadt Denver im Territorium Colorado aufhielt Zu diesem Zeitpunkt und an diesem Ort versäumte er erneut ohne Grund oder Entschuldigung, bei einem von diesem Angeklagten in der besagten Stadt angekündigten und gegebenen öffentlichen Konzert mitzusingen.

Ravelli danach und bis zum 6. April 1885 in allen seinen Beziehungen zu diesem Angeklagten unbotmäßig, respektlos und eigensinnig war und fälschlicherweise vortäuschte, er könne nicht singen, mit Ausnahme von zwei Gelegenheiten und bei jedem dieser Gelegenheiten." Ohne Erlaubnis dieses Angeklagten und ohne Vorankündigung ließ er vorsätzlich die verschiedenen Hauptmelodien und Lieder vor dem Publikum aus, das dafür bezahlt hatte, ihn singen zu hören, und verursachte dadurch für den Angeklagten großen Ärger und Verlust aufgrund der Enttäuschung von der Öffentlichkeit und der dadurch verursachten Abneigung der Öffentlichkeit gegenüber diesem Angeklagten. Dass Ravelli in den letzten vier Wochen, in denen dieser Angeklagte bei seinem besagten Unternehmen in der Stadt und im Landkreis San Francisco tätig war , wiederholt vorsätzlich seinen Vertrag gebrochen hat , enttäuschte die Öffentlichkeit und verletzte diesen Angeklagten in seinem geschäftlichen Unterfangen schwer. Er hat in der gesamten genannten Zeit nur zweimal gesungen und bei seinem ersten Auftritt absichtlich und böswillig unterlassen, einen Hauptteil der Musik zu singen, die ihm zum Singen aufgeschrieben worden war Enttäuschung der Öffentlichkeit, Unterbrechung und Beeinträchtigung der Darstellung und Zufügung großer Verletzungen und Verluste für den Angeklagten.

„Dass der besagte Luigi Ravelli am 10. April letzten Jahres ordnungsgemäß zur Probe gerufen wurde und bestimmte von ihm ausgewählte Musikstücke singen sollte, die er von diesem Angeklagten in das Konzertprogramm für den 11. April aufgenommen hatte, sich aber weigerte, zu proben oder zu singen." bei besagtem Konzert, obwohl der Beklagte dafür gesorgt hatte, dass die besagte Musik und die Bandteile davon ausgeschrieben und so arrangiert wurden, dass sie dem Vergnügen und der Laune des besagten Klägers entsprachen.

„ Das heißt, Ravelli weigerte sich nicht nur zu singen, sondern erklärte an Ort und Stelle, dass er nicht mehr für diesen Angeklagten singen würde, und fügte fälschlicherweise und böswillig Anzeigen und Bekanntmachungen in bestimmte öffentliche Zeitungen von San Francisco ein, wobei diese Bekanntmachungen und Veröffentlichungen für ihn sehr schädlich waren Verletzung dieses Angeklagten.

„Dass all diese Handlungen des Klägers einen Verstoß gegen seinen Vertrag mit diesem Beklagten darstellten, und zwar in erheblichem Maße zum Schaden dieses Beklagten und zu seinem Schaden in Höhe von fünftausend Dollar."

„Und dieser Angeklagte sagt weiter, dass er wiederholt die Verstöße des besagten Klägers gegen den besagten Vertrag mit diesem Angeklagten und seine Gewalt und Brutalität gegenüber anderen Personen des Unternehmens als diesem Angeklagten geduldet hat, in der Hoffnung, dass er letztendlich zur Besinnung kommt und sich benimmt sich selbst, wie er sollte; aber dass die ganze Nachsicht dieses Angeklagten ihm gegenüber wirkungslos war und nur zu wiederholten und weiteren Verstößen gegen seinen Vertrag geführt hat.

„Deshalb behauptet dieser Angeklagte, dass alle und alle genannten Handlungen und Taten des genannten Ravelli eine Vielzahl von Verstößen gegen seinen genannten Vertrag mit diesem Angeklagten darstellten und dass dies dem Angeklagten über den Betrag hinaus geschädigt worden sei Gehalt, auf das der besagte Ravelli Anspruch gehabt hätte, wenn er sich in den oben genannten Punkten ordnungsgemäß verhalten hätte, nämlich die volle Summe von fünftausend Dollar.

„Deshalb verlangt der Beklagte, dass die besagte Klage abgewiesen wird und dass er vom Kläger als Schadensersatz für die Verletzung seines besagten Vertrags mit diesem Beklagten einen Betrag von fünftausend Dollar zuzüglich der Kosten der Klage und der Auslagen verlangen kann." die durch die Verteidigung dieser Klage entstanden sind.

„WHL BARNES,
„Anwalt des Angeklagten."

„ Bundesstaat Kalifornien, Stadt und Landkreis San Francisco .

„JH MAPLESON, der ordnungsgemäß vereidigt ist, erklärt, dass er der Beklagte in der oben genannten Klage ist, dass er die vorstehende Antwort und Gegenklage gelesen hat und deren Inhalt kennt; dass das Gleiche für sein eigenes Wissen gilt, mit Ausnahme dieser Die darin dargelegten Angelegenheiten basieren auf seinen eigenen Informationen und Überzeugungen und er glaubt, dass diese Angelegenheiten wahr sind.

„JH MAPLESON.

„An diesem 16. April 1886 vor mir unterzeichnet und geschworen.

„GEO. F. KNOX,
"Notar."

Gunsten beendet wurde (General Barnes gewinnt alle seine Fälle, auch wenn sie nicht ganz so gut sind wie meiner), musste ich ein paar Dollar für die Anwaltskosten bezahlen, und das Embargo für Musik und Gepäck wurde erhöht . Aber wir konnten unsere lange Reise nicht mit etwa zehn Dollar unter uns insgesamt 160 antreten, und ich hatte noch mit vielen Schwierigkeiten zu kämpfen, bevor ich mich auf den Weg machen konnte. In London oder Paris hätte ich mich zunächst von meinem wertvollen Schmuck trennen sollen, aber das konnte ich in einer amerikanischen Stadt nicht tun, ohne dass jeder sofort davon erfuhr. Dass Schmuck nicht von Hand zu Hand weitergegeben werden kann, ohne dass ein angemessener Eigentumsnachweis erbracht wird, ist zweifellos eine hervorragende Sache, auch wenn es für meinen speziellen Fall nicht geeignet ist. In England lieben wir die Freiheit so sehr, dass es einem Pfandleiher aus der unteren Klasse oder einem Empfänger gestohlener Güter freisteht, alles, was ihm angeboten wird, zu kaufen oder als Pfand anzunehmen, ohne unbequeme Fragen zu stellen oder sich in irgendeiner Weise Gedanken darüber zu machen, wie Das Eigentum gelangte in die Hände desjenigen, der es veräußern wollte. In Amerika muss der Verkäufer oder Pfandgeber eines Wertgegenstandes seinen richtigen Namen und seine Adresse angeben und gleichzeitig eine seriöse Person als Referenz mitbringen, deren Name und Adresse ebenfalls angegeben werden müssen. Das erinnert mich (wenn ich für einen Moment vom roten Faden meiner Geschichte abweichen darf) daran, dass Spirituosen in Amerika legal nicht an Personen unter fünfzehn Jahren und unter keinen Umständen an Frauen verkauft werden dürfen. In England sind wir so wunderbar frei, dass Frauen und Kinder in jedem Wirtshaus Penn'norths Gin kaufen können; und ein unternehmungslustiger Gastwirt soll ein großes Vermögen gemacht haben, indem er in seiner Kneipe eine metallene Theke einrichtete, die niedrig genug war, um den Bedürfnissen kleiner Kinder gerecht zu werden.

Als Sicherheit für die Bezahlung einer Sängerrechnung musste ich in einem Hotel einen 50-Pfund-Ring zurücklassen, und seltsamerweise wurde dieser Ring, als er mir später per Einschreiben nach New York geschickt wurde, im Moment meines Aufenthaltes beschlagnahmt Öffnen des Pakets durch einen Gläubiger, oder besser gesagt, einen Kläger, der für eine vorgetäuschte Schuld eine Pfändung meiner Besitztümer veranlasst hatte; so dass ich es erst nach Erledigung mehrerer Formalitäten endlich in meinen Besitz bringen konnte.

Ich erinnere mich an einen Fall, in dem ein amerikanischer Manager, dessen Quittungen beigefügt waren, Wert darauf legte, das an der Tür bezahlte Geld in seine Taschen zu stecken, die sich in kürzester Zeit mit Münzen füllten. Um das Geld, das ein Mann in seinen Taschen trägt, zu pfänden, ist eine besondere Anordnung erforderlich, die als „Pfändungsnehmer" bekannt ist; und die Pfändung von Geld, das bei der Person mitgeführt wird, kann nicht erwirkt werden, es sei denn, der Inhaber gibt zu, dass er es bei sich hat, oder es kann eidesstattlich nachgewiesen werden, dass er ein solches Eingeständnis vor der Anhörung einer anderen Person gemacht hat.

Nach erfolgter Pfändung kann der Pfändungsbeschluss telegraphisch zur Vollstreckung weitergeleitet werden, und zwar überall dort, wo die Person, gegen die die Pfändung bewilligt wurde, Vermögen besitzt. Andererseits kann ein Manager als ausgleichenden Vorteil seine Quittungen telegraphisch verpfänden, und ein Mann kann jederzeit auf dem gleichen Weg Geld zu einem recht geringen Entgelt an einen anderen schicken. Zahlen Sie das Geld bei einem Telegraphenbüro ein, und der Angestellte telegrafiert an das Büro an dem Ort, an dem sich Ihr Korrespondent aufhält, dass ein Betrag in gleicher Höhe wie der eingezahlte Betrag unverzüglich zu zahlen ist. Unsere Postanweisungen werden zu Wuchertarifen und innerhalb begrenzter Zeiten ausgestellt. Man kann jedoch nicht umhin, den Tag vorherzusehen, an dem wir in dieser, wie in so vielen anderen Angelegenheiten des praktischen Lebens, vernünftig genug sein werden, die Amerikaner nachzuahmen.

Im letzten Moment war es für mich unbedingt notwendig, mich von einer gewissen Menge an Schmuck zu trennen , und dies gelang mir hoffentlich, ohne zu viel Aufmerksamkeit zu erregen . Mir blieb der Ärger erspart, die Einzelheiten zu jedem einzelnen Verkauf in den Zeitungen zu lesen.

Ich habe berechnet, dass sich der Schaden, der mir durch Ravellis absurdes Verhalten entstanden ist, auf mindestens 10.000 Dollar belief. In einigen Städten entlang der großen Eisenbahnlinie, in denen ich Auftritte gegeben hatte, war es mir nicht möglich, andere zu bekommen, weil ich die festgesetzten Termine verloren hatte; und in einer Stadt, in der mir der Manager einen anderen Termin gab, stoppte er die gesamten Quittungen; die ihm, wie er sagte, als Schadensersatz für die Verletzung zustehen würden, die ihm dadurch zugefügt wurde, dass er am ursprünglich vereinbarten Abend nicht auftrat.

Am Morgen unserer Abreise – unserer Flucht, könnte ich sagen – aus der Stadt, in der wir ein Jahr zuvor so wohlhabend gewesen waren und aus der ich nicht nur ein kleines, sondern ein sehr beträchtliches Vermögen mitgenommen hatte, wurde ich um ein Uhr geweckt Ein Chinese, ein Neger und mehrere italienische Chorsänger riefen um 17:00 Uhr morgens nach Geld. Aber ich habe jeden Anspruch erfüllt, bevor ich ging; und ich war mehr erstaunt als erfreut, als ich dafür von einer der Zeitungen in San Francisco Komplimente erhielt, in denen darauf hingewiesen wurde, dass ich mir die Mühe und den Schmerz, in den ich verwickelt war, leicht hätte ersparen können, wenn ich einen Strafzettel genommen hätte und ich reiste auf eigene Rechnung nach Osten und überließ es der Firma, in der kalifornischen Hauptstadt für sich selbst zu sorgen.

Ich war nicht in der Lage, jedem ein Trinkgeld zu geben, das es meiner Meinung nach verdient hätte. Aber John O'Molloy , der Gasmann des Opernhauses, hatte mir in all meinen Schwierigkeiten mannhaft zur Seite gestanden; und ich konnte nicht gehen, ohne ihm ein kleines Geschenk zu machen. Damit habe ich dem armen Kerl einen wirklich tragischen Dienst erwiesen; denn um des 25- Dollar -Scheins willen, den ich ihm gab, wurde er noch am selben Abend ausgeraubt und ermordet.

Im Großen und Ganzen gaben mir die Zeitungen von San Francisco gute Worte zum Abschied, auch wenn mich die Interviewer inmitten meiner Schwierigkeiten ein wenig beunruhigt hatten. Einer von ihnen erklärte mein finanzielles Versagen nicht mit dem Skandal, den Ravellis Verhalten verursacht hatte, sondern damit, dass ich zu populären Preisen gespielt hatte, statt zu den außergewöhnlich hohen Preisen, die ich verlangt hatte, als Patti im Jahr zuvor für mich sang und den Empfang empfing Zeitzahlung in Höhe von 1.000 £ pro Nacht.

„Oper", hieß es in der betreffenden Zeitschrift, „wird als Luxus betrachtet, für den seine Anhänger bereit sind, großzügig zu zahlen. Hohe Preise sind ihre Illusion, und wenn man sie auf die aktuellen Preise reduziert, wird die Romantik der Sache zerstört." Mapleson schien dies nicht zu verstehen, und sein Mangel an Wissen hat dazu geführt, dass er uns mit seinem San-Francisco-Projekt fast bankrott gemacht hat. Es wird überall zugegeben, dass er eine großartige Truppe hatte, aber die Tatsache, dass er auftrat, was ist Bekannte Preise und Komplikationen bei bestimmten Mitgliedern seiner Truppe scheinen ihn seines gewohnten Erfolgs zu berauben.

„Übrigens", sagte ein Autor in der Zeitung „ *Truth* ", „*mir ist aufgefallen, dass Mapleson* Ravelli angeblich 6.000 Dollar zu verdanken hat , obwohl ein Künstler bekanntermaßen nie zulässt, dass ein Impresario ihm mehr als ein paar Auftritte schuldet." [It Vor Gericht wurde bewiesen, dass ich ihm nichts schuldete.] Zu Hause erhalten sie, wie jeder weiß, in ihrem eigenen Land in etwa einem Jahr so viel, wie sie in einem Monat in Amerika bezahlt werden, dessen Straßen sich der durchschnittliche italienische Sänger vorstellt mit Goldmünzen gepflastert sein. Was den Erfolg oder Misserfolg des Unterfangens des Impresarios anbelangt, sind sie völlig gleichgültig, fordern aber hartnäckig weiterhin den äußersten Pfennig, egal wie schlecht die Dinge auch laufen mögen. Lyrische Künstler sind in der Regel die Menschen, die in allen Bereichen äußerst unwissend sind, mit Ausnahme ihrer besonderen Kunst und ihres Geldes. Sie sind äußerst eingebildet und abscheulich egoistisch und betrachten einen Impresario als ihre natürliche Beute. Die Summen, die Ravelli in den letzten Jahren von Mapleson erhalten hat, stehen außer Frage ausreichend, um dem Tenor für den Rest seines Lebens Komfort und Luxus zu bieten. Doch in dem Moment, in dem er seine *Gegenleistung* nicht erhält, weigert er sich, seine Dienste zu leisten, bezichtigt seinen Manager als Betrüger und verlässt ihn in einem Moment, in dem er mit Loyalität und ein wenig Geduld dazu hätte beitragen können, das Unglück zu lindern, das nötig war sind in Opernangelegenheiten unweigerlich zu erwarten. Natürlich ist der Arbeiter nach allgemeinen kaufmännischen Grundsätzen seiner Anstellung würdig; aber in Opernangelegenheiten steht die Miete in der Regel so völlig in keinem Verhältnis zu den erbrachten Leistungen und die Bedingungen des Unternehmens sind so anders als bei anderen Unternehmungen, dass sicherlich ein wenig Spielraum zugelassen werden sollte.

Bei meiner Ankunft in Chicago erfuhr ich, dass eine der Chicagoer Zeitungen zu Beginn meiner Schwierigkeiten das folgende Telegramm ihres Korrespondenten in San Francisco veröffentlicht hatte:

„Mapleson kämpft in seiner letzten Opernwoche in San Francisco mit Meinungsverschiedenheiten, da sein erster Tenor eine Karte veröffentlicht hatte, in der er behauptete, dass Mapleson seinen Verpflichtungen ihm gegenüber nicht nachgekommen sei und dass er nicht singen würde, wenn er nicht eine Ankündigung darüber veröffentlichte Sein eigener Name. Der *San Francisco Chronicle* , die führende Zeitung, ruft daher alle Musikliebhaber auf, sich am 16. energisch zu Gunsten von Mapleson zu versammeln. Die absurden Preise, die Mapleson seinen Opernmördern zahlt, machen das Operngeschäft ruinös. Gedeckt mit Mit Trophäen und einer gebührenden Portion Narben aus seinen vielen Feldzügen wird Mapleson morgen, Sonntag, mit seinen Truppen nach Chicago marschieren und im Chicago Opera House übernachten, wo seine wichtigsten Mitglieder in einem geistlichen Konzert zu hören sein werden .

„Trotz all dieser Opernschwierigkeiten waren die verschiedenen Aufführungen auf dem hohen Niveau, das uns Mapleson jemals präsentiert hat. Mapleson bleibt noch eine Woche bei uns. Solche Aufführungen, wie er sie gegeben hat, sind nur an wenigen Orten zu finden. Nein." Die heute bestehende Opernkompanie verfügt über eine bessere Sängertruppe. Einige Zeitungen scheinen den allgemeinen Eindruck zu haben, dass Colonel Mapleson operntechnisch tot und völlig aus dem Rennen ist. Durch seinen Auftritt hier beweist er der Öffentlichkeit, dass dies der Fall ist er ist immer noch an Deck.

Mein Rückzugsplan war gut durchdacht und hätte mit etwas Glück durchaus Erfolg haben können. So wie es war, ermöglichte es uns zumindest, ohne allzu große Verzögerung New York zu erreichen und von New York aus das Schiff nach Liverpool zu nehmen.

Da ich nicht in der Lage war, die Eisenbahn auf direktem Weg von Frisco nach New York zu befehligen, beschloss ich, an bestimmten ausgewählten

Punkten entlang der Strecke eine Reihe von Gefechten durchzuführen. Wenn die erste davon erfolgreich war , sollte ich für meine zweite Begegnung besser aufgestellt sein. Es war auf jeden Fall sicher, dass ich in jeder neuen Stadt Beiträge erheben konnte; und mit dem so gesammelten Geld konnte ich einen neuen Vorrat an Proviant anlegen und meinen Vormarsch per Bahn in Richtung New York fortsetzen, bereit, in der ersten Stadt anzuhalten, deren Bevölkerung und Ressourcen es für mich lohnen könnten, dies zu tun.

Um ein wenig zurückzugehen, muss ich das hier erklären, bevor ich San Francisco verlasse, damit Mdme. Minnie Hauk könnte frisch für den geplanten Auftritt in Omaha sein, ich hatte sie zwei Tage im Voraus geschickt – eine Strecke von nicht mehr als 1.867 Meilen; während Mdme. Nordica wurde an einem anderen strategischen Punkt 2.500 Meilen entfernt, in Minneapolis, stationiert. Sie musste sich um ihre kranke Mutter kümmern, war aber bereit, wieder zu uns zu kommen, wenn wir dazu aufgefordert würden. Mdlle. Alma Fohström , die sich noch nicht ausreichend von ihrem Unwohlsein erholt hatte, wurde in San Francisco zurückgelassen, 2.400 Meilen vom Ort meiner nächsten Operationen entfernt.

Aus Louisville, Kentucky, telegrafierte ich Mdme. Minnie Hauk wird sofort eingewechselt, um am zweiten Abend unserer Staffel *Carmen zu spielen;* und sie kam rechtzeitig an. Sie sang noch am selben Abend.

Mdme. Nordica erhielt den Befehl, zu uns nach Indianapolis zu kommen, wo sie in „*La Traviata*" auftreten sollte , was sie auch am folgenden Freitag ordnungsgemäß tat; während Mdlle. Alma Fohström , inzwischen genesen, wurde von San Francisco nach Cincinnati gebracht, eine Strecke von etwa 2.500 Meilen, um in *Lucia di Lammermoor aufzutreten* . Auch sie kam pünktlich und sang noch am selben Abend.

Ich erwähne diese kleine Tatsache, um zu zeigen, was mit ein wenig Disziplin erreicht werden kann. Der Grund, warum Mdme. Minnie Hauk wurde vorher nach Omaha geschickt, damit ich durch die Ankündigung ihrer Ankunft in dieser Stadt der Öffentlichkeit Vertrauen geben konnte, da berichtet wurde, dass meine Firma aufgelöst wurde. Daher gab es keine Buchung; Hätten wir allerdings pünktlich zum versprochenen Termin zur Oper eingetroffen, hätten meine Einnahmen, die ich bereits bei der Eisenbahngesellschaft für die Ausreise aus San Francisco verpfändet hatte, sicherlich nicht weniger als 500 oder 600 Pfund betragen. Mdme. Außerdem wäre Minnie Hauk ein Umweg von rund 2.400 Meilen erspart geblieben .

Insgesamt habe ich etwa 2.000 Pfund verloren, da ich Omaha am Freitag, Burlington am Samstag, Chicago am Sonntag und meinen ersten Auftritt in Louisville am Montag verpasst habe.

Trotz meiner fast unüberwindlichen Schwierigkeiten hörten die Aufführungen nie auf, eine angekündigte Oper wurde nie geändert, und die gesamten versprochenen Aufführungen fanden tatsächlich in jeder Stadt statt; Die Pressemitteilungen, die ich immer noch aufbewahre, sind sich einig über die Qualität der Darstellungen.

Ich möchte erwähnen, dass die Fahrt auf diesen Strecken durchschnittlich nur etwa 25 Meilen pro Stunde beträgt und es auf der Straße mehrere sehr starke Steigungen gibt. In einigen Fällen fährt der Zug in 57 Meilen über 3.000 Fuß hinauf und wieder hinunter; während die Höhe mehrerer Berge, die der Zug überquert, 7.000 bis 8.000 Fuß beträgt.

KAPITEL XIII.

DEL PUENTE IN DER KÜCHE – kochender Kaffee – kalifornischer Wein – der Sergeant macht einen Kopfball – die russische Mutter – ich werde Sheriff – ein dummer Refrain – Dynamitbomben.

Als die Gesellschaft sich auf den Weg zum Dampfer machte, der uns zum Bahnhof bringen sollte, kam es zu weiteren Problemen infolge der erhöhten Beträge (nachdem die Preise erhöht worden waren) für die Pullman-Wagen, die ich für die Hauptkünstler bestellt hatte ; was einer beachtlichen Summe entspricht. Aber diese Schwierigkeit wurde letztendlich überwunden, und wir brachen am frühen Mittwochabend nach Omaha auf, wo wir am darauffolgenden Freitag erwartet wurden.

Außerdem war mein Privatwagen vermietet worden, und ich war gezwungen, einen gewöhnlichen Pullman zu engagieren, der über keinerlei Einrichtungen zum Kochen oder gar zum Erhitzen von Wasser verfügte. Nun mussten eilig Wein, Kaffee usw. und ein paar Dosen Fleischkonserven eingekauft werden; und für Omaha war der Anfang gemacht.

für die Versorgung meiner Hauptkünstler sorgen , sondern auch für die Zubereitung ihres Essens. Als wir im Begriff waren aufzubrechen, kaufte ich ein paar Schinken und ein paar Dosen Fleischkonserven, Wein und mehrere Gallonen Whisky; Letzteres ist nicht für den Eigenverbrauch, sondern lediglich für Kochzwecke bestimmt. Ich stellte fest, dass es im Zug keine Küche gab und musste so gut ich konnte eine improvisieren. Del Puente ist nicht nur ein ausgezeichneter Sänger, sondern auch ein sehr erträglicher zweitklassiger Koch; und ich übertrug ihm die Aufgabe, die Makkaroni zuzubereiten (was er, wie ich zugeben muss, mit erstklassigem Stil erledigte) und allgemein als Küchenmädchen und Küchenjunge zu fungieren. Ich selbst fungierte als *Koch* und sorgte am Ende jedes Tages dafür, dass der hervorragende Bariton die Teller und Schüsseln abwusch und die Küchenutensilien im Allgemeinen in gutem Zustand hielt.

Jeden Morgen bereitete ich früh den Kaffee für das Frühstück vor; und ich glaube, dass es nie einen besseren und schon gar keinen heißeren Kaffee gab als den, den ich eines Tages kurz vor der Frühstücksstunde durch einen Ruck des Zuges über meine unglücklichen Beine schüttelte.

Die frische, belebende Luft der Berge und der weiten Ebenen könnte etwas damit zu tun haben; Aber wenn man die Ergebnisse betrachtet, kann ich durchaus sagen, dass meine Kochkünste geschätzt wurden. Darüber hinaus waren meine acht Hauptkünstler in reizender Stimmung. Alle beruflichen Eifersüchteleien und Rivalitäten waren vergessen, außer vielleicht seitens Del Puente, dem die zweitrangige Position, die ich einem Künstler zugewiesen hatte, der zuvor alle außer Hauptrollen abgelehnt hatte, nicht ganz gefiel.

An den meisten Hauptbahnhöfen konnten wir Eier, Hühner, Tomaten und Salat kaufen. Außerdem gab es in der Regel eine Kuh in der Nähe ; und wo immer wir Gelegenheit dazu hatten, legten wir einen Vorrat frischer Milch an.

Da ich gerade beim Thema Kühe bin, muss ich ein Wort zu dem grausamen Schicksal sagen, das diesen unglücklichen Tieren durch die Hände der Eisenbahner widerfährt. Vor jedem Zug steht ein „Kuhfänger", der, wenn eine Kuh auf die Strecke kommt, das elende Tier wegschiebt und ihm gleichzeitig die Beine bricht. Ich flehte den Lokführer mehr als einmal an, den Zug anzuhalten und das verstümmelte Tier mit einem Revolverschuss aus seinem Elend zu erlösen, aber das hielt ich nicht für lohnenswert .

Wenn eine Kuh vom „Kuhfänger" getötet wird, kann der Besitzer von der Eisenbahngesellschaft die Hälfte ihres Wertes verlangen; und es heißt, dass in schlechten Zeiten, wenn das Vieh auf dem Markt knapp wird oder, noch schlimmer, unverkäuflich ist, es mit der Absicht, es zu vernichten, an die Grenze getrieben wird. Ich habe auf einer Tagesreise oft Hunderte von gebleichten Skeletten von Tieren gesehen, die der „Kuhfänger" direkt getötet oder verstümmelt und dem Tod überlassen hatte. Ein von der Eisenbahngesellschaft ernannter Inspektor geht von Zeit zu Zeit an der Strecke entlang und markiert, nachdem er sich eingerichtet hat, im linken Ohr und an der Schwanzspitze die toten Tiere, für die die Gesellschaft bezahlt hat. Der ehemalige Besitzer entsorgt die Kadaver und Häute; Letzteres allein besitzt einen nennenswerten Wert. Erstere bleiben auf dem Boden liegen und dienen den Krähen als Nahrung; Allerdings schneiden die Indianer manchmal Teile des Fleisches ab, wenn sie auf ein noch frisches Tier stoßen.

Während unserer achttägigen Reise fungierte ich nicht nur als Koch, sondern auch als Butler; und unsere verschiedenen Weine, alle aus kalifornischem Anbau, waren ausgezeichnet. Sie kosten zwischen 8 und 10 Tage pro Flasche, und ich war nicht der Einzige, der sie für eine ausgezeichnete Qualität hielt. Sänger sind keine großen Weintrinker, aber sie sind an Weine erster Qualität gewöhnt; und ich kann zugunsten der Weine Kaliforniens sagen, dass sie von Künstlern mit so unbestreitbarem Geschmack wie Patti, Nilsson und Gerster geschätzt und für den Transport nach Europa gekauft wurden . Die Transportkosten machen es unmöglich, die Weine aus Kalifornien zum Verkauf nach Europa zu schicken. Aber eines Tages, wenn beispielsweise der Panamakanal durchtrennt wird, wird es sowohl in England als auch auf dem Kontinent einen Markt dafür geben. Sie sind natürlich von unterschiedlicher Qualität. Aber die besten kalifornischen Jahrgänge können als unvergleichlich bezeichnet werden. Ich erinnere mich, dass ich einmal in Gesellschaft einiger meiner führenden Künstler von Surgeon-General Hammond in seinem Haus in der Fifty-eighth Street, New York, bewirtet wurde, als kalifornischer Champagner serviert wurde, den wir alle bewundernswert fanden. Unser scherzhafter Gastgeber verkleidete es unter Etiketten mit den bekannten Namen „Heidsieck" und „ Pommery-Greno "; und wir alle dachten, wir würden die besten Jahrgänge von Epernay und Reims trinken. Dann schenkte er uns unter dem Deckmantel von kalifornischem Champagner echten Pommery und echten Heidsieck; Das Ergebnis war, dass wir alle getäuscht wurden. Der als französisch bezeichnete, in Wirklichkeit aber kalifornische Wein wurde als ausgezeichnet bezeichnet, während die echten französischen Weine, die angeblich kalifornischen Ursprungs waren, von minderer Qualität schienen.

Als ich in Cheyenne ankam , stellte ich fest, dass es unmöglich sein würde, Omaha rechtzeitig für die Aufführung von „ *Carmen* " *zu erreichen* , die für den folgenden Abend angekündigt war; oder Burlington, wo *Lucia* der Samstag in Rechnung gestellt wurde; oder Chicago für unser Sonntagskonzert, für das jeder Platz vergeben war. Alles musste aufgegeben werden. Unser Sonderzug wurde daraufhin nach rechts in Richtung Denver umgeleitet, wo ich telegraphierte, ob sie uns am folgenden Sonntag zu einem Konzert einladen könnten. Als ich eine negative Antwort erhielt, telegrafierte ich nach Kansas City, wo mein Vorschlag angenommen wurde. Daraufhin telegrafierte ich dem Kansas-Manager die Namen der Künstler und das Programm mit den Stücken, die jeder singen würde. Durch die Manipulation der Telegraphenbeamten wurde kaum einer der Namen der Künstler richtig geschrieben, während die Stücke, die sie singen wollten, wie ich später feststellte, alle durcheinander waren.

Zu gegebener Zeit erreichte unsere Gruppe Denver, wo wir eine halbe Stunde Halt machten, um den Zug zu bewässern und Eis für die Wassertanks in den verschiedenen Waggons zu besorgen. Anschließend machten wir uns auf den Weg nach Kansas City.

Kurz nachdem ich Denver verlassen hatte, erkrankte einer meiner Sergeants aus dem Corps of Commissionaires – von denen ich mehrere aus London mitgebracht hatte – an einer Krankheit und soll an einem Sonnenstich gelitten haben, den ich mir viele Jahre zuvor in Indien zugezogen hatte.

Während unseres kurzen Aufenthalts in Denver hatte ihm einer der anderen Sergeanten Medikamente gekauft, die er regelmäßig einzunehmen pflegte. Gegen zwei Uhr morgens wurde er sehr gewalttätig, und es wurde für notwendig befunden, die durch den Wagen verlaufende Klingelschnur zu durchtrennen, um ihn festzubinden. Dann gab ich dem Sergeant-Major den

Befehl, ihn in ein Bett zu legen und ihn alle zwei Stunden von abwechselnden Ablösungen der anderen Sergeanten überwachen zu lassen.

Ungefähr um vier Uhr morgens, mitten in einem schrecklichen Gewitter, begleitet von Strömen von Regen, wurde ich durch das plötzliche Eintreten des Sergeant-Majors alarmiert, der erklärte, dass der von ihm betreute Invalide das Fenster geöffnet und einen Kopfball direkt herausgeholt hätte .

Da die Klingelschnur fehlte, war es sehr schwierig, den Zug anzuhalten. aber letztendlich ist uns das gelungen. Zahlreiche von uns machten sich auf die Suche nach den Überresten des armen Mannes, wobei uns die lebhaften Blitze bei unserer Suche unterstützten. Da das Wasser auf beiden Seiten der Eisenbahn mehrere Fuß hoch war und der Sergeant nirgends auf der Strecke zu finden war, kamen wir nach dreistündiger Suche zu dem Schluss, dass er ertrunken sein musste, und setzten den Zug erneut ein und hinterließen eine Nachricht am Bahnhof erste Station des Unglücks, das sich ereignet hatte.

Infolge dieser Verzögerung erreichten wir Kansas City erst um halb elf Uhr nachts, als uns ein Teil der Öffentlichkeit entgegenkam, um in ziemlich deutlicher Weise ihre äußerste Missbilligung zum Ausdruck zu bringen. Später wurde mir erklärt, dass fast jeder Platz im Haus verkauft worden sei und dass wir, wenn wir rechtzeitig angekommen wären, mindestens 800 Pfund hätten mitnehmen müssen, was in meiner schwierigen Situation eine erhebliche Hilfe gewesen wäre.

Wir setzten unsere Reise direkt nach Louisville, Kentucky fort. Aber auch hier haben wir es versäumt, zur richtigen Zeit anzukommen. Da der Zug so viele Stunden Verspätung hatte, erreichten wir unser Ziel erst um elf Uhr abends, als das Publikum, das schon lange gewartet hatte, sehr wütend nach Hause ging. Nachdem Minnie Hauk am nächsten Abend zu uns zurückgekehrt war, spielten wir *Carmen* nur vor einem gemäßigten Haus, da das Publikum jegliches Vertrauen in das Unternehmen verloren hatte. Als er mit dem Manager abrechnete, zog er meinen gesamten Anteil an den Einnahmen ab und erklärte, dass sie ihn teilweise für die Verluste entschädigen würden , die durch unser Nichtankommen in der ersten Nacht sowie in der Nacht zuvor entstanden seien, sowie für den allgemeinen Rückgang in den Quittungen, die durch diese Pannen verursacht wurden, nicht berücksichtigt werden. Anschließend gingen wir zum Bahnhof, um den Zug nach Indianapolis zu nehmen; Aber als ich dort ankam, stellte ich fest, dass die Sheriffs nicht nur die gesamte Landschaft, alle Besitztümer, Kleider und alle Kisten, sondern auch alle meine Eisenbahnwaggons beschlagnahmt und beschlagnahmt hatten; und nur mit der größtmöglichen Mühe gelang es mir, den Zug freizugeben, indem ich einen Befehl für die nächste Stadt gab. Natürlich musste ich die Kosten des Sheriffs tragen, die außerordentlich hoch waren.

Als wir in Indianapolis ankamen, erwarteten uns sehr dürftige Einnahmen, die auf Befehl, den ich aus Louisville gegeben hatte, vollständig von den Eisenbahnern übernommen wurden. Auch aus San Francisco gab es diverse Forderungen. Während meines gesamten Aufenthalts in Indianapolis konnte ich von der Geschäftsleitung keinen einzigen Dollar bekommen. Ich bereitete jedoch vor, indem ich auf die Einnahmen der kommenden Woche wartete, um alle meine Verbindlichkeiten zu begleichen und mich auf den Weg nach Cincinnati zu machen, wo die Ergebnisse unserer Verlobung grauenhaft waren. Das Theater war jeden Abend fast leer, und das Publikum hatte aufgrund der drohenden Unruhen Angst, auf die Straße zu gehen.

Um die große Nachfrage nach Bahnfahrpreisen zu befriedigen, war ich nun gezwungen, an aufeinanderfolgenden Bahnhöfen Kulissen, Kostüme und Besitztümer abzugeben. An einer Stelle gelangte eine riesige Kiste, die nichts als Niggerperücken, Schnurrbärte und Bärte enthielt, hergestellt von Clarkson aus London, aus meinen Händen in die der Sheriffs, die eine Vorliebe dagegen hegten. Als ich es für notwendig hielt, mich an einer Station von *L'Africaine zu trennen* , an einer anderen mich von *Wilhelm Tell zu trennen und an einer dritten ganz Il Trovatore* und ein bisschen *Semiramide* wegzuwerfen , fühlte ich mich wie die russische Mutter, die Um ihre eigene Sicherheit zu gewährleisten, warf sie ihre Kinder nacheinander den Wölfen vor.

Ich kann jedoch nicht sagen, dass die Wölfe des Gesetzes in Amerika schlimmer sind als in anderen Ländern. Sie tragen die gleichen Ehrennamen , die man unter den Berufsangehörigen im glücklichen England gewohnt ist. Darüber hinaus war es für mich interessant zu erfahren, dass die Levys , die Isaacs, die Aarons und die Solomons der Vereinigten Staaten alle mit den Levys , Isaacs, Aarons und Solomons unseres eigenen bevorzugten Landes verwandt sind. Ich hatte so viel mit ihnen zu tun, vom Beginn des Rückzugs aus Frisco bis zu meiner Ankunft in New York und dem Vorabend meiner Abreise nach Europa, dass sie mich schließlich wie ihren Freund behandelten und mich aus ihrer Gilde entlassen . Sie bewirteten mich auch beim Abendessen und gaben mir ein Abzeichen; und als meine Gesundheit betrunken war, wurde mir versichert, dass ich in Zukunft wie ein Bruder behandelt werden sollte: Denn, sagte der Sprecher und bezog sich dabei auf die Tatsache, dass ich jetzt selbst Sheriff war: „Hund frisst keinen Hund.“

Um auf meine Geschichte zurückzukommen: Nachdem Aufträge für die Reparatur der Straßen und die Neupflasterung der Stadt vergeben worden waren , waren infolge einer Vereinbarung zwischen den verschiedenen Bauunternehmern alle Straßen gleichzeitig unbefestigt geblieben; und sobald alle Pflastersteine verlegt waren, kam es zum Generalstreik. Es war unmöglich, dass eine Kutsche irgendwo vorbeifuhr, ohne von den Steinhügeln umgeworfen zu werden. Plötzlich hörten wir, dass die Anarchisten sich erhoben, und nun war die Stadt voller Staatsmilizen, begleitet von zahlreichen Gatling-Geschützen, um die Straßen zu räumen. Diese Dinge in Kombination beeinträchtigten den Betrieb der Oper so sehr, dass das Theater jeden Abend leer war. In vielen Fällen hatten Chorsänger Angst, auf die Straße zu gehen, um ihren Pflichten nachzukommen.

Nun gesellte sich Mdlle zu uns zurück. Fohström , ebenfalls von Mdme. Nordica; aber alles sah sehr aussichtslos aus. Über unsere früheren Missgeschicke war in den verschiedenen Zeitungen so viel geschrieben, telegrafiert und in jeder Hinsicht übertrieben worden, dass es schien, als wäre uns jegliches Vertrauen entzogen worden, und wir konnten unsere Auftritte nur mit größter Mühe durchführen.

Wie in Anlehnung an die Pioniere von Cincinnati begannen Teile meiner Kompanie nun zu streiken. Zuerst spielte die Kapelle, dann der Refrain, dann das Ballett.

Eines Abends, als *Lucia di Lammermoor* aufgeführt wurde, teilte mir eine Delegation von Chorsängern mit, dass sie es ablehnen würden, auf die Bühne zu gehen, wenn nicht alle Rückstände beglichen seien. Argument war nutzlos. Die Mitteilung erfolgte in Form eines Ultimatums. Die Chorsänger warteten nicht einmal bis zum Ende der Aufführung auf ihr Geld, sondern bestanden darauf, es sofort zu haben.

Deshalb musste ich die Oper mit dem Auftritt von „Enrico" beginnen und den kleinen Einleitungschor weglassen, der vom Publikum nicht vermisst wurde. Damit haben wir den ersten Akt geschafft; auch die erste Szene des zweiten Aktes. Der Vorhang wurde nun kurz vor der Hochzeitsszene gesenkt; und es wurden erneut Verhandlungsversuche unternommen, jedoch immer noch ohne Erfolg. Ich hielt es für notwendig, einen Chor für die große Hochzeitsszene zu improvisieren, und er bestand aus dem Bühnenmanager, dem Bühnenmaler, mehreren Programmverkäufern , dem Kostümbildner, dem Waffenschmied und seinen Assistenten sowie mehreren Handwerkern. Ballettmädchen usw., die, elegant gekleidet in einige meiner besten Kleider, eine sehr imposante Wirkung hatten. Ich gab ihnen strikte Anweisung, vollkommen zu schweigen und so wenig wie möglich zu handeln; Gleichzeitig fordert er die Hauptsänger auf, im großen Sextett ihr Bestes zu geben.

Das Ergebnis war eine Zugabe und allgemeine Begeisterung. Auch alle wurden am Ende des Aktes vor den Vorhang gerufen, und einer der führenden Kritiker erklärte, das *Finale* sei „nobel wiedergegeben".

Als der Refrain herausfand, wie gut ich ohne sie auskommen konnte, kam er nun zurecht.

Am darauffolgenden Sonntagabend fand ein Konzert statt, das die Verlobung abschloss. Die gesamten Einnahmen waren von Anwälten,

Sheriffs, Eisenbahngesellschaften und den Besitzern der Hotels übernommen worden, in denen die Hauptmitglieder der Truppe übernachteten. Darüber hinaus hatten die Hoteliers alle Kisten beschlagnahmt. Der Zug wurde am Bahnhof aufgestellt; aber nach zweistündigem Warten wurde der Motor abgenommen und in die Schuppen gebracht.

In der Zwischenzeit versammelten sich in verschiedenen Teilen der Stadt dunkle Gruppen von Chorsängern, und es sah tatsächlich düster aus. In der Nacht gelang es mir, die verschiedenen Hotelrechnungen zu bezahlen; Und schließlich wurde in den frühen Morgenstunden der Zug zusammengestellt und fuhr nach Detroit. Ich blieb zurück, um Vorkehrungen für die Begleichung der verbleibenden Schulden zu treffen.

Als das Unternehmen in Detroit ankam , stellte sich heraus, dass Minnie Hauks Kartons mit ihren Carmen-Kleidern zurückgelassen worden waren. Da sie sie unmöglich rechtzeitig erreichen konnten, musste ich per Telegramm veranlassen, dass am Nachmittag neue Kleider für sie angefertigt wurden. Ich brauchte meine ganze Zeit, um die fünfzig oder sechzig Pfändungen freizugeben, die gegen das Eigentum der verschiedenen Mitglieder der Gesellschaft ausgestellt worden waren, und am nächsten Morgen kam ich früh mit den Dingen, die ich endlich triumphierend freigegeben hatte, in Detroit an. Der gesamte Pullman-Wagen war mit den verschiedenen Artikeln gefüllt, die ich herausgegeben hatte, darunter die *Carmen*- Kleider, verschiedene Wäschestapel, verschiedene Kleidersäcke und Stapel wunderschön gestärkter Ballettmädchen-Unterröcke.

Unser künstlerischer Erfolg in Detroit war großartig und nach drei Auftritten reisten wir nach der letzten Aufführung nach Milwaukee.

Wir reisten von Detroit nach Milwaukee, wo nur wenige Tage zuvor auf den Mob geschossen worden war, wobei etwa achtzehn Menschen getötet und mehrere verwundet wurden. Die ganze Stadt war in Alarmbereitschaft; Weder Fohströms „Lucia" und „ Sonnambula ", noch Minnie Hauks „Carmen" noch Nordicas „Margherita" im *Faust* konnten mehr als genug Geld einbringen, um die Rechnungen für die Verpflegung und die Fahrt nach Chicago zu bezahlen, wohin wir am nächsten Morgen früh aufbrachen.

Die Szenen, die sich dort abgespielt hatten, müssen jedem noch frisch im Gedächtnis geblieben sein.

Die Anarchisten hatten Bomben geworfen; Zahlreiche Menschen waren getötet worden, und die Öffentlichkeit von Chicago war in Bezug auf die Oper in der gleichen Stimmung wie so viele andere Städte zuvor. Es zog es vor, drinnen zu bleiben.

Unser Musikbetrieb wurde durch den Streik erheblich beeinträchtigt, woraufhin umgehend eine Aussperrung verhängt wurde. Die Bekleidungshersteller schlossen ihre Geschäfte und verloren fast 2.000 Betriebsleiter – „Chefs", wie die Amerikaner sie nennen – und 25.000 Arbeiter. Die Arbeiter hatten zehn Stundenlohn für acht Stunden Arbeit mit 20 Prozent gefordert. Vorschuss auf Hosen und 25 Prozent. auf Westen und Mänteln. Die „Bosse" forderten einen Vorschuss von 35 bis 50 Prozent. bei Arbeiten aller Art; und es wurde von den Arbeitgebern beschlossen, nicht wieder zu öffnen, bis alle Firmen erfolgreich Widerstand gegen diese Forderungen seitens der Arbeiter geleistet hatten. Auch die Metall- und Möbelfabrikanten waren von ihren Männern bedroht worden; und sie weigerten sich auch, den Streikenden nachzugeben. Zur gleichen Zeit streikten 30.000 bis 40.000 Mann in Cincinnati, wo die Vororte von einer ganzen Truppenarmee besetzt waren. Es schien nun, dass die Unruhen in Chicago eng mit denen in Cincinnati verbunden waren. Einige der streikenden Sozialisten waren, etwa 600 oder 700 Mann, mit wirksamen Gewehren bewaffnet und kontrollierten die Herstellung von Dynamitgranaten. Die Granaten, die die Randalierer in Chicago benutzt hatten, waren in Cincinnati hergestellt worden, und es hieß, dass die Chicago Socialists über einen Vorrat dieser höllischen Maschinen zum sofortigen Einsatz verfügten. In Milwaukee, etwa siebzig oder achtzig Meilen von Chicago entfernt, waren gerade neunzehn Anarchisten und Sozialisten wegen Aufruhrs und Verschwörung „zum Töten und Morden" angeklagt worden. In den Straßen von Chicago waren Plakate an den Wänden angebracht, auf denen angekündigt wurde, dass Gruppen von mehr als drei Personen gewaltsam auseinandergetrieben würden; so dass ein Mann und eine Frau, die in Begleitung zweier ihrer Kinder unterwegs waren, um *„Il Trovatore"* oder *„Lucia di Lammermoor" zu hören* , Gefahr liefen, von Gatling-Kanonen beschossen zu werden.

KAPITEL XIV.

UNTERIRDISCHE MUSIK – DER STRÜRKER ZUSCHLAG – TOSKANISCHES TOFFY – EINE GESUNDE „LUCIA" – ICH ERHOLE SICH AUS DEN VEREINIGTEN STAATEN – EIN ZUM RITTER GESCHLOSSENER BÜRGERMEISTER.

Wir eröffneten unsere Chicago-Saison mit einem großen Konzert vor Beginn der regulären Aufführungen, um die Öffentlichkeit darüber zu informieren, dass die gesamte Company nach den widersprüchlichen Berichten, die verbreitet worden waren, in der Stadt präsent war.

Ungeachtet all unserer jüngsten Niederlagen war meine Kompanie intakt, außer dass der widerspenstige Tenor Ravelli durch Signor Baldanza und der Bass Cherubini durch Signor Bologna ersetzt worden war . Auch hier in Chicago, meiner üblichen Hochburg der italienischen Oper, waren die Berichte über unsere Probleme übertrieben und ausgeweitet worden, so dass die breite Öffentlichkeit jegliches Vertrauen verloren hatte, ungeachtet der Tatsache, dass durch den Einfluss von Mrs. Marshall Field eine Party stattfand Einer der angesehensten Bürger hatte sich die gesamten Logen für die gesamte Saison gesichert.

Das Engagement in Chicago sollte uns unsere Verluste im Westen ausgleichen. Doch leider wurde diese Hoffnung nicht wahr; und als Folge der wilden Berichte, die in die allgemeine Verbreitung und natürlich in die Zeitungen gelangten, begann die Gesellschaft, nach ihrem Lohn zu schreien . Ich verwies sie an Herrn Henderson, den Manager des Chicagoer Opernhauses; und sein Büro war täglich überfüllt mit erstklassigen Damen , Chorleuten, Tänzern, Musikern, Immobilienmaklern, Plakatmännern und Statisten, die alle Geld verlangten. „Lucia" bettelte um Dollars und Cent; „ Manrico " bestand darauf, mindestens drei Mahlzeiten am Tag zu sich zu nehmen; während der „Graf di Luna", der die Wohnung seines Rivalen teilte, protestierte, dass er in *Il Balen* seine F's nicht mit der gebotenen Wirkung herausholen könne, wenn er nicht vor seiner Abreise ein Pint guten Weins getrunken hätte .

Herr Henderson erklärte, sein Leben als Manager sei eine Belastung, gab aber keine andere Antwort.

Von den Orchesterspielern war die Trommel am lautesten; obwohl der Hautboy und der Piccolo genauso nachdrücklich waren. Es war ein vereinter und entschlossener Streik, dessen Grundgedanke lautete: „No pay no play."

Ihnen stand nur ein Wochenlohn zu, und es wurde vereinbart, dass Herr Henderson, der Manager, ihnen einen Wochenlohn als Abschlag zahlen sollte. Doch als sich die Musiker versammelten, um es entgegenzunehmen , bestanden sie plötzlich durch die Überredung eines ihrer Mitglieder auf die Begleichung aller Rückstände; sonst würden sie nicht ins Orchester eintreten.

Da ich feststellte, dass sie hartnäckig waren und das ihnen angebotene Geld nicht annehmen wollten, war ich gezwungen, Musiker aus den verschiedenen Musikvereinen der Stadt zu suchen, und berief eine Probe ein, sobald ich dazu bereit war. Nachdem das neue Orchester zusammengestellt war, wurde für 19.30 Uhr an diesem Abend eine eilige Probe anberaumt; und nicht lange nach dem Öffnen der Türen wurde das Publikum mit den Klängen meines neuen Orchesters verwöhnt, das unter dem Graben übte , von dem es nur durch einen sehr dünnen Boden getrennt war.

Als Arditi Signor Bimboni , den Begleiter und Dirigenten, darüber informierte, dass er von ihm verlangen würde, im Orchester am Klavier mitzuhelfen, antwortete Bimboni : „Gott sei Dank! Ich habe auch geschlagen."

Nicht entmutigt, wenn auch etwas zornig, gelang es Arditi , einen Begleiter ausfindig zu machen, der sich tapfer mit der Pianoforte-Partitur abmühte.

Während der Aufführung traf Parry, unser Bühnenmanager, Bimboni in der Nähe des Bühneneingangs und machte ihm scharfe Vorwürfe, weil er seinen Posten verlassen hatte. Diese Auseinandersetzung führte zu Schlägen. Bimboni schlug wild zu und ging bald mit einem blauen Auge und einem verletzten Gesicht zu Boden, als Erinnerung an die Begegnung.

Als der Chor feststellte, dass ich ein anderes Orchester gestellt und damit gedroht hatte, andere Chorsänger zu finden, gab er nach; Und ich muss sagen, es ist uns gelungen , trotz aller Schwierigkeiten eine ganz hervorragende Leistung zu erbringen.

Am nächsten Tag war alles wieder ruhig und ich konnte meine Auftritte bis zum Schluss fortsetzen und die Saison mit Erfolg abschließen. Das Engagement in Chicago endete mit einer Wohltätigkeitsveranstaltung, die mir von den meisten prominenten Bürgern angeboten wurde. Sie zeigten damit ihre Wertschätzung für meine Bemühungen als Pionier; denn ich war der erste Manager, der in seiner Stadt eine große Oper einführte, die diesen Namen verdiente.

Unter den Unterschriften des Dokuments, das diese Tatsache verkörpert, befanden sich die folgenden bekannten Namen: – The Hon. Carter H. Harrison, Richter Eugene Carey, Marshall Field, Ferd . W. Peck, J. Harding, Professor Swing, George Boyne, Irving Pearce, AA Sprague, George Schneider, John R. Walsh, J. McGregor Adams, George F. Harding, SS Shortball , J. Russell Jones, Edson Keith, CM Henderson, Hon. J. Medill, Potter Palmer, John B. Drake, NK Fairbank, TB Blackstone, AS Gage usw.

Als ich vor den Vorhang gerufen wurde, dankte ich der Öffentlichkeit für die großzügige Unterstützung, die sie meinem Unternehmen gegeben hatte; auch der Presse für die ermutigenden Mitteilungen, die sie trotz all meiner Schwierigkeiten täglich veröffentlicht hatte. Dies war durch die Tageszeitungen, die sich tatsächlich mehr für meine Angelegenheiten interessierten als ich selbst, allen in vollem Umfang bekannt gemacht worden.

Bezüglich des Streiks meines Orchesters, über den ein Bericht im *Inter-Ocean veröffentlicht wurde* , sagte Herr David Henderson, Manager des Chicago Opera-House, zu einem Interviewer: „ Das neue Orchester spielte heute Abend zufriedenstellend." Die Musikgewerkschaft hielt im Laufe des Tages eine Sitzung ab und kam, wie mir gesagt wurde, zu dem Schluss, dass die Mitglieder des Oberstorchesters Unrecht getan hätten, als sie in der Frage der Löhne Stellung bezogen, das heißt, indem sie von mir Gehaltsrückzahlungen verlangten . Nach dem Treffen äußerten mehrere von ihnen den Wunsch, wiederzukommen, aber ich nahm nur die nötigen mit, insgesamt fünf oder sechs. Der Rest ist arbeitslos. Das Orchester ist jetzt besser als zuvor und alles läuft reibungslos. Bei Nach Abschluss des Engagements der Kompanie werden am Sonntagabend eine Reihe der Direktoren, des Chors und des leitenden Personals mit Colonel Mapleson direkt nach London zurückkehren. Ich sollte hinzufügen, dass er seit Beginn des Engagements keinen einzigen Cent angerührt hat der Kasseneinnahmen. Ich habe das Geld so gerecht wie möglich verteilt und jedem Künstler so viel von den aktuellen und früheren Gehältern gegeben, wie es die Einnahmen zuließen. Ich habe erfahren, dass der Colonel gegenüber seiner Kompanie nicht so weit im Rückstand ist, wie Zeitungsberichte die Öffentlichkeit glauben machen wollten. Einige der Hauptdarsteller hatten, soweit ich das beurteilen kann, erst drei oder vier Auftritte hinter sich, bevor sie nach Chicago kamen. Soviel ich weiß, stehen dem Orchester, das das Orchester verlassen hat, zwei Wochengehälter zu, die in den letzten acht Wochen seit dem schlechten Geschäft des Colonels in Kalifornien und durch die verlängerte Reise entstanden sind. Der beste Beweis dafür, dass seine Kompanie davon überzeugt ist, dass der Colonel beabsichtigt, das Richtige gegenüber seinen Mitgliedern zu tun, ist die Bereitschaft, mit der jeder von ihnen zugestimmt hat, am Samstagabend ohne Entschädigung zu seinen Gunsten zu erscheinen."

„Die Mapleson Opera Company", schrieb die Tribune, „hat mit den Problemen und Wirrungen des Colonels in der vergangenen Woche die Aufmerksamkeit der Öffentlichkeit ziemlich gut erfüllt. Außerhalb des Columbia Theatre gab es bei den McCaull- Leuten nichts, worüber man reden konnte, außer über den Colonel." . Es gibt Zeiten, in denen Mapleson, vielleicht unbewusst, an Sympathie appelliert. Er ist heute der einzige lebende Mann, der den Mut hat, überhaupt in das Geschäft einzusteigen, und der den durchschnittlichen Opernsänger regieren und kontrollieren kann. Letzterer ist am meisten ein anstrengendes Biest auf Erden. Mann oder Frau, Italiener oder Grieche, Deutscher oder „Amerikaner", sie sind alle gleich. Ein widerspenstigeres, streitsüchtigeres und insgesamt unvernünftigeres Wesen als ein Opernsänger ist in keinem anderen Lebensbereich zu finden. Mit dem italienischen Teil der Gilde kommt man am schlechtesten zurecht. Der italienische Sänger ist raubgierig, unvorsichtig, undankbar und gegenüber seinem Manager völlig rücksichtslos. Gleichzeitig ist er ein eitler Narr, den ein Wort der Schmeichelei bewegen kann. Mapleson spricht Er spricht fließend Italienisch, und wenn es Ärger gibt , sucht er den Beschwerdeführer auf, gibt ihm eine Menge toskanisches Toffee, und der Idiot geht los und singt, als wäre nichts passiert. Die Mapleson-Saison am Chicago Opera House hatte zwar ihre Schwierigkeiten, konnte aber dennoch Erfolge verbuchen. Die führenden Leute haben dem Oberst zur Seite gestanden. Er hatte Probleme mit dem Orchester, aber das wurde schnell behoben. Gestern hat Giannini, den Mapleson sozusagen aus der Gosse in New York geholt hat, wo ihn die Milan Company abgesetzt hat, und an den er seitdem Tausende von Dollar gezahlt hat, ob er es verdient hat oder nicht, kurz zuvor gestreikt die *Matinée* . Giannini wollte 600 Dollar. Mapleson bot 400 Dollar. Giannini lehnte es ab und wollte nicht singen. Dann begann der Oberst auf seine charmante Art italienisch zu reden, und das Ergebnis war, dass der Tenor zurückkam, sich anzog und sang, und auch das ohne einen Cent, und zwar mit Sanftmut. *La Sonnambula* , die Mdlle gab. Fohström hatte bei ihrer letzten Auftrittsmöglichkeit ein gutes Haus bei der *Matinée* , und die Benefizveranstaltung des Obersten am Abend war eine erfreuliche Hommage. Es gab keine Pausen mehr und das Publikum zeigte die ganze Zeit über eine herzliche Wertschätzung. Das Programm war genau das, was die Bewunderer von Colonel Mapleson wollten. Der Auftritt gestern Abend beendete die Saison. Von hier aus zerstreut sich das Unternehmen. Die Rektoren suchen ihr Zuhause in Europa, und der Colonel reist eilig nach London, wo er den Patti-Auftritt im Juni beaufsichtigen soll. Mapleson ist von der Erfahrung, die er in dieser Saison gemacht hat, angewidert, aber er ist keineswegs entmutigt. Er droht, bald zurückzukommen.

Nach etwa drei Wochen erfuhren wir, dass Sergeant Smith, der Kommissar, der im Hemd aus dem Fenster sprang, bequem schlafend und unverletzt aufgefunden worden war. Es bereitete einige Schwierigkeiten, ihn in dem Kostüm, in dem er sich damals befand, zum Krankenhaus zu begleiten, wo man ihn zunächst mitnehmen sollte, bis etwas Kleidung besorgt werden konnte. Während er dort festgehalten wurde, erkannte eine Dame, die einen kranken Gärtner besucht hatte, dass der Sergeant etwa sechs Monate zuvor mit ihr auf demselben Boot übergesetzt hatte. Er nahm bereitwillig ihr Angebot für die freie Stelle an und begann sofort mit der Arbeit; und erst nach vielen Nachforschungen darüber, wie die vermisste

Leiche beseitigt worden war, stellten wir fest, dass der Mann noch am Leben war. Als dies bekannt wurde, erschienen mehrere Artikel in verschiedenen Zeitschriften, von denen einige das Leben von Sergeant Smith schilderten und darlegten, wo und wie er seine zahlreichen Medaillen gewonnen hatte, während andere sich allgemein über die Tapferkeit und Ausdauer der britischen Armee äußerten.

Zu gegebener Zeit schloss sich der tapfere Sergeant der Haupttruppe an und zog seine Uniform an.

Während wir in Chicago waren, gab eine andere Operngesellschaft, die sich Milan Grand Italian Opera Company nannte, Aufführungen, und während einer Aufführung von *Lucia ereignete sich ein amüsanter Vorfall* . Das Publikum wartete auf den Auftritt der Heldin im dritten Akt. Aber sie warteten und schauten vergebens zu. Der Chor stand in stummer Verwunderung da, während die Musiker im Orchester etwas amüsiert wirkten. Das Publikum stampfte mit den Füßen und klatschte in die Hände, während die Galerie immer wieder zischte. Der Vorhang wurde heruntergelassen und es dauerte ein paar Minuten, bis schließlich Signor Alberto Sarata , der Manager des Unternehmens, auf der Bühne erschien und sagte, dass Miss Eva Cummings, die die Rolle von „Lucia, „ war plötzlich krank geworden und konnte ihren Auftritt nicht mehr fortsetzen. Die Oper würde daher ohne sie weitergehen. Er hatte kaum zu Ende gesprochen, als „Lucia" selbst auf die Bühne kam und erklärte, dass sie bei bester Gesundheit sei und ihr Gehalt wolle. Diese Ankündigung wurde mit gemischtem Jubel und Fauchen aufgenommen.

Die Primadonna verneigte sich anmutig erst auf der einen, dann auf der anderen Seite des Hauses und wollte gerade dem Intendanten folgen, der bereits die Bühne verlassen hatte, als sie feststellte, dass der Vorhang von unsichtbaren Kräften festgehalten wurde. Von einem Ausgang ging sie zum anderen, konnte sich aber dennoch nicht der Anwesenheit des Publikums entziehen.

„Dieses Mal werde ich auf jeden Fall aussteigen!" rief sie und schob ruckartig den Vorhang zurück. Die unsichtbaren Kräfte leisteten immer noch Widerstand; doch nach einiger Zeit gelang es „Lucia", zu den Flügeln vorzudringen.

Dann ging der Vorhang auf und „Edgardo" begann den Tod einer „Lucia" zu beklagen, die nicht gestorben war.

Gegen Ende unserer Verlobung in Chicago häuften sich die Pfändungen, Verfügungen, Vorladungen usw., die schnell bearbeitet werden mussten, um unsere Abreise sicherzustellen.

Ich habe deshalb ein Abschiedskonzert am Sonntag organisiert, um den Wind für diesen Zweck zu erhöhen.

Ich kann mir diese Gelegenheit nicht entgehen lassen, ohne meinem geschätzten und geschätzten Freund, Präsident Peck, meinen aufrichtigen Dank auszudrücken, der mir freundlicherweise zu Hilfe kam, indem er mir die finanzielle Unterstützung gewährte, die ich brauchte, damit wir aus der Stadt herauskommen konnten.

Sobald ein Anhang freigegeben wurde, kam ein anderer hinzu. Den letzten habe ich gegen 2 Uhr morgens losgeworden und zufrieden, dass alles ruhig war, verließ ich das Theater. Als ich mich zum Abendessen im Pacific Hotel niederließ, wurde ich zur Tür gerufen und mir mitgeteilt, dass die Wagen, die ich gesehen hatte, wie sie richtig losfuhren, alle angehalten worden seien und an der Ecke Dearborn Street stünden. Ich legte mein Messer und meine Gabel ab und eilte davon; und mit Hilfe meines Freundes Henderson, der Anleihen gab, wurde die Bindung aufgehoben. Mittlerweile wartete die gesamte Kompanie auf den Beförderungsbefehl , da die Lokomotive bereits seit etwa zehn Stunden unterwegs war und der Zug noch nicht abgefahren war.

Am Bahnhof stieß ich auf die Überreste der Mailänder Operngesellschaft, die vor etwa zwei Wochen gestrandet war und deren Mitglieder um Hilfe für die Reise nach New York baten. Daraufhin hatte ich das große Vergnügen, ihnen allen freie Fahrt in meinem Zug zu ermöglichen; und nach verschiedenen Begrüßungen meiner zahlreichen Freunde, die gekommen waren, um mich zu verabschieden, machten wir uns auf den Weg. Das Unternehmen erreichte Jersey City sehr früh am folgenden Dienstagmorgen und ging direkt an Bord des Bootes, das am späten Nachmittag ablegen sollte. In der Zwischenzeit bin ich nach New York gefahren, wo ich beim Inman Steamship Office gearbeitet habe und dafür gesorgt habe, dass sie meiner Kompanie eine Durchfahrt gewähren und zu ihrem und meinem eigenen Schutz ein Embargo für meine Sachen verhängen.

Ich muss hier darlegen, dass mir die Zollbehörden jedes Jahr bei der Einfahrt in den Hafen von New York einen Zollsatz von etwa 50 Prozent in Rechnung gestellt hatten. auf allen meinen Theaterkostümen, Bühnenbildern und Bühnenstücken, obwohl die meisten davon ursprünglich in den Vereinigten Staaten hergestellt wurden. Erklärung war nutzlos. Die Steuer wurde ausnahmslos erhoben, obwohl ich sie immer unter Protest bezahlte. Ich behauptete, dass die Dinge, die mich begleiteten, Werkzeuge meines Berufs seien und nach staatlichem Recht Anspruch auf freien Eintritt hätten; Da ich die Kleidung jedoch nicht selbst trug, wurde geltend gemacht, dass das Grundstück nicht betreten werden dürfe. Um zollfrei zu sein, müssten die Kostüme, so wurde argumentiert, persönliches Eigentum jedes

Darstellers sein. Mdme. Als Sarah Bernhardt in die Vereinigten Staaten einreiste, brachte sie wunderschöne Kleider im Wert von einigen Tausend Pfund mit, die beschlagnahmt wurden. Sie weigerte sich, den geforderten Einfuhrzoll zu zahlen. Ihr Fall wurde verhandelt und in Washington wurde entschieden, dass ihre Kleider, da sie sie selbst trug, Werkzeuge ihres Berufs oder Gewerbes seien und freien Eintritt haben müssten. Mein Fall war anders. Aber ich leitete ein Gerichtsverfahren gegen die Vereinigten Staaten ein, das aufgrund verschiedener Verzögerungen etwa vier oder fünf Jahre dauerte. Endlich fiel eine Entscheidung zu meinen Gunsten . Es wurde tatsächlich eine Anordnung erlassen, mir die zuvor gezahlten Abgaben zuzüglich 6 Prozent zurückzuerstatten. Interesse.

Als ich das Büro der Inman Company verließ, traf ich meinen Anwalt, der mir mitteilte, dass das Geld, auf das ich in der Klage, die ich gegen die Vereinigten Staaten gewonnen hatte, Anspruch hatte, auf Verlangen an mich zahlbar sei. Das waren in der Tat gute Nachrichten, und dank der unermüdlichen Bemühungen meines Anwalts konnte ich die endgültige Unterschrift der Zollbehörden für den auf meine Bestellung ausgestellten Scheck erhalten und dank seiner Freundlichkeit, ihn einzulösen.

Bevor ich Chicago verließ, hatte ich einen Brief vom Ticketspekulanten Rullmann erhalten , dem ich einen Librettovertrag zu verdanken hatte, in dem er mir vorschlug, mich in Jersey City einzuschiffen, um Schwierigkeiten in New York zu vermeiden. Auch Angelo empfahl diesen Weg und sagte, dass man mir in New York eine Pflanze aufsetzen würde, um meine Abreise hinauszuzögern. Da ich in New York wohnte und dort gut zurechtkam, beschloss ich, von dieser Stadt aus zu starten; und es war gut, dass ich das tat, denn später erfuhr ich, dass in Jersey City Vorbereitungen getroffen worden waren, um meinen Start zu verhindern, da die „Anlage" dort vorbereitet worden war. Da ich am Tag meiner Abreise geschäftlich in New York zu tun hatte, beschloss ich, von Castle Garden aus mit dem Dampfer des Gesundheitsoffiziers zu segeln, der mir freundlicherweise zur Verfügung gestellt wurde, nachdem der Kapitän des Inman-Dampfers zugestimmt hatte, mich hochzuziehen die Gesundheitsflagge, die ich draußen hissen muss, damit ich an Bord kommen kann.

Bevor ich New York verließ, arrangierte ich über das Kabel mit dem Bürgermeister von Liverpool, ein großes Konzert im Liverpool Exhibition Building mit allen meinen Hauptkünstlern zu geben, für das ich zwei Drittel des Bruttopreises erhalten sollte Quittungen; und da in den Zeitungen stand, dass die Ausstellung ein sehr großer Erfolg gewesen sei, erwartete ich ausreichende Ergebnisse, um nach der Landung die Kompanie nach London mitnehmen und die Chöre nach Italien schicken zu können.

Wir kamen drei Tage vor dem geplanten Konzerttermin in Liverpool an.

Als ich ankam, schaute ich sofort in die Morgenzeitungen, wo zu meinem Erstaunen überhaupt keine Ankündigung über das Konzert gemacht worden war. Als ich im Büro des Bürgermeisters ankam , wurde mir mitgeteilt, dass seine Gnaden, die gerade zum Ritter geschlagen worden waren, in den Norden gegangen seien, um sich auszuruhen, und keinerlei Anweisungen bezüglich des Konzerts hinterlassen hätten. Es waren einige Rechnungen bei der Druckerei bestellt worden, die Korrekturabzüge waren jedoch nicht korrigiert worden.

Ich fühlte mich in einer sehr schwierigen Lage und machte mich persönlich an die Vereinbarungen. Jedes Hindernis wurde mir inzwischen von der Exekutive in den Weg gelegt, die behauptete, der Bürgermeister habe kein Recht, ohne ihre Zustimmung eine Vereinbarung zu treffen. Endlich habe ich zwei Scheine in der Ausstellung aufgestellt; die jedoch am nächsten Morgen verschwunden war.

Der Konzertsaal war in einem äußerst chaotischen Zustand, verstreute Holzstücke, zerbrochene Stühle usw. lagen auf dem Boden herum. Ich musste den Raum selbst einrichten und sogar die Sitzplätze nummerieren.

Der Abend des Konzerts kam; Aber sowohl der Öffentlichkeit als auch meinen eigenen Künstlern war der Zutritt zu den Türen untersagt, es sei denn, sie bezahlten zuvor den Eintritt zur Ausstellung, da das gesamte Eintrittsgeld einem Bankier in Liverpool verpfändet worden war.

Das Konzert war eine große Freude, aber die Einnahmen erreichten nur etwa 70 bis 80 Pfund; Davon konnte ich bis zum jetzigen Zeitpunkt meinen Anteil nicht erhalten.

Da ich Mdlle bezahlen musste. Fohström £ 50, Del Puente £ 40 und alle anderen im Verhältnis dazu, ich stellte fest, dass ich, als ich die Hotelrechnungen zählte, etwa £ 180 aus eigener Tasche hatte.

Am Tag nach dem Konzert erreichten wir alle London. Da es nun der 18. Juni war, war es zu spät, an eine Londoner Saison zu denken; und meine Taten beschränkten sich auf meinen Nutzen, der in Drury Lane unter der unmittelbaren Schirmherrschaft Ihrer Majestät der Königin und Seiner Königlichen Hoheit, des Prinzen von Wales, stattfand. Mdme. Patti stellte bei dieser Gelegenheit ehrenamtlich ihre Dienste zur Verfügung, da das Theater, das mir freundlicherweise von Herrn Augustus Harris zur Verfügung gestellt wurde, überfüllt war.

Kapitel XV.

ZURÜCK IM ALTEN LAND – DIE LONDON-SAISON – TRÄGE PUBLIKUM – MEIN AUSSENPUBLIKUM – DIE PATTI-ENTTÄUSCHUNGEN – DIE GESCHICHTE DES „SANDWICHS".

Kurz darauf organisierte ich eine sehr starke Opernparty und beschloss, im kommenden September erneut die englischen Provinzen zu besuchen, die ich in den letzten sieben oder acht Jahren eher vernachlässigt hatte. Deshalb arrangierte ich einen Besuch in Dublin, Cork, Liverpool, Manchester, Glasgow, Edinburgh, Birmingham usw. usw. und beschloss, eine Reihe hervorragender Aufführungen zu geben. Es wurden Verlobungen mit Mdlle abgeschlossen. Alma Fohström , Mdme. Nordica, Mdlle. Dotti, Mdlle. Marie Engle, Mdme. Hastreiter , Mdlle. Bianca Donadio , Mdlle. Jenny Broch, zusammen mit Signor Frapolli , Signor Runcio , Signor Del Puente, Signor Padilla, Signor Ciampi , Signor Vetta , einem vielversprechenden jungen Bassisten, und Signor Foli ; Meine Dirigenten sind Signor Arditi und Signor Vianesi .

Meine Leistungen waren bewundernswert; was von der gesamten Provinzpresse bereitwillig anerkannt wurde. Aber in den sieben oder acht Jahren meiner Abwesenheit war eine jüngere Generation herangewachsen und die Älteren waren woanders hingegangen. Die minderwertige englische Oper schien nun meiner großartigen italienischen Oper vorgezogen zu werden; und erst nachdem ich drei oder vier Abende in einer Stadt gespielt hatte, begann das Publikum die Überlegenheit des letzteren zu verstehen.

In Dublin mussten wir uns an die Aufführungen herantasten, die am letzten Abend mit einem überfüllten Haus ihren Höhepunkt fanden. Ich erwartete sehnsüchtig die Ankunft von Mdlle. Fohström , der aufgrund der Krankheit eines Verwandten in Russland aufgehalten worden war. Sie erschien Ende September in Dublin in einem der überfülltesten Häuser, die ich je gesehen habe.

Anschließend besuchten wir Cork, wo ich fürchte, wie in Mdme. Gersters Fall einige Jahre zuvor, Mdlle. Fohström infizierte sich mit Typhus-Erregern, die sich etwa zehn Tage später entwickelten. Während sie beim großen Konzert der Liverpool Philharmonic sang, war die Dame kaum in der Lage, sich zu bewegen, sehr zu meinem Erstaunen und dem des Komitees. Sie kam jedoch mit ihrer Arbeit zurecht und kam nach Manchester, wo sie fast drei Monate lang im Bett lag, was natürlich ein großer Nachteil für unseren Erfolg war.

In Manchester, einem großartigen Musikzentrum , waren unsere Einnahmen in der ersten Woche miserabel. Aber mit Beginn unserer zweiten und letzten Woche nahmen sie allmählich zu, bis es keine Stehplätze mehr gab. Ich habe vergeblich versucht, ein anderes Unternehmen aufzukaufen, um unseren Erfolg fortzusetzen.

Wiederum in Glasgow, wo unsere alten Triumphe offensichtlich in Vergessenheit geraten waren, spielten wir mit äußerst miserablen Einnahmen, bis das Geschäft in der zweiten Woche allmählich wuchs, bis wir auf Geld verzichten mussten. Tatsächlich musste ich das Theater zurückerobern und vierzehn Tage später dorthin zurückkehren, als die Leute bei meiner letzten Aufführung von *Il Flauto Magico* Zehner zahlten. für Stehplätze, während private Logen Londoner Preise erzielten.

Als nächstes zogen wir weiter nach Birmingham, wo mein einziger Trost die bewundernswerten Artikel waren, die in jeder Tageszeitung, die am Morgen nach jeder Vorstellung erschien, eine Kolumne bildeten und meine wirklich hervorragenden Leistungen mit dem größten Lob lobten. Anschließend fuhren wir nach Brighton, wo wir kurz vor Weihnachten schlossen.

Sehr früh im folgenden Monat begann ich meine Frühjahrskonzerttournee, besuchte in ebenso vielen Tagen etwa vierzig Städte und hatte an jedem Ort, an dem wir Halt machten, großen künstlerischen Erfolg. Meine Gruppe bestand aus Mdme. Nordica, Mdme. Marie Engle, Mdme. Hélène Hastreiter und Mdlle. Louise Dotti; ebenso Signori Runcio , Del Puente und Vetta , mit M. Jaquinot als Soloviolinist. Eine herausragendere künstlerische Party hätte man nicht auf die Beine stellen können; aber auch hier war das Provinzpublikum, das meine Sänger nicht kannte, mit großer Vorsicht dabei; Ich bevorzuge alte Namen gegenüber den jungen Stimmen, die ich bei mir hatte.

Sowohl in Liverpool als auch in Bradford, beides angeblich große Musikzentren (?), waren die Einnahmen gleich Null.

Wir landeten in Dublin, wo die Häuser wie üblich mit einem großen und anerkennenden Publikum überfüllt waren. Die Iren, die die Musik vollkommen verstanden und selbst urteilten, füllten den Saal und gaben jedem Stück Zugaben.

In England brauchen Sänger in der Regel einige Jahre, um sich einen Namen zu machen. aber wenn sie es einmal haben, werden sie es nie wieder los.

Ich erinnere mich, dass ich Herrn Braham mit 82 Jahren singen hörte; und er bekam Applaus. Wir sind eine konservative Nation und schätzen alte Freunde wie alten Portwein.

Sowohl auf dem Kontinent als auch in Amerika wurde ich häufig gefragt, warum die Londoner Opernsaison zu einer Zeit stattfindet, in der es für so viele Förderer und Förderer der Musik aufgrund der unzähligen *Feste* , Blumenschauen, Bälle, Gartenpartys, Rennen usw., die stattfinden; ganz zu schweigen vom Crystal Palace, dem Alexandra Palace und (was die aktuelle Saison 1888 betrifft) den irischen, dänischen und italienischen Ausstellungen.

Ich konnte natürlich keine Antwort darauf geben, da mir vollkommen bewusst ist, dass die Opernsaison in Frankreich, Spanien, Österreich, Deutschland, Italien, Russland, Amerika usw. im Allgemeinen etwa in der dritten Oktoberwoche beginnt; zu einem Zeitpunkt, an dem alle Outdoor-Attraktionen beendet sind. In den oben genannten Ländern finden Tänze und Bälle zwar in den Wintermonaten statt, während diese gesellschaftlichen Zusammenkünfte in London im Allgemeinen bei extrem heißem Wetter stattfinden; Und je kleiner das Haus, desto größer die Zahl der eingeladenen Gäste.

Früher wurde die Londoner Saison von der Oper bestimmt; und sein Beginn fiel normalerweise mit der Ankunft der Sänger aus dem Ausland zusammen, die damals auf Segelschiffen überqueren mussten und nur bei schönem Wetter kamen.

Als ich Ende Februar nach London zurückkehrte, beschloss ich, die Royal Italian Opera Anfang März zu eröffnen. Zu diesem Zweck gründete ich eine bewundernswerte Kompanie, bestehend aus der Primadonna-Abteilung von Mdlle. Alma Fohström , Mdlle. Emma Nevada, Mdlle. Jenny Broch, Mdlle. Marie Engle, Mdlle. Lilian Nordica, Mdlle. Louise Dotti, Mdlle. Hélène Hastreiter , Mdlle. Borghi , Mdlle. Bauermeister , Mdme. Lablache , Mdlle. Rosina Isidor und Mdme. Minnie Hauk; meine Tenöre sind Signor Ravelli , M. Caylus und Signor Garulli ; meine Baritonen Signor Padilla, Signor Del Puente und M. Lhérie ; mit Signor Miranda, Signor Vetta , Signor de Vaschetti und Signor Foli als Bässen, Signor Ciampi als Buffo und Signor Logheder als musikalischem Dirigenten — in dieser Funktion erwies er sich als äußerst effizient. Außerdem stellte ich zwei Tänzerinnen von bemerkenswerter Exzellenz vor, Mdlle. Dell'Era und Mdlle. Hayten ; Beide müssen einen positiven Eindruck hinterlassen haben.

Die von mir produzierten Neuheiten waren *Leila* (Bizets *Pêcheurs de Perles*); und Gounods *Mirella* , zum ersten Mal seit 25 Jahren. Daher *Mirella* war praktisch eine neue Oper. Beide Werke wurden neu montiert und beide haben sich künstlerisch einen Namen gemacht.

Aber da die Saison kurz war und ich kein Kapital übrig hatte, konnte ich nicht auf meinen alten *Faust-* und *Carmen- Plan zurückgreifen und* den Leuten die Musik von *Leila in den Kopf hämmern.* Folglich hatte meine Produktion des Werkes nicht den finanziellen Erfolg, den sie hätte erzielen sollen. Es wird jedoch der Tag kommen, an dem es ein attraktives Juwel in der Opernkrone bilden wird. *Leila* wird auf dem gesamten Kontinent gerne akzeptiert; und selbst in Italien war es die tragende Säule von etwa zwölf oder vierzehn Opernhäusern. Leider waren hier bei der ersten Produktion viele Presseleute abwesend; und als es wiederholt wurde, wurde es nicht weiter zur Kenntnis genommen – obwohl sich ein großer Teil der Öffentlichkeit hinsichtlich ihrer Meinungen und Ansichten ausschließlich auf das verlässt, was die Zeitungen sagen.

Das gleiche Schicksal erwartete Gounods *Mirella* – eine weitere höchst bezaubernde Oper, in der Mdlle. Nevada sang perfekt.

Die Saison dauerte mehr als acht Wochen und war sowohl künstlerisch als auch finanziell ein großer Erfolg. Es endete etwa Mitte Mai. Da ich wusste, dass London aufgrund des Jubiläums Ihrer Majestät voller Fremder sein würde, mietete ich das Theater Ihrer Majestät und stellte bei der Übernahme fest, dass es sich in einem äußerst desolaten Zustand befand. Es gab weder eine Bühne noch ein Seil, das funktionierte, und das Innere des Theaters war in einem höchst beklagenswerten Zustand, was für mich erhebliche Kosten für Reinigung und Restaurierung, Malen, Tapezieren, Teppichlegen usw. mit sich brachte. Es gab fast eine Meile Korridore und Treppen zum Bleichen, Papier, Farbe und Teppich.

Ich eröffnete vierzehn Tage später, als ich erneut eine starke Kompanie hervorbrachte, darunter so wertvolle Neuankömmlinge wie Mdlle. Lilli Lehmann, Mdme. Trebelli (nach achtjähriger Abwesenheit) und Mdlle. Oselio .

Die Saison begann höchst verheißungsvoll am Samstag, dem 4. Juni. Doch schon bald gab es Schwierigkeiten mit dem Orchester, da nun zwei weitere italienische Opern aufgeführt wurden. Es war unmöglich, die von mir engagierten Musiker zum Probenbesuch zu bewegen. Es gab Philharmoniker-, Richter- und andere Konzerte in vollem Gange; und obwohl ich ihnen wöchentliche Gehälter zahlte , konnte ich nie die Dienste meiner Musiker für Proben in Anspruch nehmen, obwohl ich zu diesem Zweck mein Theater nachts geschlossen hatte. Ich musste daher die Aufführungen für eine Woche unterbrechen und ein anderes Orchester bilden, um Boitos *Mefistofele* , das ich damals in Vorbereitung hatte, ausreichend einstudieren zu können. Letztendlich gelang es mir, dieses Werk herauszubringen, das, wie schon bei seiner Uraufführung, einen beachtlichen Erfolg hatte. Es folgte die *Rentrée* von Mdlle. Lilli Lehmann in Beethovens *Fidelio* , der wohl großartigsten und vollkommensten Aufführung, die seit vielen Jahren in London gegeben wurde. In der Zwischenzeit habe ich Bizets Meisterwerk „ *Leila* " in der Probe platziert.

Ungefähr zu dieser Zeit begann die Aufregung um das königliche Jubiläum, gefolgt von extrem heißem Wetter; und trotz der brillanten Aufführungen, da das Haus jeden Abend leer war, zog das Publikum die kostenlose Show, die es im Freien in Form von Prozessionen, Illuminationen usw. bekam, den Aufführungen im Theater vor, wo die Temperatur jetzt durchschnittlich 90 °C betrug. trotz allem, was ich getan habe, um es kühl zu halten.

Tatsächlich stammten die einzigen Einnahmen, die ich zum Bezahlen meines Lebensunterhalts erhielt, aus der Vermietung des Äußeren meines Theaters statt des Inneren; Sitzplätze auf dem Dach kosteten 1 £ pro Stück, während Fenster für 40 £ vermietet wurden. Diese Einnahmen trugen dazu bei, die Grundlage für den Krieg zu schaffen, mit der ich mein mühsames Unternehmen weiterführen konnte.

Ich rührte mich nun, um eine Anziehungskraft zu erlangen, die die leere Operntruhe wieder auffüllen würde. Meine Bemühungen schienen belohnt zu werden, als ich die Dienste von Mdme in Anspruch nahm. Adelina Patti mit dem geringen Gehalt von 650 £ pro Nacht. Mdme. Patti hatte zu gegebener Zeit ihren ersten Auftritt im Her Majesty's Theatre in ihrem Lieblingsstück Rolle der „Violetta" in *La Traviata* , als 1.000 Pfund im Haus waren. Meine Hoffnungen, meine schweren Verluste wieder gutzumachen, wurden jedoch fast augenblicklich zunichte gemacht. Mdme. Nachdem Patti die Einladung eines wohlhabenden Bankiers zu einer Fahrt flussaufwärts mit anschließendem Abendessen angenommen hatte, erlitt sie eine heftige Erkältung, weil sie in einem leichten Musselinkleid in eine Zugluft gelegt worden war. Am nächsten Abend Mdlle. Lilli Lehmann sorgte mit ihrer großartigen Verkörperung des „Fidelio" erneut für Aufsehen im alten Theater. Das Haus war jedoch fast leer, alle Aufmerksamkeit war auf den nächsten Abend gerichtet, der Pattis zweiter Auftritt sein sollte – in *Il Barbiere di Siviglia* .

Um fünf Uhr am Abend der Aufführung kam Signor Nicolini jedoch herein und teilte mir mit, dass Patti zu krank zum Singen sei, ich mich aber auf ihre Dienste am folgenden Samstag verlassen könne, wenn sie als „Margherita" auftreten würde. im Faust, wobei die *Barbiere*- Aufführung auf den darauffolgenden Dienstag verlegt wird. Er selbst fügte dem Programm eine Ankündigung hinzu, dass sie in der Unterrichtsszene die Valse aus *Romeo und Julia vorstellen würde* .

Da es zu spät war, eine andere Oper zu ersetzen, hatte ich keine andere Wahl, als das Theater an diesem Abend zu schließen und Hunderte von Kutschern, die ihre Kutscher nach Hause geschickt hatten, um so gut sie konnten davonzukommen, enttäuscht zurückzulassen und dies (in vielen Fällen) zu erklären Man konnte sich nicht auf Mapleson verlassen!

Als ich am darauffolgenden Freitag feststellte, dass die Buchung für den zweiten Patti-Abend sehr gering war und das Publikum jegliches Vertrauen verloren hatte, wie es nach einer Enttäuschung normalerweise der Fall ist, schlug ich Mdme vor. Patti und Nicolini , dass eine kleine Entschädigung für die enormen Kosten gezahlt werden sollte, die mir entstanden waren (Miete, Gehälter für Künstler, Band, Chor usw.), während ich das Theater geschlossen hielt, was ihre Unvorsichtigkeit am vergangenen Sonntag auf der Themse zur Folge hatte allein hinderte mich am Öffnen.

Am folgenden Tag bot Signor Nicolini an, einen Betrag von 50 Pfund beizusteuern. Ich entgegnete, dass das für das Orchester kaum ausreichen würde und die gesamte Darstellung gefährdet wäre. Daraufhin ging er nach Hause und erklärte, dass Mdme. Patti würde an diesem Abend nicht singen, wenn das Orchester nicht ordnungsgemäß gesichert wäre.

Ich traf sofort Vereinbarungen mit meinem Orchester und teilte Mdme dies mit. Patti kam um halb drei Uhr durch ihren Agenten in ihrem Hotel, der mir, nachdem er sie gesehen hatte, mitteilte, dass alles in Ordnung sei. Sie lag dann im Hinblick auf die Abendvorstellung, für die ihre Kleider bereits von ihr selbst und ihrer Zofe ausgesucht worden waren.

Gerade als ich das Hotel verließ, kam Mr. Abbey die Treppe hinunter und begleitete mich zum Ticketschalter neben dem Theater, dessen Besitzer zu diesem Anlass große Spekulanten waren. Als sich herausstellte, dass etwa vier- oder fünfhundert der besten Sitze nicht veräußert worden waren, hielt sich die Öffentlichkeit natürlich zurück, bis Mdme. Patti hätte nach der Enttäuschung, die sie erlebt hatten, wieder auftauchen sollen – Mr. Abbey teilte mir mit, dass Mdme. Patti sollte an diesem Abend nicht singen. Ich möchte hier erwähnen, dass ihr Honorarbetrag von 650 £ bereits auf ihrem Bankkonto hinterlegt war, so dass ihre Dienste nicht wegen Geldangelegenheiten verweigert wurden.

Ich wartete bis acht Uhr auf die Ankunft von Madame. Patti, ihr Zimmer wird für sie hergerichtet; Es wurde jedoch weder eine Nachricht noch eine Benachrichtigung gesendet, dass sie nicht herunterkommen würde. Nach den vorherigen Enttäuschungen, die das Publikum erlebt hatte, konnte ich mich nicht dazu entschließen, das Theater zu schließen. Deshalb teilte ich den vielen Leuten, die gerade aus ihren Kutschen stiegen und nach und nach den großen Vorraum füllten, mit, dass ich die Oper „ *Carmen* " *aufführen würde* und dass ich alle Anwesenden einlud, als meine Gäste dabei zu sein; Sie fügten hinzu, dass ihnen ihr Geld gegen Vorlage ihrer Tickets zurückerstattet würde. Das war es natürlich.

Was die unentgeltliche Darstellung von *Carmen* (mit Trebelli in der Hauptrolle) betrifft, so lief es bewundernswert. Das Publikum war zahlreich und begeistert; und unter den angesehenen Personen, die mich mit ihrer Anwesenheit beehrten , war, wie ich mich erinnere, Seine Königliche Hoheit, die Herzogin von Edinburgh.

Ich habe an Mdme geschrieben. Patti am nächsten Tag und bat sie, das Publikum nicht weiter zu enttäuschen und zu der Ankündigung zu stehen, die Signor Nicolini mir über ihren Auftritt am folgenden Dienstag in *Il Barbiere gegeben hatte* . Darauf hatte ich keine Antwort; und ich erfuhr später, dass Mdme. Patti war mit einem Sonderzug am Morgen nach Wales gefahren, um einer Begegnung mit dem Chor und den *Angestellten zu entgehen* , die sich in großen Scharen in Paddington versammelt hatten, um ihr ihre Missbilligung zum Ausdruck zu bringen, als sie von ihrer wahrscheinlichen Flucht hörten.

Ich befand mich nun in einer äußerst schwierigen Lage und musste so gut ich konnte weiterkämpfen, da ich bis zum Monatsende noch etwa drei Wochen Miete für die Nutzung des Theaters bezahlen musste; zusammen mit den Gehältern von Sängern, Chorsängern, Plakaten, Statisten, Orchestern usw. usw. Diese unglücklichen Leute folgten mir tatsächlich auf der Straße und schrieen nach Geld. Darüber hinaus gab es etwa sechzig italienische Chorsänger, deren Reisekosten für ihre Heimreise nach Italien gedeckt werden mussten. Tatsächlich war die Opernkolonnade zu einem regulären Babel geworden, und nur durch die harte Arbeit meiner zahlreichen Freunde war es mir möglich, Geld zu sammeln und den Abschied der letzten meiner Chorsänger zu erleben.

Diese Affäre brachte mich in Kontakt mit mehreren Supernumerariern und Plakatmännern, und ich war sehr daran interessiert, ihre unterschiedlichen Geschichten zu hören. Ein Mann, der ein „Sandwich" gewesen war, erzählte mir den folgenden Bericht über sein Leben:

DIE GESCHICHTE DES „SANDWICHS".

„Ich war früher", sagte er, „Hauptmann im – Regiment, und oft habe ich meine sechs Guineen für eine Loge in Ihrer Oper bezahlt, sowohl in Edinburgh als auch in London. Später begann ich, großes Interesse daran zu zeigen." im Revier und erlitt bald schwere Verluste, die mich dazu zwangen, verschiedene Schuldscheine zu geben. Dies erfuhr schließlich mein Oberst, der mir empfahl, das Regiment unverzüglich zu verlassen. Da ich nichts zum Leben hatte und ein Als fairer Künstler auf dem Cornet à Piston schloss ich mich einem Wanderzirkus an und stieß schließlich in Philadelphia auf Ihre Opera Company, wo ich zu Ihrer Bühnenband gehörte . Später schloss ich mich einer Gruppe an, die auf dem Weg zu den Diamantenfeldern in Südafrika war. wo ich am erfolglosesten war; und ich musste mir die

Heimreise auf einem Segelschiff erarbeiten, bis ich nach London kam, wo ich unter Ihrer Leitung in Drury Lane Statist wurde.

„Während Ihrer dritten Staffel starb eine Tante von mir, und ich war plötzlich Besitzerin von 10.000 Pfund. Mein Cousin, der vor allem an Bauvorhaben interessiert war, von denen er mir versicherte, dass sie ihm mindestens 60 Prozent zahlten, überredete mich, die Hälfte zu platzieren mein Vermögen in seinen Spekulationen. Seine Häuser befanden sich im Westteil von London, der erheblich überbaut war; und da sie mit Hypotheken belastet waren, wären sie verloren gegangen, wenn ich nicht den Rest meines Vermögens zurückgezahlt hätte, um sie zu retten. Trotzdem Der Hypothekengläubiger ließ die Zwangsvollstreckung verhängen, und ich wurde erneut zum Statisten, als einer meiner Gefährten im mimischen Kampf im zweiten Akt von *Trovatore* mir durch Zufall mit einer Speerspitze das Auge ausstach.

„Jetzt war ich selbst als Statist nicht mehr für eine Verlobung qualifiziert und wurde ein ‚Sandwich‘-Mann. Meine Pflichten während der letzten viereinhalb Jahre bestanden darin, in der Bond Street und der Regent Street Paraden durchzuführen und dafür neun Pence pro Tag zu erhalten." "

Als ich dem armen Mann sein Gehalt überreichte und die Rechnung beglich, lehnte er es zunächst ab, das Geld anzunehmen, mit der Begründung, dass ich ihm in verschiedenen Phasen seines Lebens so viele Gefälligkeiten erwiesen habe, dass er jetzt, wo ich selbst in Schwierigkeiten steckte, nicht mehr daran denken könne seinen Wochenlohn nehmen. Ich bestand jedoch nicht nur darauf, dass er es annahm, sondern gab ihm auch einen Souverän für sich. Der unglückliche Herr, der sich bis zuletzt zeigte, ging selig von mir.

Kapitel XVI.

MEISTER UND MANN – „DON GIOVANNI" 100 JAHRE – MOZART UND PARNELL – „GILDA" platzt – COLONEL STRACEY UND DIE DÄMONEN – DER FALKEN-BERGFLUG – EHRGEIZIGE STUDENTEN UND INDIGENTE PROFESSOREN – EINE SCHULE FÜR OPER – ANGLISIERTE AUSLÄNDER – ITALIENISIERTE ENGLISCHE.

Obwohl ein Opernimpresario vernünftigerweise nicht damit rechnen kann, sein eigenes Vermögen zu machen, ist es für ihn oft eine Quelle der Befriedigung, darüber nachzudenken, dass er mit seinen verschwenderischen Ausgaben das Vermögen von Sängern, Beamten und verschiedenen Leuten in seinen Diensten macht. Zu der Zeit, als ich durch die Enttäuschungen , die ich von einigen meiner führenden Sänger ertragen musste, in größte Schwierigkeiten geriet, hörte ich, dass ein unternehmungslustiger Italiener, der seit vielen Jahren bei mir angestellt war, die New York Academy of Music übernommen hatte eine kurze Saison, und dass er tatsächlich die Aufgaben eines Managers wahrnahm.

Angelo war oder ist ein sehr bemerkenswerter Mann. Ich habe ihn vor vielen Jahren im Alter von 10 Jahren als meinen Diener engagiert. eine Woche, und er soll jetzt im Besitz von einigen Tausend oder sogar Zehntausenden Pfund sein, die er während meiner Dienstzeit dadurch verdient hat, dass er seine Möglichkeiten und seine Talente in geniale Weise nutzte. Angelo ist in den Vereinigten Staaten vor allem für den ungewaschenen Zustand seiner Wäsche bekannt. In Anlehnung an die Sitte, dass in England und Amerika Herren, die ihrem Gedächtnis nicht vertrauen können, um Termine einzuhalten, mit einem schwarzen Stift die Zeit und den Ort auf eines ihrer Armbänder schrieben, pflegte Angelo auf sein Armband zu schreiben möglicherweise schwarz, mit einem Stück weißer Kreide, das er, hauptsächlich im Hinblick auf Billard, in der Tasche trug. Ich erwähne dies als Beispiel für seine Neigung zur Nachahmung und auch für seine sparsamen Gewohnheiten.

Man wird sich fragen, wie er in meinen Diensten ein Vermögen angehäuft hat, als ich ihn nur mit einem Zehnersatz bezahlte. eine Woche?

Er begann damit, eine *Claque zu gründen* , deren Chef er sich selbst war und die jedem meiner Sänger zur Verfügung stand, der dafür bezahlen wollte. Darüber hinaus war er jederzeit bereit, als Dolmetscher zu fungieren. Es gab keine Sprache, die er nicht im Kurierstil mehr oder weniger gut beherrschte; Und da es in einer modernen Opernkompanie Künstler aus so seltsamen

Ländern wie Spanien und Russland sowie aus Italien, Frankreich und Deutschland gibt, wurden Angelos Talente oft von Sängern in Anspruch genommen, die einander nicht verstanden und überhaupt nicht verstanden ich kann kein Englisch.

Angelo wusste, wo man billige Zigarren kaufen konnte, und er ließ die Mitglieder meiner Firma sie als teure Zigarren kaufen. Darüber hinaus spekulierte er größtenteils und vorteilhaft mit Wermut , den er in den Vereinigten Staaten für mindestens einen Dollar pro Flasche mehr verkaufte, als er in Italien dafür bezahlt hatte. Campanini fungierte als sein Freund und Komplize bei diesen *Wermutverkäufen* . Wenn der große Tenor eine Bar betrat, egal in welcher amerikanischen Stadt, verlangte er nach einem Glas *Wermut* . „ Pah !" rief er, wenn er gekostet hatte, was der Barkeeper ihm angeboten hatte. Dann, nachdem er viele schiefe Gesichter gemacht hatte, spuckte er den Alkohol aus, der ihn so sehr beleidigt hatte.

„Woher hast du dieses schreckliche Zeug?" er würde sich dann erkundigen. „ *Wermut ? Es ist überhaupt kein Wermut. Was hat der Schurke, der es dir verkauft hat, dafür verlangt?"*

„Drei Dollar pro Flasche."

„Und hier ist ein Herr", deutete er auf Angelo, „der echten *Wermut* von höchster Qualität hat und Ihnen für zwei Dollar pro Flasche so viel verkaufen wird, wie Sie möchten."

Der Barkeeper war zu Recht davon überzeugt, dass ein bedeutender italienischer Tenor wie Campanini guten und schlechten *Wermut unterscheiden muss* , und kaufte bei Angelo sofort ein oder zwei Kisten des echten *Wermut di Torino* .

Neben seinen anderen Talenten ist Angelo ein erstklassiger Koch, und in der Zubereitung bestimmter italienischer Gerichte, die den im „Land der Lieder" Geborenen am Herzen liegen, sucht kaum jemand seinesgleichen. Er war eine zu wichtige Persönlichkeit, um einem einzelnen Sänger als Koch zu dienen; aber auf der Atlantikpassage nahm er von etwa dreißig verschiedenen Sängern ein Pfund ab, um dafür zu sorgen, dass jeder von ihnen während der Reise mit italienischer Küche versorgt wurde.

Den größten Teil seines Geldes verdiente Angelo jedoch mit Spekulationen über Opernkarten während meiner Patti-Saisons. Er verfügte natürlich über besondere Möglichkeiten, (was mir unbekannt war) fast so viele Eintrittskarten zu den Kinokassenpreisen zu bekommen, wie er wollte; und er konnte mit Sicherheit damit rechnen, sie mit enormen Aufschlägen zu verkaufen – oft bis zu zwei oder drei Pfund pro Stück.

Während des Rückzugs aus Frisco erkannte er, dass entlang der Linie Nahrungsmittelknappheit herrschen würde, und legte einen Vorrat an Proviant an, den er mit enormem Gewinn weiterverkaufte.

Angelo hatte sich im Zusammenhang mit meiner Firma zu einer prominenten Persönlichkeit entwickelt und wurde in den Zeitungen häufig erwähnt. Bei unserer Ankunft in New York bediente er, wie ich einige Zeit später erfuhr, den Sekretär der Akademie und mietete ihm tatsächlich das Gebäude für eine Opernsaison, die im darauffolgenden Oktober beginnen sollte. Er begleitete uns jedoch nach London, als wäre nichts passiert. Er kehrte zur vereinbarten Zeit nach Amerika zurück und nahm eine Kompanie mit, zu der auch Mdme gehörte. Valda, Giannini und andere. Als sein Prospekt erschien, fielen mir zwei Ankündigungen auf , die mir im Zusammenhang mit seinen Kostümen und seiner Musik seltsam vorkamen. Ersterer sei, so heißt es im Prospekt, von Zamperoni „geliehen" worden , letzterer von Ricordi und Mdme. Lucca. Sie würden dann nicht beschlagnahmt werden. Er hatte die Vorkehrungen getroffen, um einen seiner Meinung nach angemessenen Empfang in New York sicherzustellen. So hatte er einen Dampfschlepper mit Blaskapelle an Bord gemietet. Das erregte die Heiterkeit aller New Yorker Zeitschriften.

Als die Saison begann, besetzte Angelo am Eröffnungsabend meine Loge und trug zum ersten Mal in seinem Leben ein weißes Hemd; und es fiel auf, dass er, wenn er Notizen auf seine Manschetten machte , dies jetzt mit einem schwarzen Bleistift tat.

Nach der ersten Woche, als die Gehälter fällig waren, wurde das Theater geschlossen, und der angehende Impresario sah sich in seinem Hotel von wütenden Chorsängern umgeben, die mit gezogenen Stilettos vor ihm ein regelrechtes *Chevaux de Frisé bildeten.* Angelo erschien selbst am Fenster im zweiten Stock , um in sicherer Entfernung mit seinen Angreifern zu verhandeln, und blieb einige Tage lang in seinem Hotel eingesperrt.

Für die Chorsänger wurde ein öffentliches Abonnement abgeschlossen, um ihnen die Rückkehr nach Europa zu ermöglichen, und Angelo selbst nahm nun eine Anstellung als Dolmetscher im Schlossgarten an, wo er die Auswanderer empfangen, ihre Wünsche mitteilen und ihnen Anweisungen geben musste, was auch immer passieren mochte ihre Muttersprache sein ; aber er würde nichts für sie tun, wenn sie nicht zunächst eine bestimmte Anzahl seiner abscheulichen, aber teuren Zigarren kauften. Sogar Dr. Gardini , der Ehemann der angesehenen Primadonna Mdme. Gerster hatte tatsächlich Angst, in Angelos Gegenwart andere Zigarren als seine zu rauchen. Ich erinnere mich, dass ich Dr. Gardini einmal eine Havanna der besten Marke geschenkt habe. Er kannte diesen Angelo, der zu dieser Zeit als *Chef de claque von Mdme* fungierte . Gerster würde, wenn er hereinkäme, sofort seinen überlegenen Geschmack erkennen ; Und als der Türhüter plötzlich hereinkam, um mir mitzuteilen, dass Angelo kurz mit mir sprechen möchte, hielt es der Arzt für höflich, die Zigarre, die ich ihm gegeben hatte, wegzuwerfen und sie durch eines von Angelos abscheulichen Unkräutern zu ersetzen.

Über Angelos genaue finanzielle Situation ist es derzeit schwierig, mit Sicherheit zu sagen. Manche sagen, dass er keinen Schilling hat, und mein Bariton, Signor de Anna, erklärt, dass er ihn vor ein paar Wochen, als er durch New York reiste, mit dieser Summe belohnt hat. Anderen Berichten zufolge ist er Millionär und hat seine Millionen sicher in italienischen Wertpapieren angelegt.

Um zu meinem eigenen Managementgeschäft zurückzukehren. Ich bereitete nun eine Expedition für den folgenden Oktober vor, bei der ich eine Operntournee durch Großbritannien und Irland vorschlug. Wenige Tage vor meiner Abreise war ich sehr erstaunt darüber, dass ein Embargo für alle meine Kostüme und meine Musik im Rahmen eines Kaufvertrags verhängt wurde, den ich freiwillig zwei Freunden gegeben hatte, um eine Summe zu sichern , die sie als Abonnenten für den vorherigen vorgestreckt hatten Jahreszeit; was, aber für Mdme. Pattis Weigerung zu singen wäre damit erledigt. Ich dachte, dass meine Freunde unter diesen Umständen vielleicht bis nach Beginn der Tour gewartet hätten. Dieser Vorfall hinderte mich daran, zur verabredeten Zeit abzureisen, und ich blieb fast eine Woche lang in London auf, während alle meine Künstler und mein Chor auf mich warteten. Ich überwand jedoch diese Schwierigkeit und reiste mit einer äußerst attraktiven Gesellschaft nach Irland.

Wir haben in Dublin etwa Mitte Oktober mit einem hervorragenden Auftritt von *Carmen eröffnet* ; Minnie Hauk war seit zehn Jahren auf unserem Weg nach Amerika zu unserem ersten Besuch dort nicht mehr erschienen , als Bizets Oper noch völlig unbekannt war. Diesmal wurden wir mit einem sehr großen Publikumsandrang belohnt. Mdme. Rolla gab ihr *Debüt* als „Michaela“, mit dem sie großen Erfolg hatte; Del Puente natürlich, da er der „Toreador“ ist.

In der folgenden Nacht Mdlle. Dotti trat als „Leonora“ in *Trovatore auf* , als das Haus erneut überfüllt war. Die dritte Nacht war dem *Barbiere gewidmet* , für das ich Mdlle erwartete. Arnoldson, der nicht erschien. Der Teil wurde daher von Mdme übernommen. Rolla, der großen Erfolg hatte. Etwa acht Monate zuvor war mit Ravelli vor seiner Abreise nach Südamerika vereinbart worden , dass er für dieses Engagement zu mir nach Irland zurückkehren sollte, und ich muss ihm dieses Mal Anerkennung dafür zollen, dass er sein Wort gehalten hat. Er war über sieben Wochen lang ununterbrochen gereist und musste sich nach seiner Landung in Bordeaux nach Dublin durcharbeiten, wo er der Kompanie beitrat. Es gab jetzt kein mörderisches Gefühl zwischen ihm und Minnie Hauk; Sie schienen die besten Freunde zu sein. Ich war jedoch sicher, dass diese Versöhnung nur vorübergehend sein würde. Ich blieb vierzehn Tage in Dublin und produzierte während dieser Zeit mit Mdme „*Le Nozze di Figaro*" und „ *Ernani* ". Rollas hervorragende Darstellung von „Elvira" und Signor De Annas hervorragende Darstellung von „Carlo V." Es folgten „*Don Giovanni*", „*Faust*", „*Rigoletto*" und „*Il Flauto Magico* ", an denen die gesamte Kompanie teilnahm, wobei die außerordentlich schwierige *Rolle* der „Königin der Nacht" von Madame mit großer Wirkung übernommen wurde. Marie Decca. Anschließend reiste ich nach Cork, wo das Unternehmen großen künstlerischen Erfolg hatte und die Pressemeldungen günstiger ausfielen als je zuvor bei früheren Besuchen.

Am 29. Oktober, dem 100. Jahrestag von Mozarts *Don Giovanni* , war ich entschlossen, dieses Ereignis gebührend zu feiern; und die große Oper wurde mit der folgenden sehr effizienten Besetzung aufgeführt : „Donna Anna", Mdlle. Louise Dotti; „Donna Elvira", Mdme. Rolla; „Zerlina", Frau. Minnie Hauk; „Don Ottavio ", Signor Ravelli ; „ Leporello ", Signor Caracciolo ; „Il Commendatore", M. Abramoff; „ Masetto ", Signor Rinaldini ; und „Don Giovanni", Signor Padilla; Dirigent, Signor Arditi .

Ich hatte dafür gesorgt, dass am Ende des ersten Akts eine Büste von Mozart auf die Bühne gestellt wurde und gleichzeitig der große Chor der *Zauberflöte aufgeführt wurde* , während der High Sheriff des Countys den unsterblichen Komponisten krönte. Ach! Es war keine Büste von Mozart zu bekommen. Aber der Hausverwalter berichtete, dass er eines von Parnell besaß, das durch Entfernen des Bartes und andere Manipulationen so gestaltet werden konnte, dass es Mozart ähnelte. Da der High Sheriff sich geweigert hatte, die Zeremonie im Zusammenhang mit der Büste von Parnell durchzuführen, erklärte sich der Bürgermeister von Cork sofort bereit, ihn zu ersetzen. Die Öffentlichkeit erfuhr bald, was vor sich ging; und aus Angst vor einem Aufruhr in der Bevölkerung – wie die Stadt noch am selben Tag infolge der Treffen des Landbundes ausgerufen worden war – musste ich mich damit begnügen, die Oper so aufzuführen, wie Mozart es ursprünglich beabsichtigt hatte.

Der Teil des ausschweifenden „Don" wurde von Signor Padilla, dem hervorragenden spanischen Bariton, hervorragend wiedergegeben, dessen Aussehen mich stark an Mario erinnerte. Er war gerade aus Prag zurückgekehrt, wo Mozarts 100. Geburtstag gebührend gefeiert worden war, und hatte die gesamte Organisation in seinen Händen gelassen. Er erzählte mir viele interessante Geschichten über seine Forschungen in den Museen und Bibliotheken, die ihm die Regierung während seines etwa fünf oder sechswöchigen Aufenthalts dort zur Verfügung gestellt hatte. Es gelang ihm, das korrekte Datum der ursprünglichen Aufführung von *Don Giovanni* in Prag zu ermitteln. Die Pariser Behörden bestanden darauf, dass die Uraufführung am 27. Oktober 1787 stattgefunden hatte, und gingen sogar so weit, ihre Hundertjahrfeier auf diesen Tag festzulegen. Signor Padilla erhielt jedoch den Original-Theaterzettel von der Nationalbibliothek, in dem es eindeutig hieß: *Il Don Giovanni*, *Ossia*, *Il Dissoluto Punito* wurde erstmals am 29. Oktober 1787 produziert.

In meiner Darstellung wurde die absurde Szene von „Don Giovanni", umgeben von einer Menge Bühnendämonen, die ihn mit Harzfackeln überschütten, natürlich weggelassen. Er ging einfach in die Hände des Uomo di Pietra über .

Das erinnert mich an eine Laienopernaufführung, die wir einmal in Woolwich hatten und an der ich zugunsten einiger Wohltätigkeitsorganisationen des Regiments teilnahm.

Ich war mit ein paar Freunden in meinem Club beim Essen, als die Aufführung zum ersten Mal vorgeschlagen wurde. Es wurde beschlossen, *Rigoletto* zu geben , in dem ich gebeten wurde, die Rolle des Herzogs zu übernehmen ; Darauf folgt der letzte Akt von *Don Giovanni* .

Ich habe natürlich „Ja" gesagt, wie ich es normalerweise zu allem tue; Und bevor das Abendessen zu Ende war, waren so viele Wetten auf die Frage abgeschlossen worden, ob ich als „Herzog von Mantua" auftreten würde oder nicht, dass ich bei der Ausarbeitung meines Buches feststellte, dass ich entweder die schwierige Rolle spielen oder etwa 300 Pfund zahlen musste oder 400 £. Ich habe mich für den früheren Kurs entschieden.

Natürlich hielt ich die Angelegenheit vor allen, die mit meinem Theater zu tun hatten, streng geheim. Am Abend der Aufführung, als der Vorhang aufging, war ich mitten in meiner ersten Arie entsetzt, als ich Mdme sah. Titiens , Mdme. Trebelli , Sir Michael Costa und Adelina Patti im Publikum; und es erforderte einiges an Mut, mich zusammenzureißen und die Rolle fortzusetzen. Es gelang mir jedoch, die übliche Zugabe für „La donna è mobile" und für das Quartett zu erreichen ; und im Großen und Ganzen glaube ich, dass ich meine Sache gut gemacht habe. So hieß es zumindest in den Mitteilungen, die zu meinem Erstaunen am nächsten Morgen in den Tageszeitungen erschienen.

Eine Katastrophe ereignete sich am Ende der letzten Szene, in der der verstorbene Colonel Goodenough in der Figur des „Rigoletto" um die Leiche der ermordeten „Gilda" trauern musste. Bei der Probe war ein Mann in den Sack gesteckt worden, aber er war zu schwer, um ihn herauszuziehen; und da Colonel Goodenough sehr nervös war, machte der Hausverwalter den Sack leichter, indem er etwas Stroh und zwei große Blasen voller Luft hineinlegte. Gerade als sich der Vorhang senkte, warf sich Goodenough, der ein sehr schwerer Mann war, zum letzten Klagelied auf die Leiche seiner Tochter, als es zu einer lauten Explosion kam, bei der eine der Blasen geplatzt war.

Die Aufführung endete mit dem letzten Akt von *Don Giovanni* , in dem Colonel Stracey die Rolle des ausschweifenden „Don" übernahm. Die Dämonen waren Kanoniere der Royal Artillery. Es war äußerst lächerlich, jedes Mal, wenn der Colonel auch nur die geringste Regieanweisung gab, wohin diese Männer gehen und wann sie ihn ergreifen und hinuntertragen sollten, zu sehen, wie die acht Dämonen alle gleichzeitig den militärischen Gruß zeigten . Stracey sagte ihnen, sie sollten ihn nicht grüßen, woraufhin sie sagten: „Nein, Colonel!" und grüßte noch einmal.

Als wir Cork verließen, mussten wir nach Dublin zurückkehren, wo wir aufgrund des enormen Erfolgs aufgefordert wurden, eine zusätzliche Woche zu geben. Am darauffolgenden Samstagabend endeten wir mit einer Aufführung von Wallaces *Maritana* in italienischer Sprache vor einem Haus, das buchstäblich bis zum Dach gefüllt war. Ravelli sang die Rolle des „Don Cäsar "; und als Zugabe in „Let me like a Soldier fall" gab es das Lied zum zweiten Mal auf Englisch.

Anschließend fuhren wir nach Liverpool, als plötzlich Mdme. Ohne Vorwarnung verließ Minnie Hauk das Unternehmen. Zwei Tage später erhielt ich ein ärztliches Attest von Dr . Es war der Monat Dezember.

Später erfuhr ich, dass *sie unterwegs zu* ihrem eigenen Vorteil bei drei Konzerten gesungen hatte.

Als nächstes besuchten wir Nottingham, Manchester, Birmingham, Bristol, Brighton usw. und schlossen in der letztgenannten Stadt kurz vor Weihnachten mit einer denkwürdigen Aufführung von *Maritana ab* , bei der der Vorhang nicht weniger als fünf Mal geöffnet werden musste.

Am Ende der Saison kehrten wir nach London zurück, wo sich die Kompanie über die Feiertage auflöste und mein italienischer Chor nun nach Italien zurückgeschickt wurde.

Es kostet 8 Pfund, einen italienischen Chorsänger aus seinem Heimatland nach England zu holen; Und das scheint Geldverschwendung, wenn man bedenkt, dass es in diesem Land genauso gute Stimmen gibt wie in Italien. Wenn so etwas wie eine dauerhafte Oper in London eingerichtet werden könnte, könnten Vorkehrungen getroffen werden, wie sie ihren Chor für eine oder mehrere unserer zahlreichen Musikakademien suchen würde, die derzeit zu existieren scheinen und sich nur vervielfachen, um das Land zu überschwemmen mit Musiklehrern, deren scharfe Konkurrenz den Wert ihrer Dienste täglich mindert. Als die Royal Academy of Music gegründet wurde, sagte der Earl of Westmorland, der das erste Treffen der Förderer leitete, in Bezug auf die erwarteten Vorteile einer solchen Institution, dass er hoffte, den Tag zu erleben, an dem Musikunterricht erteilt würde England mit der Rate von 6d. eine Stunde.

Eine schöne Zeit werden Musiklehrer haben, wenn ihnen zehn Stunden Arbeit am Tag ein Einkommen von 30 Schilling bescheren. eine Woche! Aber was, wenn nicht Musiklehrer, sollen die Schüler unserer vier führenden Musikakademien werden? Die Royal Academy of Music, das Royal College of Music, die Guildhall School of Music und die London Academy of Music von Dr.

Mit Ausnahme der wohlhabenderen Klassen endet fast jeder, der Musik studiert, damit, jemand anderem Musik beizubringen. Dies ist sein Schicksal, was auch immer sein Ehrgeiz gewesen sein mag. Was soll er oder sie werden, außer Musiklehrer, Orchestermusiker oder, mit etwas Glück, Konzertsänger? In anderen Ländern gibt es ein etabliertes Musiktheater, mit dem die anerkannte Musikakademie in Verbindung steht und das in gewissem Maße von ihr wie von einem Zubringer abhängt. Die Studenten des Pariser Konservatoriums singen im Chor der Grand Opera; und diejenigen Studenten, die Preise gewinnen oder sich auf andere Weise auszeichnen, erhalten selbstverständlich einen Auftritt im großen Lyrischen Theater, für das sie, wie man sagen kann, speziell ausgebildet wurden. In England beschäftigen wir uns jedoch ausschließlich mit dem Musikunterricht und beschäftigen uns in keiner Weise mit der Frage, was die Studenten tun sollen, wenn ihre Studienzeit zu Ende ist. In anderen Ländern gibt es neben einer Musikakademie auch ein Opernhaus. Wir haben hier vier Musikakademien und keine feste Opernanstalt.

Der landesweite Eifer, Musikschulen zu gründen, ist so groß, dass vor einigen Jahren etwa 200.000 Pfund für die Gründung einer neuen Musikakademie gesammelt wurden, die größtenteils dieselben Professoren hat wie diejenigen, die bereits an bestehenden Akademien beschäftigt sind; und darüber hinaus wurde versucht, Sir Arthur Sullivan (der hoffentlich noch eine Oper komponieren könnte) ad acta zu legen, indem man ihn an die Spitze dieses völlig überflüssigen Establishments stellte. In jüngerer Zeit weigerte sich Sir Arthur, sich in der vorgesehenen Weise fesseln zu lassen; und nicht viele Jahre später wurde ein anderer Komponist, Herr AC Mackenzie, der sich bereits als fähig erwiesen hatte, großartige dramatische Musik zu schreiben, auf ähnliche Weise auf die Ruhestandsliste gesetzt. Mozart, Rossini, Auber, Bellini, Verdi haben an keiner Akademie studiert; und mein Freund Verdi wurde vom Mailänder Konservatorium abgelehnt , da er die Aufnahmeprüfung nicht bestehen konnte. Von den Musikschulen hingegen hoffen wir alles, auch wenn wir unseren Komponisten und Sängern nichts zu bieten haben, wenn sie theoretisch erst einmal ausgebildet sind. Das Geld, das bei der Gründung des Royal College of Music verschwendet wurde, hätte sinnvollerweise in die Gründung eines permanenten Lyriktheaters gesteckt werden können, für das unsere jungen Komponisten hätten arbeiten können, in dessen Gremien unsere jungen Sänger gesungen hätten. Nur durch Übung vor Publikum können sich Komponisten und Sänger in ihrer schwierigen Kunst vervollkommnen. Man sollte auch bedenken, dass die beste Schule für Opernmusik eine Opernanstalt ist, in der man hervorragende Aufführungen hören kann.

Die unzufriedenen Schüler profitieren unterdessen nur wenig von ihrem Unterricht, da sie lediglich dazu dienen, die Reihen der bedürftigen Lehrer zu vergrößern. In keiner Hauptstadt Europas gibt es so viele Musikschulen wie in London, und in keiner Hauptstadt Europas gibt es so viele Möglichkeiten, Schülern, die sich einmal dafür qualifiziert haben, geeignete Werke anzubieten. Wir haben in London etwa zwanzig oder dreißig Theater ohne eine einzige Schauspielschule; was möglicherweise ein Fehler ist. Aber es ist kein so schlimmer Fehler, vier große Musikschulen ohne ein Lyrisches Theater zu haben. Nichts kann absurder sein. Dennoch besteht derzeit eine größere Chance auf die Gründung einer fünften Musikschule als auf die Gründung eines Opernhauses, in dem die jedes Jahr herausgeschossenen Scharen von Komponisten und Sängern Gelegenheit hätten, ihrem Beruf nachzugehen.

Vor sechzig Jahren, seitdem wir in musikalischer und anderer Hinsicht Fortschritte gemacht haben sollen, war die Royal Academy of Music, die so viele hervorragende Sänger, Instrumentalisten und Komponisten hervorgebracht hat, eng mit dem King's Theatre verbunden. Ihre Studenten sangen im Opernchor und gaben alle zwei Wochen eigene Aufführungen, bei denen führende Sänger, Chorsänger und Orchester ausschließlich aus der Akademie stammten. Diese Aufführungen fanden im King's Concert Room statt, einer Art *Nebengebäude* des Theaters, in dem die Aufführungen der italienischen Oper stattfanden.

Damals schämten sich Sänger, die zufällig englischer Herkunft waren, auch nicht, sich beim eigenen Namen zu nennen. Der gegenwärtige Brauch, englische Namen zu italienisieren, da dies das einzige Verfahren sei, mit dem sie für die Präsentation in der Öffentlichkeit geeignet gemacht werden könnten, ist viel moderner als allgemein bekannt. Selbst in unserer Zeit hatten zwei bewundernswerte Sänger, Mr. Sims Reeves und Mr. Santley , die Männlichkeit, alle Vorschläge zur Italianisierung ihrer Namen abzulehnen. Die ausländischen Musiker, oft von höchster Bedeutung, die sich bei uns niedergelassen haben, scheinen dagegen stolz darauf gewesen zu sein, sich als Engländer auszugeben. Händel wird in den Rechnungen der damaligen Zeit immer „Herr Händel" genannt; Costa (bis er zum Ritter geschlagen wurde) war immer Herr Costa; Hallé (bis auch er zum Ritter geschlagen wurde) Herr Hallé ; Benedict (bis zu dem Moment, als er ermächtigt wurde, den „Sir" anzunehmen), Herr Benedict; Die Herren Karl Rosa, August Manns , Alberto

Randegger , Wilhelm Ganz und Wilhelm Kuhe (deren Ritterstand sie noch nicht erreicht hat) sind Herr Carl Rosa, Herr Manns , Herr Randegger , Herr Ganz und Herr Kuhe . Selbst für einen Musiker kann es keine Schande sein, ein Engländer zu sein, sonst hätten sich viele angesehene ausländische Musiker nicht so bereitwillig „Mr." genannt.

Ein englischer Sänger hingegen wird nicht zögern, sich als eine Art Ausländer auszugeben, sofern ihm ein Name bei seinem Unterfangen helfen kann. Mein alter Kumpel Jack Foley wird Signor Foli , und der Signor bleibt ihm ein Leben lang treu. Wir haben einen Signor Sinclair, ein Name, der mir genauso drollig vorkommt wie der des Grafen Smith im San Francisco Hotel. Provinzmanager haben mich oft gebeten, meinen Einfluss bei Mr. Santley geltend zu machen , um ihn dazu zu bringen, seinen Namen in Signor Santalini zu ändern , was mir, wie sie mir versicherten, im Programm besser aussehen und mehr Geld ins Haus bringen würde. Ein Mr. Walker, der für einen Auftritt im Theater Ihrer Majestät engagiert wurde, nannte sich dabei Signor Valchieri (Signor Perambulatore wäre sicherlich besser gewesen); und ein bekannter amerikanischer Sänger, Herr John Clarke aus Brooklyn, verwandelte sich bei seinem Eintritt in meine Firma in Signor Giovanni Chiari di Broccolini. Die englischen und amerikanischen jungen Damen, die jetzt in so großer Zahl auf der italienischen Bühne singen, tragen nicht die Vorsilbe „Signora" oder „Signorina", sondern „Madame" oder „Mademoiselle". Auch das ist verwirrend.

Kapitel XVII.

KÄMPFE MIT MR. UND FRAU. RAVELLI – EIN IMPROVISIERTER ÖFFENTLICHER – RAVELLIS GEFÄHRLICHE KRANKHEIT – MR. RUSSELL GOLE – WIEDERAUFTRITT VON MR. Standesbeamter HAZLITT – OFFENBACH AUF ITALIENISCH – WER IST DIESER JUNGE MANN? – FANCELLIS AUTOGRAMM – RISTORIS Aristokratischer Haushalt.

Anfang Januar 1888 gab ich zweiundvierzig große Konzerte in zweiundvierzig verschiedenen Städten, beginnend in Dublin, wo ich durch das Ausbleiben von Padilla, dem Bariton Ravelli, in die größte Schwierigkeit gebracht wurde , der Tenor, und mein Hauptsolist Van Biene , der an Rheuma litt; so dass ich nur mit größter Mühe überhaupt einen Anfang machen konnte. Zu gegebener Zeit traf Ravelli ein, aber mit einer solchen Erkältung, dass er nicht sprechen konnte. Ich musste daher ohne einen Tenor und einen Bariton in den Süden Irlands weiterreisen. Es gelang mir jedoch, den Instrumentalisten durch M. Rudersdorf zu ersetzen , den hervorragenden Violoncellisten, der in Dublin lebt.

Bevor wir gegen Ende der Woche nach Belfast fuhren, gesellte sich Signor Padilla zu uns, und für den nächsten Abend in Dublin war alles für den Auftritt von Ravelli vorbereitet , der die ganze Woche mit seiner Frau im Hotel bei mir gelebt hatte Aufwand. Als er ihn aufforderte, zum Konzert zu gehen, antwortete er, dass ihm für die Zeit, in der er krank gewesen sei, ein Wochenlohn gezahlt werden müsse, sonst würde er den Mund nicht aufmachen. Er verhielt sich so respektlos, dass er es verdiente, sagte ich ihm, gewaltsam in den Konzertsaal gebracht zu werden. Ich hatte kaum eine Handbewegung zur Erklärung gemacht, als er dachte, ich würde ihn schlagen, und stürmte auf äußerst heftige Weise auf mich zu, indem er nach französischer Art in alle Richtungen austrat, während seine Frau ihm dabei half kommt mit einem Stuhl hinter mich.

Ich wusste, dass es an diesem Abend kein Konzert geben würde, wenn ich ihn auch nur im Geringsten verletzte. In der Zwischenzeit ging er mit voller Kraft auf mich los, um mich auf jede nur erdenkliche Weise zu schlagen, und es erforderte meinen Einfallsreichtum, alle Aktionen von seiner Seite zu stoppen, ohne ihn zu verletzen. Zum Glück tat ich das, denn nachdem er sich beruhigt hatte, als er mich ernst sah, zog er sich an und ging zum Konzert. All dies geschah nur eine halbe Stunde vor seinem Beginn. Danach sang Ravelli vergleichsweise regelmäßig.

Das Geschäft lief jedoch nicht so, wie es hätte laufen sollen, da es im Programm keine Lieblingsnamen gab . Die musikalische Exzellenz meiner Kompanie stand außer Frage, aber das Publikum musste über irgendwelche alten Namen verfügen, ob mit oder ohne Stimme, um ein Publikum zu haben.

Etwa vier Tage später erreichten wir Leicester. Als die Gruppe in Scharen im Hotel ankam, sah uns die Wirtin erstaunt an und fragte mich, ob ich nicht in der falschen Stadt angekommen sei, da keinerlei Ankündigung über ein stattfindendes Konzert vorläge. Ich habe daraufhin Nachforschungen angestellt und festgestellt, dass die Aussage der Vermieterin vollkommen wahr ist. Alle zuvor verschickten Drucksachen – Rechnungen und Programme – wurden versteckt entdeckt; und die Person, die die Organisation des Konzerts übernommen hatte, war in Schwierigkeiten und nicht einmal in der Lage, unser Kommen in den Zeitungen anzukündigen.

Ich bestand natürlich darauf, das Konzert zu geben, und als der Abend näher rückte, kamen etwa ein halbes Dutzend Leute, die zufällig an den gekauften Karten vorbeikamen, vorbei. Die Aufführung verlief ordnungsgemäß und Ravelli erhielt zu seinem großen Missfallen eine Zugabe von seinem sechsköpfigen Publikum.

In einem angrenzenden Saal hörte ich hervorragenden Gesang, wie aus einem großen Chor. Ich sah sofort eine Möglichkeit, meinen Künstlern, die mit dem Konzert fortfuhren, Mut zu machen. Als ich eintrat, stellte ich fest, dass die örtliche Philharmonische Gesellschaft übte . Zu ihr gehörten viele der führenden Damen und Herren von Leicester, und insgesamt zählte sie etwa zwei- bis dreihundert Sänger.

Ich teilte dem Dirigenten mit, dass im Nebensaal ein großes Konzert stattfinden würde, zu dem ich alle Anwesenden einlud. Wenn er die Probe unterbrechen würde, könnten sie sich die besten Plätze besorgen. Die sechs Mitglieder unseres Publikums waren sehr erstaunt, als sie plötzlich feststellten, dass sich der Raum mit einem gut gekleideten und angesehenen Publikum füllte, das von der Exzellenz der Darbietung so begeistert war, dass es jedes Stück eine Zugabe gab. Vor dem Ende des Konzerts hielt ich es für besser, ein paar Worte an meine Besucher zu richten, in denen ich erklärte, dass das Konzert, da es heimlich und ohne Wissen der Stadt gegeben wurde, ich es als eine private Probe betrachten sollte nur; und dass es meine Absicht sei, etwa zwei oder drei Wochen später nach Leicester zurückzukehren, wenn die öffentliche Aufführung stattfinden würde. Als ich den Saal verließ, buchte mein neues Publikum Sitzplätze im Wert von etwa 20 bis 30 Pfund, um sicherzustellen, dass ich bei meinem nächsten Besuch noch Plätze erhalte.

Als ich kurz darauf zurückkam, war der Konzertsaal vom Boden bis zur Decke voll und ich wurde sogar gebeten, noch einmal zurückzukommen und eine dritte Unterhaltung zu geben. Die Presse erklärte, dass es in Leicester noch nie ein besseres Konzert gegeben habe.

Anschließend besuchten wir Cheltenham, Bristol, Exeter und etwa zwanzig andere Städte, in denen wir durch Amateure, die zur Unterhaltung anderer Amateure Konzerte gaben, erheblich behindert wurden . Weder Künstler noch Zuhörer scheinen eine hohe Vorstellung von Kunst zu haben.

Als Ravelli mitten im Konzert ohne Angabe von Gründen Cardiff erreichte, sagte er, er sei unwohl und ging nach Hause. Da kein weiterer Tenor anwesend war und es unmöglich war, die Aufführung ohne einen fortzusetzen, stellte ich mich freiwillig zur Verfügung. Ich hatte die Öffentlichkeit zuvor darüber informiert; und nachdem ich im *Trovatore* - Duett gesungen hatte, wurde ich zweimal zurückgerufen, und als ich eine Zugabe nahm, wurde ich noch einmal zweimal zurückgerufen. Das hat uns im Moment geholfen. Aber ich habe nicht vor, noch einmal als Sänger aufzutreten.

Ravelli nach Hause gegangen war, hatte er mich gebeten, einen Arzt zu holen, da er sich in einem verzweifelten Zustand befand. Am nächsten Morgen, bevor ich die Stadt verließ, gab ich der Vermieterin die Anweisung, sich angemessen um ihn zu kümmern, und fügte hinzu, dass ich in drei oder vier Tagen zurückkommen würde, um zu sehen, wie es ihm gehe. Ich bat sie außerdem, die Fenster zu verkleben, um zu verhindern, dass Zugluft ins Zimmer weht.

Anschließend bin ich mit der Kompanie nach Exeter gestartet. Als ich diese Stadt erreichte, erhielt ich ein Telegramm von der Wirtin, in der sie mir mitteilte, dass Herr Ravelli nach meiner Abreise mit seiner Frau mit dem nächsten Zug nach Paris gefahren sei.

Von Exeter fuhren wir weiter nach Plymouth und Torquay, wo wir ein Morgenkonzert gaben, und blieben an diesem entzückenden Badeort bis zum nächsten Montagmorgen, als wir nach Salisbury aufbrachen; Danach besuchten wir Southampton, Southsea , Cambridge, Leicester und Nottingham. Da die Konzerttournee nun zu Ende war, kehrte ich nach London zurück.

Obwohl beide Mdme. Minnie Hauk und Signor Ravelli hatten mich unter dem Vorwand der Krankheit verlassen, ohne ernsthaft unpässlich zu sein, ich unternahm keine Schritte gegen einen von beiden. Ich muss zugeben, dass ich eine Zeit lang darüber nachdachte, die guten Dienste meines Freundes und Anwalts in Anspruch zu nehmen – seltsame Verbindung! – Mr. Russell Gole ; der im Laufe meiner Laufbahn als Impresario unzählige Klagen für mich eingereicht und verteidigt hat, und zwar ausnahmslos, wie ich glaube, mit den besten Ergebnissen, die unter den gegebenen Umständen hätten erzielt werden können. Der Leser hat bereits von Herrn Goles genialem Vorschlag gehört, als ich mich sechs Minuten lang in der Lage eines Bankrotteurs befand. Während dieser denkwürdigen sechs Minuten hatte Herr Kanzler Hazlitt die Position eines Impresarios inne, und es wäre schwer zu sagen, ob er oder ich in dieser bedeutsamen Krise am fehl am Platz waren. Als Mr. Gole ihn daran erinnerte, dass er nun *von Amts wegen* der Intendant des Theaters Ihrer Majestät sei und dass von ihm Ratschläge zum Schneiden von *Lohengrin* , zum Anfertigen der Unterröcke der Ballettmädchen und zur Beruhigung eines Aufsässigen erwartet würden Tenor ließ er sich das Book of Practice holen und hob die Anordnung nach Rücksprache mit der Begründung auf, dass er dies „im Interesse der Öffentlichkeit" tat.

Noch einmal, vor ein paar Wochen, stand ich in der Gegenwart von Mr. Registrar Hazlitt und hatte, wie in den Tagen von Sir Michael Costas umstrittenem Scheck, Mr. Russell Gole an meiner Seite. Auch noch einmal, als ein Konkursantrag über mich drohte, wurde dieser teilweise durch die Vermittlung meines Anwalts zurückgezogen, hauptsächlich aber natürlich durch den guten Willen meiner Gläubiger, die untereinander ausreichend Geld zeichneten, um einen Betrag an das Gericht zu zahlen die sofort in Liquidation aller Ansprüche angenommen wurde.

Ich werde allgemein als Intendant der italienischen Oper angesehen und habe mir angewöhnt, mich selbst als Manager zu betrachten. Aber wenn ich diesen Charakter akzeptiere, glaube ich nicht, dass man mir mit Recht Exklusivität gegenüber den Werken deutscher oder sogar englischer Komponisten vorwerfen kann. Man kann mir auch nicht vorwerfen, dass ich die Meisterwerke des lyrischen Dramas, von wem auch immer sie komponiert haben, vernachlässigt habe. Seit vielen Jahren hat kein Manager außer mir selbst Aufführungen von Cherubinis *Medea gegeben* . *Fidelio* ist ein Werk, das aus den frühen Tagen von Mdlle stammt. Titiens bis zu meinem letzten Jahr am Her Majesty's Theatre, bei Mdlle. Lilli Lehmann in der Hauptpartie war ich stets bereit zu moderieren. Ich war der erste Manager, der Wagners „*Tannhäuser* " und „*Lohengrin*"ins Italienische übersetzte, und der einzige aus Deutschland, der unternehmungslustig genug war, die gesamte Serie des „ *Ring des Nibelungen* " zu produzieren .

Was die Englische Oper betrifft, Macfarrens *Robin Hood* und Wallaces *Amber Witch* verdanken mir ihre Existenz. Ich war es, der 1860/61 im Her Majesty's Theatre diese beiden Werke herausbrachte, die speziell für das Theater komponiert worden waren. Ich selbst habe Balfes „*Bohemian Girl*"für die italienische Bühne adaptiert und im Verlauf meiner letzten Provinzreise zum ersten Mal auf Italienisch und mit bemerkenswertem Erfolg die *Maritana* von Wallace aufgeführt.

Wenn ich meine Erinnerungen über eine lange Reihe von Jahren zurückblicke, stelle ich fest, dass der einzige Komponist von unbestrittenem Einfluss und Popularität, dessen Vorschläge ich zu keinem Zeitpunkt akzeptieren konnte, die von Jacques Offenbach waren; den ich jedoch in seiner ganz besonderen Art keineswegs unterschätze. Der Komponist von *La grande Duchesse de Gérolstein*, *La Belle Hélène* und einer ganzen Reihe von Meisterwerken im Burlesque-Stil versuchte mich davon zu überzeugen, dass seine Werke nicht so komisch seien, wie die Leute glauben wollten. Sie hatten, seiner Meinung nach, ihre ernste Seite; und er versuchte mich davon zu überzeugen, dass *La Belle Hélène*, aufgeführt im Theater Ihrer Majestät mit einem größeren Orchester und mit hundert oder mehr zusätzlichen Stimmen im Chor, ein echter künstlerischer Erfolg sein würde. Ich muss zugeben, dass ich einen Moment darüber nachgedacht habe; aber das Projekt des liebenswürdigen *Maestros* war für mich nicht ernsthaft geeignet. Ich möchte den Leser hier daran erinnern, dass Offenbach sein Leben als Komponist ernster Musik begann. In seiner Jugend war er als bewundernswerter Violoncellist bekannt, der mit wunderbarem Ausdruck die beste Musik spielte, die für das von ihm gewählte Instrument geschrieben worden war. Außerdem war er musikalischer Dirigent am Théâtre Français, als das „Haus Molière" ein Orchester unterhielt, und zwar ein sehr gutes. Als Offenbach die Chöre und Bühnenmusik für „*Ulysse*"von M. Ponsard komponierte, tat er dies im Geiste Meyerbeers, der sich verpflichtet hatte, die Musik für das Stück zu liefern; und dann zeigte er sein Talent, den Komponisten von „*Les Huguenots*" direkt nachzuahmen, wie er es später auch tat, indem er ihn burleskartig verkörperte.

Offenbach war nicht dazu bestimmt, als ernsthafter Komponist geschätzt zu werden, obwohl in einem seiner Werke, den wenig bekannten *Contes d'Hoffmann*, viel Musik zu finden ist, die zwar nicht gelehrt oder tiefgründig, aber zumindest künstlerisch ist.

Hätte ich Offenbachs Angebot angenommen, sollte ich auch seine Dienste als Dirigent annehmen; Das wäre meiner Meinung nach mehr gewesen, als Sir Michael Costa, der an wechselnden Abenden Regie führen musste, hätte ertragen können. Sir Michael war nicht nur besonders sensibel, sondern auch bemerkenswert rachsüchtig; und das Engagement Offenbachs an einem Theater, an dem er die Leitung übernahm, hätte bei ihm sicherlich nicht wenig Unmut hervorgerufen. Er verzieh keine Beleidigung, auch nicht den Anschein einer solchen in Fällen, in denen keine wirkliche Beleidigung beabsichtigt gewesen sein konnte. Als er die Royal Italian Opera verließ, war er der Meinung, dass der verstorbene Mr. Augustus Harris, der damals Mr. Gyes Bühnenmanager war, das Establishment ebenfalls hätte verlassen sollen; und er trug seine feindseligen Gefühle in wahrer Vendetta-Manier vom Vater auf den Sohn und lehnte anschließend die Anwesenheit des

Augustus Harris unserer Zeit in jedem Theater ab, in dem er, Sir Michael, engagiert sein könnte.

„Wer ist dieser junge Mann?" sagte er eines Tages zu mir, als der zukünftige „ Druriolanus " als mein Bühnenmanager fungierte. „Er scheint sein Handwerk zu verstehen, aber ich glaube, ich habe gehört, dass Sie ihn ‚Harris' genannt haben." Kann er der Sohn meines Feindes sein?"

Ich versuchte Sir Michael zu erklären, dass der Herr, gegen den er anscheinend ein gewisses Gefühl der Feindseligkeit hegte, in keiner Weise sein Feind sein konnte. Aber der große Dirigent würde das nicht sehen. Der Vater, sagte er, habe sich als sein Feind gezeigt, und er sei selbst der Feind des Sohnes.

Der Hass, den ein Sänger manchmal gegen einen anderen Sänger hegt, der derselben Stimmklasse angehört und dieselben Rollen spielt, ist, wenn nicht vernünftiger, so doch verständlicher. Ich werde nie die Wut vergessen , die der Tenor Fancelli einst zeigte, als er den Namen des Tenors Campanini auf einer großen Kiste an einem Bahnhof eingraviert sah, an den stolz die Worte angehängt waren: „Primo Tenore ." „Assoluto , die Opernkompanie Ihrer Majestät." Es war der Beiname „ assoluto ", der vor allem Fancellis Zorn erregte. Er stürzte sich auf die Loge, griff die beleidigenden Worte mit seinem Spazierstock an und versuchte mit der Spitze davon abzufärben die weißen Buchstaben bilden das zu ehrgeizige Adjektiv „ assoluto ".

„ Assoluto " war ein Beiname, den Fancelli für seinen privaten Gebrauch reservierte und auf den er als einziger der Tenöre Anspruch hatte. Leider konnte er das Wort nicht schreiben, da Lesen und Schreiben Fähigkeiten waren, die ihm seit seiner Jugend verwehrt blieben. Er schaffte es gerade noch, seinen eigenen Namen in großen Schulbuchstaben zu kritzeln. Aber sein Briefeschreiben und seine „Autogramme" für bewundernde Damen wurden für ihn von einem Chorsänger gemacht, der für seine Sekretariatsarbeit etwa einen Penny Pickwick pro Monat vergütete. Als der Chorsänger jedoch zustimmte, zu diesen gemäßigten Bedingungen zu arbeiten, wusste er, dass er den berühmten Tenor in seinen Händen hatte; und in schwierigen Momenten forderte er seinen eigenen Preis und lehnte billige Zigarren ab und akzeptierte nichts Geringeres als bares Geld.

Gelegentlich, wenn der Chorsänger nicht anwesend war oder er aufgefordert wurde, in Anwesenheit anderer Personen sein Autogramm zu geben, befand sich Fancelli in einer traurigen Lage; und ich erinnere mich schmerzlich an seine Bemühungen, seinen Namen in das Album der Liverpool Philharmonic Society einzutragen, das die Unterschriften einer großen Anzahl berühmter Sänger und Musiker enthält. In diesem musikalischen Buch aus Gold unternahm Fancelli ernsthafte Anstrengungen , seinen Namen einzuschreiben, was ihm mit Ausnahme des „c" und eines der „l" gelang, ohne einen der notwendigen Buchstaben wegzulassen. Er hatte außerdem gelernt, die herrlichen Worte „Primo tenore " zu schreiben, und in einem Moment des Strebens versuchte er, ihnen seinen Lieblingsbeinamen „ assoluto " hinzuzufügen . Er hatte ein großes „A" geschrieben, gefolgt von drei „s", als er entweder aus Unbeholfenheit oder um aus der schwierigen Situation herauszukommen, in der er sich bereits verloren fühlte, das Tintenfass über die Seite kippte. Dann nahm er die verschüttete Tinte mit seinem Zeigefinger auf und übertrug sie auf sein Haar; bis er schließlich das dritte „s" ausgelöscht hatte, seine Unterschrift stand im Buch und steht jetzt –

„FANELI PRIMO TENORE ARSCH—"

Fancellis Gesang erklärt hatten, dass es besser gewesen wäre, wenn er sich regelmäßig mit der Gesangskunst beschäftigt hätte, sprach er ernsthaft mit mir darüber, Unterricht zu nehmen. Aber er erklärte, dass er keine Zeit habe und dass es besser sei, das Studium aufzuschieben, bis er seine Karriere beendet habe, da er Geld mit dem Singen in dem Stil verdiene, den er gewohnt sei.

Ungefähr zu dieser Zeit kam ihm die seltsame Idee, die Bedeutung der ihm in den verschiedenen Opern anvertrauten Rollen zu ergründen .

„In *Medea* ", bemerkte er unschuldig, „habe ich in den letzten zwei Jahren die Rolle eines Mannes namens ‚Jason' gespielt; aber was er mit ‚Medea' zu tun hat, konnte ich nie erkennen. Bin ich." ihr Vater, ihr Bruder, ihr Liebhaber oder was?"

Fancelli hatte sein Leben als *Facchino* oder Gepäckträger in Livorno begonnen, so dass seine Unwissenheit, wenn auch beklagenswert, zumindest entschuldbar war. Als er sich von der Bühne zurückzog , widmete er sich wirklich dem Studium; Mit welchem Erfolg, kann ich nicht sagen. Bei seinem Tod hinterließ er eine große Geldsumme.

Es hat mich oft erstaunt, dass Sänger ohne musikalische oder sonstige Ausbildung in der Lage sind, sich an den Text und die Musik ihrer Stimmen zu erinnern. Einige von ihnen greifen auf seltsame Mittel zurück, um den Mangel an natürlichen Gaben zu stillen; und ein bereits erwähnter Sänger, Signor Broccolini, schrieb seine „Worte" auf den Stab oder Stock, den er gerade bei sich trug, oder, falls er über ein solches „Eigentum" verfügte, auf die Finger und die Handfläche. Als er die Statue des Kommandanten in *Don Giovanni darstellte* , schrieb er zuvor die Worte, die er singen musste, auf den *Taktstock* , den der Mann aus Stein trug; aber um sie lesen zu können, musste man wissen, auf welche Seite der Friedhofsszene die Mondstrahlen fallen würden. Einmal hatte er majestätisch seine Position zu Pferd eingenommen, den *Schlagstock* in der rechten Hand und auf der rechten Hüfte ruhend, und erwartete einen Mondlichtstrahl von links, als plötzlich die Position der Kugel der Nacht sichtbar wurde veränderte sich und er war nicht in der Lage, eine Silbe der Wörter zu lesen, auf die er angewiesen war. Da er sich zwischen zwei Schwierigkeiten entscheiden musste, wählte er sofort die geringste aus und übertrug zum Erstaunen des Publikums den *Stab des Kommandanten* von der rechten Hand auf die linke.

Die Eitelkeit eines Opernsängers steht im Allgemeinen im Verhältnis zur Niedrigkeit seiner Herkunft. Diese Regel scheint jedoch nicht für Theaterkünstler zu gelten, denn ich erinnere mich daran, als ich einmal Mdme aufsuchte. Ristori in Neapel fand ich ihre Hauptdarsteller und -schauspielerinnen, die offenbar ihr Leben als Hausangestellte begonnen hatten und die Beschäftigungen ihrer Jugend fortsetzten, während sie gleichzeitig auf der Bühne die erhabensten Charaktere verkörperten. „Sir Francis Drake" wartete am Tisch, der „Earl of Essex" öffnete die Straßentür, „Leicester" fungierte als Butler; und ich habe Grund zu der Annahme, dass „ Direce " „Medeas" Haare frisiert hat.

Zwei weitere Anekdoten über die Launen und Anforderungen der Sänger. Mein Bassist Cherubini weigerte sich einmal, seine Rolle in *Lucia* fortzusetzen, weil er beim Eintreten keinen Applaus erhalten hatte.

mit Titiens ereignete sich in Neapel ein Vorfall ganz gegenteiliger Art . Armandi , ein Tenor von zweifelhaftem Ruf, der in Mailand lebte, wartete immer auf das Ergebnis der verschiedenen *Fiasko* der Stephansnacht (26. Dezember), die den Beginn der Karnevalssaison markiert, wenn einige Hundert Musiktheater ihre Türen öffnen. Er hatte ein großes *Repertoire* ; und nachdem er sich per Telegraph erkundigt hatte, wo seine Dienste am dringendsten benötigt wurden und wo sie am besten vergütet werden würden, akzeptierte er ein Engagement als eine Art Notlösung, bis ein anderer Tenor gefunden werden konnte. Im Allgemeinen wurde er am Ende des ersten Abends für seine sechs Auftritte bezahlt und nach Mailand zurückgeschickt.

Aber bei der Gelegenheit, von der ich spreche, hatte Armandi in seinem Vertrag festgelegt, dass er die sechs Nächte bezahlt bekommen und auch die sechs Nächte singen sollte; denn er sei es leid, sagte er, nach einer einzigen Aufführung systematisch auf Eis gelegt zu werden.

Die Rolle, in der er in Neapel auftreten musste, wo der führende Tenor des Establishments hoffnungslos zusammengebrochen war, war die des „Pollio" in „Norma"; aber jedes Mal, wenn er zu singen versuchte, begleitete ihn das Publikum mit Zischen, so dass er bald unhörbar wurde. Am Ende des ersten Aktes trat er vor den Vorhang, und nachdem er eine Anhörung erhalten hatte, bat er das Publikum, ihm zu erlauben, die Oper in Ruhe zu Ende zu bringen, wenn er die Stadt verlassen würde. Wenn sie weiter zischten, warnte er sie, dass er die verbleibenden fünf Nächte seiner Verlobung singen würde.

Das Publikum schätzte die Offenheit des Mannes so sehr, dass es ihm nicht nur den ganzen Abend lang applaudierte, sondern ihm auch erlaubte, die ganze Saison über zu bleiben.

FINALES KAPITEL.

Zahlen sind langweilig und Statistiken ermüdend; oder ich könnte versucht sein, dem Leser Einzelheiten über die Anzahl der Meilen zu nennen, die ich gereist bin, über die Geldbeträge, die ich während meiner Karriere als Manager erhalten und ausgegeben habe; mit anderen Details ähnlichen Charakters. Ich möchte jedoch erwähnen, dass wir während unserer Operntourneen im Vereinigten Königreich und in den Vereinigten Staaten viele Jahre lang durchschnittlich etwa 23.000 Meilen pro Jahr mit einer großen Gruppe von Hauptsängern, Chorsängern, Tänzern und Orchestermusikern zurückgelegt haben fast so lang wie der Erdumfang. Dies erforderte natürlich viel Vorbereitung und Voraussicht. Die durchschnittlichen jährlichen Einnahmen betrugen in diesem Zeitraum über 200.000 Pfund. All dies erforderte so viel Organisation und eine so sorgfältige Verwaltung, dass sich ein einfacher Impresario ohne Schande als ungeeignet für die Arbeit erwiesen hätte. Insbesondere die Finanzabteilung eines solchen Unternehmens sollte gründlich geführt werden und die Aufsicht eines Goschen genießen .

Schwierigkeiten sind jedoch nur Hindernisse, die einem in den Weg gelegt werden, um überwunden zu werden, und meine Schwierigkeiten haben mir nie ernsthafte Probleme bereitet. Ich bin von Natur aus dazu geneigt, die Dinge heiter zu betrachten, und ich kann mir kaum ein Dilemma vorstellen, in das ich geraten bin, egal wie ernst es auch sein mag, das sich nicht so deutlich gezeigt hat, oder zumindest, wenn ich darüber nachdenke, so amüsante Seite. Wenn man darüber hinaus im Laufe einer langen Karriere mit oft sehr gewaltigen Schwierigkeiten zu kämpfen hatte, spürt man die kleinen Unannehmlichkeiten des Lebens kaum.

Ich erinnere mich an einen Tag, als ich mit einem Millionär aus meinem Bekanntenkreis speiste, der rot im Gesicht wurde, stampfte, fluchte und fast Krämpfe bekam, weil der Lachs etwas zu stark gekocht war. Er hatte ein zu leichtes Leben geführt; Ein noch so kleines Missgeschick hätte keine Auswirkungen auf ihn gehabt.

Wenn die Dinge oft fast tragisch aussahen, konnte ich sie ertragen, weil ich merkte, dass sie auch ihren komischen Aspekt hatten. Der Leser wird tatsächlich selbst gesehen haben, dass einige meiner lebhaftesten Anekdoten eng mit sehr ernsten Angelegenheiten verbunden sind. Von solchen Anekdoten könnte ich noch viel mehr erzählen. Aber ich habe das Gefühl, dass ich bereits zu viel von der Zeit des Lesers in Anspruch genommen habe, und da ich mehrere wichtige Projekte zur Hand habe, die meine gesamte Zeit in Anspruch nehmen werden, muss ich nun zum Schluss kommen.

ANHANG.

Von mir produzierte Sänger und Opern.

Das Folgende ist eine Liste der wichtigsten Künstler, die ich zum ersten Mal für dieses Land engagieren durfte und die ich, mit zwei Ausnahmen (mit Sternchen markiert), zum ersten Mal der britischen Öffentlichkeit vorstellen durfte:

Europäische Prime Donne.

*Adelina Patti,

Christine Nilsson,

Etelka Gerster ,

Marguerite Chapuy ,

Ilma di Murska ,

Marie Roze ,

Marie Marimon ,

Emelie Ambré ,

Caroline Salla,

Lilli Lehmann,

Eugenie Pappenheim ,

Harriers Wippern ,

Victoire Balfe,

Jenny Broch,

Elena Varese,

Marianina Lodi,

Alma Fohström ,

Caroline Reboux ,

Clarice Sinico ,

Louise Sarolta ,

Mathilde Sessi ,

Bianca Donadio ,

Matilda Bauermeister ,

Zelie Trebelli ,

Sofia Scalchi ,

Anna de Belocca ,

Borghi -Mamo,

Carolina Guarducci ,

Caroline Bettelheim.

Amerikanische Premierministerin.

*Emma Albani ,

Clara Louise Kellogg,

Alwina Valleria ,

Marie Vanzandt ,

Emma Nevada,

Emma Abbott,

Marie Litta ,

Lilian Nordica,

Louise Dotti,

Hélène Hastreiter ,

Emma Juch ,

Annie Louise Cary,

Kate Rolla,

Laura Harris- Zagury ,

Lilian Lauri,

Marie Engle,

Genevieve Ward,

Minnie Hauk,

Nikita,

Usw., etc., etc.

Tenöre.

Pietro Mongini ,

Roberto Stagno,

Italo Campanini,

Luigi Ravelli ,

Herr Dr. Gunz,

Carlo Bulterini ,

Ernesto Nicolini ,

De Capellio-Tasca ,

Victor Capoul ,

Giovanni Vizzani ,

Tom Hohler ,

Allesandro Bettini,

Antonio Aramburo ,

Giuseppe Fancelli .

Baritone.

Enrico Delle-Sédie ,

Mariano de Padilla,

Charles Santley ,

Enrico Fagotti ,

Jean de Reszke ,

Antonio Galassi ,

Giuseppe Del Puente,

Innozenz von Anna,

Pandolfini ,

Agnesi ,

Senator Sparapani ,

Köln ,

Varese,

Badiali ,

Paul Lhérie ,

Giovanni Rota.

Bässe.

Rokitansky,

Bagagiolo ,

Medini ,

Kastelmarie ,

Belval ,

Junca ,

Behrens,

Novara,

Cherubini,

Fol .

Buffos .

Scalese ,

Ciampi .

Bevignani ,

Vianesi ,

Logheder ,

Fred Cowen,

Bisaccia,

Pasdeloup ,

Usw., etc., etc.

Tragiker.

Tommaso Salvini .

Die folgenden Prominenten beendeten ihre Opernkarriere mit mir,
nachdem sie viele Jahre zuvor unter meiner Leitung geblieben waren.:—

Thérèse Titiens ,

Giulia Grisi ,

Marietta Alboni ,

Fanny Perseri ,

Pauline Viardot ,

Mario,

Antonio Giuglini ,

Italo Gardoni ,

Ignazio Marini,

Karl Formes ,

Sir Michael Costa.

Die folgenden Werke wurden erstmals in England unter meiner Leitung produziert:

Faust	Gounod.
Verdammnis von Faust	Berlioz.
Messe Solennelle	Rossini.
Ballo in Maschera	Verdi.
Forza del Destino	Verdi.
Ich Vespri Sizilianer	Verdi.
Carmen	Bizet.
Leila (Pêcheurs de Perles)	Bizet.
Mirella	Gounod.
Falstaff (Lustige Weiber von Windsor)	Nicolai.
Don Bucefalo	Cagnoni .
Weiler	Thomas.
Rinnegato	Orczy.
Nicolo de Lapi	Schira .
Esmeralda	Campana.
Mefistofele	Boito.

Talismano	Balfe.
Ruy Blas	Marchetti.
Medea	Cherubini.
Iphigenie	Glück.
Zwei Tage	Cherubini.
Serail	Mozart.
Ring des Nibelungen	Wagner.

Die folgenden Wiederaufführungen wurden von mir unter anderem mit völlig neuen Bühnenbildern, Gewändern und Dekorationen durchgeführt:

Fidelio	Beethoven.
Freischütz	Weber.
Oberon	Weber.
Aida	Verdi.
Flauto Magico	Mozart.
Anna Bolena	Donizetti.
Lohengrin	Wagner.
Dinorah	Meyerbeer.
Semiramid	Rossini.